REVIEW
P9-EGB-310

FRENCH FIRST YEAR

By ELI BLUME

Author of:

French Two Years
French Three Years
Cours Supérieur de Français

Editor of:

Douze Contes de Maupassant

Dedicated to serving

AMSCO

our nation's youth

When ordering this book, please specify:

either **R 121 P** *or*

REVIEW TEXT IN FRENCH FIRST YEAR

AMSCO SCHOOL PUBLICATIONS, Inc.

315 Hudson Street   New York, N. Y. 10013

ISBN 0-87720-451-9

Copyright © 1967 by

AMSCO SCHOOL PUBLICATIONS, Inc.

PRINTED IN THE UNITED STATES OF AMERICA

PREFACE

How often does the teacher of French find that the textbook lacks sufficient exercises to test reliably student mastery of a topic! How often does the student feel that he needs added drill—or drills of more variety—to check accurately his understanding of the lesson! Here is the solution to both of these problems, for in this book drills are numerous, varied, and aimed at testing thoroughly the specific points stressed in the lesson. Mastery exercises are included to give an overall review and test large areas. The modern approach is particularly evident in the number and variety of pattern drills included in the lessons.

To facilitate the use of the book, we have divided it into suitable units: Verbs, Grammatical Structures, Idioms, Vocabulary, and Civilization. Several of the lessons are classified as *Optional* because, although some teachers may wish to include them, they are not necessarily part of the minima of a first-year course. The unit on Vocabulary—synonyms, antonyms, classified vocabulary—presents in summary form a phase of language work rarely found organized in an elementary text. Since each lesson is an individual entity in itself, there need be no fixed sequence in selecting the lessons for study.

To improve the listening and reading skills, there are included exercises in auditory comprehension and passages for reading comprehension. Numerous cartoons based on the sentences, as well as illustrations of cultural information, help to enliven the drills.

With its wealth of original exercises, this book should prove to be a valuable supplement to classroom instruction for both students and teachers.

—E. B.

CONTENTS

Part I—Verbs

Lesson	*Page*
1. Present Tense of Regular -*ER* Verbs: Affirmative	1
2. Present Tense of Regular -*ER* Verbs: Interrogative	4
3. Present Tense of Regular -*ER* Verbs: Negative and Negative Interrogative	8
4. Present Tense of Regular -*IR* Verbs	11
5. Present Tense of Regular -*RE* Verbs	15
6. Imperative of Regular Verbs	18
7. Review: Present and Imperative of Regular Verbs	21
8. Present Tense of *AVOIR* and *ÊTRE*	24
9. Present Tense and Imperative of *ALLER, VENIR, PRENDRE*	27
10. Present Tense and Imperative of *FAIRE, DIRE, LIRE, ÉCRIRE*	30
11. Present Tense of *VOULOIR, POUVOIR, SAVOIR*	33
12. Present Tense and Imperative of *METTRE, VOIR, RECEVOIR*	36
13. Present Tense and Imperative of *OUVRIR, PARTIR, SORTIR*	39
14. Review: Present and Imperative of Irregular Verbs	41
15. The *PASSÉ COMPOSÉ* of Regular Verbs	44
16. The *PASSÉ COMPOSÉ* of Irregular Verbs	48
17. The *PASSÉ COMPOSÉ* of "*ÊTRE*" Verbs	51
18. Mastery Exercises	54
Optional Verb Lesson 1—Spelling Changes in Certain -*ER* Verbs	59
Optional Verb Lesson 2—Reflexive Verbs	63
Optional Verb Lesson 3—The Imperfect Tense	67
Optional Verb Lesson 4—The Future Tense	71

Part II—Grammatical Structures

1. Definite and Indefinite Articles	74
2. Plural of Nouns	77
3. Contractions With the Definite Article; Possession With *DE*	80
4. Formation of Questions	83
5. Agreement of Adjectives	86
6. Irregular Adjectives; Position of Adjectives	90
7. Possessive Adjectives	95
8. Demonstrative Adjectives	98

Lesson		Page
9.	Comparison of Adjectives	101
10.	Adverbs: Formation; Comparison; Position	105
11.	Partitive; Adverbs of Quantity	111
12.	Personal Pronouns	116
13.	Object Pronouns With the Imperative	121
14.	Pronouns *Y* and *EN*	124
15.	Cardinal and Ordinal Numbers	127
16.	Days, Months, Seasons, Dates	131
17.	Telling Time	135
18.	Relative and Interrogative Pronouns	139
19.	Other Pronouns	142
20.	Mastery Exercises	144

Part III—Idioms

1.	Idioms With *AVOIR*	149
2.	Other Verbal Idioms	152
3.	Idioms With *À*	155
4.	Other Prepositional Idioms	159
5.	Miscellaneous Idioms and Expressions	162
6.	Mastery Exercises	165
7.	Some Common Proverbs	168

Part IV—Vocabulary

1.	Opposites I	171
2.	Opposites II	174
3.	Synonyms; School Terms	177
4.	Personal Vocabulary	180
5.	Household Vocabulary	184
6.	City and Nation	188
7.	Rural Vocabulary	193
8.	Mastery Exercises	196

Part V—Civilization

1.	Geography of France	201
	Size, Population, Boundaries	201

Lesson	Page
Principal Mountain Ranges.............................	201
Principal Rivers....................................	203
2. Paris...	206
Museums.......................................	206
Churches.......................................	206
Squares..	207
Parks..	208
Streets...	208
Other Landmarks................................	208
3. Other Cities....................................	211
Ports..	211
Industrial Cities................................	211
Resorts...	212
Other Interesting Cities..........................	213
4. Provinces.......................................	215
5. Agriculture and Industry.........................	218
6. The Fifth French Republic........................	223
7. The French Language; Influence on English..........	226
8. Daily Living....................................	230
Religion..	230
Education.......................................	230
Sports..	230
Cafés...	230
Food...	230
Units of Weight and Measure......................	231
Money..	231
Concierge.......................................	231
9. Historical Figures...............................	233
10. Art and Literature...............................	237
Painters..	237
Sculptors.......................................	237
Literary Figures.................................	237
11. Exploration, Science, and Music...................	239
Explorers.......................................	239
Scientists.......................................	239
Composers......................................	240
12. Mastery Exercises................................	242

Part VI—Auditory Comprehension............................ 246

Part VII—Passages for Reading Comprehension................. 250

Part VIII—Verb Summary Chart.............................. 262

Part IX—French-English Vocabulary......................... 1

Part X—English-French Vocabulary......................... 7

Part I—Verbs

1. PRESENT TENSE OF REGULAR -ER VERBS: AFFIRMATIVE

jouer, to play
I play, I am playing, I do play

SINGULAR	PLURAL
je joue	nous jouons
tu joues	vous jouez
il joue	ils jouent
elle joue	elles jouent

Note

1. The personal endings of the present tense (**le présent**) of **-er** verbs are: **-e, -es, -e, -ons, -ez, -ent.**

2. The **e** of **je** is dropped if the next word begins with a vowel or silent **h**: *j'*arrive; *j'h*abite.

3. The pronouns **il, elle, ils, elles** refer to both persons and things. **Il** is translated *he* or *it;* **elle,** *she* or *it.*

4. To summarize two or more nouns of different genders, **ils** is used.

Le crayon et *la plume* tombent.	The pen and pencil are falling.
Ils tombent.	They are falling.

SOME COMMON -ER VERBS

aider, to help
aimer, to like, love
chanter, to sing
chercher, to look for
commencer, to begin
compter, to count
danser, to dance
demeurer, to live
désirer, to wish, want
donner, to give

entrer (dans),
  to enter,
  go (come) in
étudier, to study
fermer, to close
habiter, to live in
jouer, to play
manger, to eat
marcher, to walk

montrer, to show
parler, to speak, talk
penser, to think
pleurer, to cry
porter, to carry, wear
sonner, to ring
tomber, to fall
travailler, to work
trouver, to find

EXERCISES

A. Select the correct subject pronoun:

1. (Il, Tu, Elles) tombe dans l'océan.
2. (Vous, Nous, Ils) travaillons à l'école.
3. (Vous, Tu, Nous) entrez dans la maison.
4. (Il, Tu, Elles) portes une blouse.
5. (Je, Ils, Vous) trouve la bicyclette.
6. (J', Nous, Ils) aide l'enfant.
7. (Vous, Je, Ils) cherchent la lampe.
8. (Nous, Elle, Tu) commence l'histoire.
9. (Je, Elle, Elles) habitent Paris.
10. (Vous, Nous, Ils) aimez l'image.

B. Complete each sentence by adding the verb ending:

1. Nous jou_____ du piano.
2. Elle mang_____ beaucoup.
3. Vous march_____ à l'école.
4. Le médecin aid_____ le malade.
5. Tu cherch_____ l'exercice.
6. J'entr_____ dans la salle.
7. Ils aim_____ la musique.
8. Les amis demeur_____ dans la ville.
9. Henriette pleur_____ souvent.
10. Elle donn_____ l'argent à Robert.

C. Change the subject and the verb to the plural:

1. Il marche rapidement.   _____ rapidement.
2. Je ferme la fenêtre.   _____ la fenêtre.
3. Tu manges l'orange.   _____ l'orange.
4. Elle parle anglais.   _____ anglais.
5. Il danse bien.   _____ bien.

D. Replace the subject nouns by pronouns:

1. Henri compte en français.   _____ compte en français.
2. Marie porte un chapeau.   _____ porte un chapeau.
3. Louise et Georges jouent dans la rue.   _____ jouent dans la rue.
4. La leçon commence.   _____ commence.
5. Les garçons trouvent un franc.   _____ trouvent un franc.

6. Le livre et la craie tombent.   _ _ _ _ _ tombent.
7. Les jeunes filles pensent en français.   _ _ _ _ _ pensent en français.
8. Un cahier tombe.   _ _ _ _ _ tombe.
9. Le frère et la sœur mangent.   _ _ _ _ _ mangent.
10. La famille travaille.   _ _ _ _ _ travaille.

E. Translate the French verb into English in *three* ways:

1. Le papier tombe.   The paper _ _ _ _ _
2. Nous travaillons.   We   _ _ _ _ _
3. François pleure.   Frank   _ _ _ _ _
4. Vous dansez.   You   _ _ _ _ _
5. Elle étudie.   She   _ _ _ _ _

F. Select the correct verb form:

1. Ils (portes, portez, portent) la table.
2. Vous (demeurer, demeures, demeurez) à Paris.
3. Nous (étudiez, étudions, étudies) le français.
4. Je (joue, jouer, jouent) à la balle.
5. Il (montrent, montre, montrons) la machine.
6. Elles (pleurent, pleurons, pleure).
7. Tu (compte, comptes, comptez) les plumes.
8. Elle (aime, aimons, aiment) la fleur.
9. Je (désires, désire, désirez) commencer.
10. Vous (danser, dansez, dansons) avec moi.

G. Rewrite each sentence, using the subjects indicated:

1. Elle travaille beaucoup.   (Vous, Ils)
2. Nous désirons un journal.   (Tu, La femme)
3. Je chante une chanson.   (Elle, Les enfants)
4. Il compte les cartes.   (Nous, Je)
5. Je sonne la cloche.   (Ils, L'homme)

H. Translate the English words into French:

1. *They find* un franc.
2. Vous désirez *to sing*.
3. *She is looking for* le musée.
4. Les pages *are falling*.
5. *We are giving* la robe à Diane.
6. *I study* l'italien.
7. Voici la femme et le mari.
   They dance bien.
8. Le garçon *is closing* la porte.
9. *They are showing* l'automobile.
10. *I live in* une maison.

2. PRESENT TENSE OF REGULAR -ER VERBS: INTERROGATIVE

am I playing? do I play?

INVERTED FORMS		est-ce que FORMS
– – – – –		*est-ce que* je joue?
joues-tu?		*est-ce que* tu joues?
joue-*t*-il?		*est-ce qu'*il joue?
joue-*t*-elle?	**OR**	*est-ce qu'*elle joue?
jouons-nous?		*est-ce que* nous jouons?
jouez-vous?		*est-ce que* vous jouez?
jouent-ils?		*est-ce qu'*ils jouent?
jouent-elles?		*est-ce qu'*elles jouent?

Note

1. A question is formed by:
   a. placing the subject pronoun after the verb and joining it to the verb with a hyphen, or
   b. placing **est-ce que** before the statement.

2. With the pronoun **je**, only the **est-ce que** form is used.

3. With **il** and **elle**, a -t- is placed between the verb and the pronoun in the inverted form.

OTHER COMMON -ER VERBS

apporter, to bring
couper, to cut
coûter, to cost
demander, to ask (for)
écouter, to listen (to)
emprunter, to borrow
essayer, to try (on)
expliquer, to explain
frapper, to strike, knock
gronder, to scold
laisser, to leave (things)

laver, to wash
oublier, to forget
passer, to pass, spend (time)
prêter, to lend
quitter, to leave (persons and places)
raconter, to relate
regarder, to look (at)
rencontrer, to meet
traverser, to cross
voyager, to travel
voler, to fly, steal

4

EXERCISES

A. Translate into English in *two* ways:

1. Écoute-t-elle?
2. Pensez-vous?
3. Est-ce que je voyage?
4. Commences-tu?
5. Comptons-nous?

6. Est-ce qu'ils pleurent?
7. Essayons-nous?
8. Grondent-elles?
9. Est-ce que je marche?
10. Coupe-t-il?

B. Write the correct form of the verb in the present tense:

1. *arriver:* _____-ils?
2. *penser:* je _____
3. *voyager:* _____-elles?
4. *refuser:* Anne _____
5. *essayer:* _____-vous?

6. *couper:* _____-elle?
7. *oublier:* Georges _____
8. *écouter:* _____-nous?
9. *commencer:* _____-il?
10. *expliquer:* les frères _____

C. Change the following statements to questions in *two* ways:

1. Vous passez le beurre.
2. Ils aiment la fable.
3. Elle joue maintenant.
4. Tu apportes l'argent.

5. Nous préparons le dîner.
6. Il accepte la note.
7. Elles regardent l'image.

D. Write the following sentences in the interrogative:

1. Je cherche une carte.
2. J'entre dans la salle de classe.

3. Je demande une fleur.

E. Translate into French, using **est-ce que:**

1. Is he eating the bread?
2. Am I studying the exercise?
3. Do you speak French?*

4. Are they bringing the books?
5. Do I dance well?

F. Translate into French, inverting the verb and pronoun:

1. Do they travel?
2. Is she carrying the chair?
3. Are you falling?

4. Does he forget the street?
5. Are we counting the pencils?

* In all exercises in this book, the word *you* should be translated by the polite form **vous,** unless the question specifically indicates that the familiar form **tu** is required.

G. Complete each sentence with the correct form of the verb in italics:

1. Je *traverse* la rue. Georges aussi _ _ _ _ _ la rue. _ _ _ _ _-tu la rue?
2. Il *quitte* la ville. _ _ _ _ _-vous la ville? Oui, nous _ _ _ _ _ la ville.
3. Qui *frappe* à la porte? Une voisine _ _ _ _ _ à la porte. Pourquoi _ _ _ _ _-elle à la porte?
4. Vous *expliquez* bien les exemples. _ _ _ _ _-ils bien les exemples? _ _ _ _ _-nous bien les exemples?
5. L'oiseau *vole*. Où _ _ _ _ _-il? Je désire _ _ _ _ _ .

H. *Progressive Substitution.* This drill begins with a complete French sentence. Complete each of the following sentences, substituting the new word or words given and using as much of the preceding sentence as possible. For example:

	COMPLETED SENTENCES:
Il chante bien.	
_ _ _ _ _ chantons _ _ _ _ _ _ .	*Nous* chantons *bien.*
_ _ _ _ _ dansez _ _ _ _ _ _ .	*Vous* dansez *bien.*
Elles _ _ _ _ _ _ _ _ _ _ _ _ _ _ .	Elles *dansent bien.*

Commencez-vous le livre?

1. _ _ _ _ _-elle _ _ _ _ _?
2. Ferme _ _ _ _ _?
3. _ _ _ _ _-ils _ _ _ _ _?
4. Cherchent _ _ _ _ _?
5. _ _ _ _ _-tu _ _ _ _ _?
6. _ _ _ _ _-il _ _ _ _ _?
7. Étudie _ _ _ _ _?
8. _ _ _ _ _-nous _ _ _ _ _?
9. Donnons _ _ _ _ _?
10. _ _ _ _ _ je _ _ _ _ _?
11. _ _ _ _ _-vous _ _ _ _ _?
12. _ _ _ _ _-elle _ _ _ _ _?

I. Answer the following questions in French:

1. Laissez-vous le livre sur la table? Oui, je _ _ _ _ _
2. Est-ce que les élèves écoutent bien? Oui, ils _ _ _ _ _
3. Chantons-nous la chanson? Oui, nous _ _ _ _ _
4. Aime-t-il l'école? Oui, il _ _ _ _ _
5. Est-ce que vous regardez l'arbre? Oui, je _ _ _ _ _
6. Ferme-t-elle la porte? Oui, elle _ _ _ _ _
7. Lavez-vous le tableau noir? Oui, nous _ _ _ _ _
8. Est-ce qu'elles trouvent la craie? Oui, elles _ _ _ _ _
9. Est-ce que le professeur raconte l'histoire? Oui, il _ _ _ _ _
10. Est-ce que j'étudie beaucoup? Oui, vous _ _ _ _ _

J. Translate the English words into French:

1. *Am I spending* le jour à la maison?
2. Louise *is explaining* la leçon.
3. Nous *are washing* le mur.
4. Elles *meet* une amie.
5. *Are you bringing* les devoirs?
6. La mère *is scolding* l'enfant.
7. Tu *are borrowing* la montre.
8. Hélène et Jacques *forget* le lait.
9. Le beurre *costs* cher.
10. *Does he lend* son livre?

Paris Opéra

Built between 1862 and 1874 by Garnier, the Paris Opéra is famed for the richness of its decorations and its majestic proportions. It is located in a neighborhood of hotels, busy cafés, and fashionable stores.

3. PRESENT TENSE OF REGULAR *-ER* VERBS: NEGATIVE AND NEGATIVE INTERROGATIVE

NEGATIVE

I am not playing, I do not play

je *ne* joue *pas*	nous *ne* jouons *pas*
tu *ne* joues *pas*	vous *ne* jouez *pas*
il *ne* joue *pas*	ils *ne* jouent *pas*
elle *ne* joue *pas*	elles *ne* jouent *pas*

NEGATIVE INTERROGATIVE

am I not playing? do I not play?

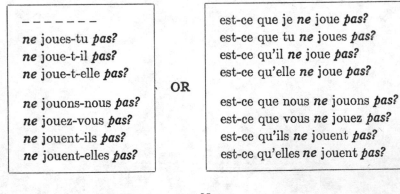

− − − − − − −		est-ce que je *ne* joue *pas?*
ne joues-tu *pas?*		est-ce que tu *ne* joues *pas?*
ne joue-t-il *pas?*		est-ce qu'il *ne* joue *pas?*
ne joue-t-elle *pas?*		est-ce qu'elle *ne* joue *pas?*
	OR	
ne jouons-nous *pas?*		est-ce que nous *ne* jouons *pas?*
ne jouez-vous *pas?*		est-ce que vous *ne* jouez *pas?*
ne jouent-ils *pas?*		est-ce qu'ils *ne* jouent *pas?*
ne jouent-elles *pas?*		est-ce qu'elles *ne* jouent *pas?*

Note

1. A verb is made negative by placing **ne** before it and **pas** after it: **ne** (verb) **pas**.

2. In the inverted question form, **ne** is placed before the verb while **pas** is placed after the subject pronoun: **ne** (verb + pronoun) **pas**.

3. The **e** of **ne** is dropped before a vowel or silent **h**: je *n'*arrive pas; je *n'h*abite pas.

4. The word **si** is used to contradict a negative statement or question:

Ne parlez-vous pas français?	Don't you speak French?
Si, je parle français.	Yes, I speak French.

8

EXERCISES

A. Complete the English sentences:

1. Son père ne voyage pas souvent.	His father _ _ _ _ _ often.
2. Ne comptent-ils pas les pages?	_ _ _ _ _ the pages?
3. Tu ne donnes pas la pomme au cheval!	_ _ _ _ _ the apple to the horse!
4. Nous n'empruntons pas la règle.	_ _ _ _ _ the ruler.
5. Est-ce qu'il n'oublie pas son livre?	_ _ _ _ _ his book?
6. Elles ne racontent pas l'histoire.	_ _ _ _ _ the story.
7. Ne trouve-t-elle pas la lettre?	_ _ _ _ _ the letter?
8. Je ne gronde pas mon cousin.	_ _ _ _ _ my cousin.
9. N'essayez-vous pas les gants?	_ _ _ _ _ the gloves?
10. Ne prête-t-il pas le papier à Charles?	_ _ _ _ _ Charles the paper?

B. Change the following sentences to the negative:

1. Cherche-t-il son automobile?	_ _ _ _ _ son automobile?
2. Les cerises coûtent un dollar.	Les cerises _ _ _ _ _ un dollar.
3. Passons-nous un mois au Canada?	_ _ _ _ _ un mois au Canada?
4. J'admire la chambre.	_ _ _ _ _ la chambre.
5. Elle désire commencer.	_ _ _ _ _ commencer.
6. Invitent-ils leurs voisins?	_ _ _ _ _ leurs voisins?
7. Est-ce que j'étudie?	_ _ _ _ _?
8. Elles oublient l'adresse.	_ _ _ _ _ l'adresse.
9. Marchez-vous vite?	_ _ _ _ _ vite?
10. Les soldats arrivent à la gare.	Les soldats _ _ _ _ _ à la gare.

C. Change the subject and the verb to the singular:

1. Ne portent-ils pas le journal?	_ _ _ _ _ le journal?
2. Nous n'habitons pas une grande maison.	_ _ _ _ _ une grande maison.
3. N'écoutent-elles pas le professeur?	_ _ _ _ _ le professeur?
4. Ils ne regardent pas l'arbre.	_ _ _ _ _ l'arbre.
5. Ne travaillons-nous pas?	_ _ _ _ _?

D. Translate the English words into French:

1. *Aren't they wearing* les cravates?
2. André *is not looking at* le tableau.
3. *Don't you close* la porte?
4. Nous *do not wash* le mur.
5. *Isn't he helping* sa mère?
6. *I do not like* cette couleur.
7. Jean et Jeanne *are not studying*.
8. Qui *is not eating*?
9. *Don't I listen to* ma sœur?
10. *Isn't she thinking*?

E. Complete the French sentences:

1. I do not lend my fountain pen.　　_____ mon stylo.
2. Isn't he leaving the box here?　　_____ la boîte ici?
3. She does not ask for the cake.　　_____ le gâteau.
4. The leaves are not falling.　　Les feuilles _____.
5. I am not walking in the country.　_____ à la campagne.
6. Aren't they entering the house?　_____ dans la maison?
7. Who is not bringing his money?　Qui _____ son argent?
8. Don't we study in the summer?　_____ en été?
9. Isn't she beginning the work?　_____ le travail?
10. Don't I speak well? Yes, you do.　_____ bien? _____, vous parlez bien.

F. Answer the following questions negatively in French:

1. Désire-t-il manger? Non, il _____
2. Coupez-vous le pain? Non, je _____
3. Est-ce que je chante bien? Non, vous _____
4. Travaillent-ils tous les jours? Non, ils _____
5. Est-ce que l'enfant pleure? Non, il _____
6. Danse-t-elle ce soir? Non, elle _____
7. Demeurez-vous en France? Non, je _____
8. Expliquent-elles la grammaire? Non, elles _____
9. Est-ce que les amis jouent? Non, ils _____
10. Parlons-nous espagnol? Non, nous _____

4. PRESENT TENSE OF REGULAR -*IR* VERBS

bât*ir,* to build

AFFIRMATIVE

I build, I am building, I do build

je bât*is*	nous bât*issons*
tu bât*is*	vous bât*issez*
il bât*it*	ils bât*issent*
elle bât*it*	elles bât*issent*

INTERROGATIVE

am I building? do I build?

est-ce que je bâtis?	bâtissons-nous?
bâtis-tu?	bâtissez-vous?
bâtit-il?	bâtissent-ils?
bâtit-elle?	bâtissent-elles?

NEGATIVE

I am not building,
I do not build

je ne bâtis pas
tu ne bâtis pas
il ne bâtit pas
elle ne bâtit pas
nous ne bâtissons pas
vous ne bâtissez pas
ils ne bâtissent pas
elles ne bâtissent pas

NEGATIVE INTERROGATIVE

am I not building?
do I not build?

est-ce que je ne bâtis pas?
ne bâtis-tu pas?
ne bâtit-il pas?
ne bâtit-elle pas?
ne bâtissons-nous pas?
ne bâtissez-vous pas?
ne bâtissent-ils pas?
ne bâtissent-elles pas?

Note

1. The personal endings of the present tense of **-ir** verbs are

    -is, -is, -it, -issons, -issez, -issent

2. **Est-ce que** may be used in all interrogative forms.

COMMON -IR VERBS

bâtir, to build   **obéir (à)**, to obey
choisir, to choose   **punir**, to punish
finir, to finish   **remplir**, to fill
guérir, to cure   **réussir**, to succeed

EXERCISES

A. Complete each of the following French sentences by adding the correct verb ending:

1. Vous pun_____ le méchant garçon.
2. L'architecte bât_____ un hôpital.
3. Nous rempl_____ la salle.
4. Elles fin_____ le repas.
5. Les docteurs guér_____ la maladie.
6. Réuss_____-ils?
7. Qui chois_____ la rose?
8. Tu obé_____ à ton père.
9. Je ne pun_____ pas l'enfant.
10. Désire-t-il réuss_____?

B. Change the subject and the verb to the plural:

1. Il bâtit une école.   _____ une école.
2. Je réussis souvent.   _____ souvent.
3. Elle obéit au professeur.   _____ au professeur.
4. Tu choisis le magasin.   _____ le magasin.
5. Il finit la musique.   _____ la musique.

C. Translate the French verb into English in *three* ways:

1. Nous réussissons.   We   _____
2. Elle finit.   She   _____
3. Je punis.   I   _____
4. Vous bâtissez.   You   _____
5. Ils choisissent.   They   _____

D. Select the correct verb form:

1. Nous (bâtissent, bâtis, bâtissons) un garage.
2. Elles (punissent, punit, punissons) la bonne.
3. Je (choisir, choisit, choisis) la voiture.
4. Il (obéit, obéissent, obéis) à l'avocat.
5. Vous (réussissons, réussissez, réussissent) toujours.
6. Tu (remplis, remplit, remplir) la bouteille.
7. Ils (guérissons, guérissent, guérit) l'animal.
8. Je (finissez, finit, finis) le café.
9. Elle (réussit, réussir, réussis) rarement.
10. M. Lebrun (bâtir, bâtit, bâtis) une bibliothèque.

E. Translate into French:

1. he is choosing
2. are they choosing?
3. I succeed
4. do you succeed?
5. she punishes
6. they do not punish
7. am I building?
8. we are building
9. he isn't filling
10. do you fill?

F. Change the following statements into questions, using **est-ce que** only with **je**:

1. Elle remplit ce vase.
2. Nous obéissons à maman.
3. Elles ne réussissent pas.
4. Je bâtis une maison.
5. Vous ne choisissez pas la robe.
6. Tu finis les leçons.
7. Je ne remplis pas la valise.
8. Ils choisissent le chapeau.
9. Vous guérissez le malade.
10. Il ne punit pas son fils.

G. Answer the following questions in French, affirmatively or negatively, as indicated:

1. Est-ce que le garçon obéit à sa mère? Oui, il _____
2. Obéissez-vous à l'homme? Non, je _____
3. Est-ce que j'obéis au professeur? Oui, vous _____
4. Remplissent-ils le stylo? Non, ils _____
5. Remplissez-vous la tasse? Oui, nous _____
6. Remplissez-vous le verre? Non, je _____
7. Est-ce que je choisis l'habit? Oui, vous _____
8. Choisis-tu ce banc? Oui, je _____
9. Est-ce que les femmes choisissent les robes? Non, elles _____
10. Choisissez-vous ces fleurs? Non, nous _____

H. Translate the English words into French:

1. *Do I finish* la leçon?
2. Je désire *to finish* le travail.
3. *Are you finishing* les devoirs?
4. *I am finishing* l'examen.
5. *We are not finishing* le livre.
6. *He finishes* la page.
7. *Don't I finish* la phrase?
8. *Aren't they finishing* les questions?
9. *He is finishing* la dictée.
10. *They finish* l'exercice.

Eiffel Tower

    This bold lacework of metal, 984 feet high, was built by the engineer Eiffel for the Paris Exposition of 1889. Visitors may walk or take three different elevators to reach the top.

5. PRESENT TENSE OF REGULAR -*RE* VERBS

entend*re*, to hear

AFFIRMATIVE

I hear, I am hearing, I do hear

j'entends	nous entendons
tu entends	vous entendez
il entend	ils entendent
elle entend	elles entendent

INTERROGATIVE

am I hearing? do I hear?

est-ce que j'entends?	entendons-nous?
entends-tu?	entendez-vous?
entend-il?	entendent-ils?
entend-elle?	entendent-elles?

Note

1. The personal endings of the present tense of -re verbs are:

-s, -s, -, -ons, -ez, -ent

2. These verbs form their negative and negative interrogative in the same manner as -er and -ir verbs. For example:

NEGATIVE	NEGATIVE INTERROGATIVE
je n'entends pas	est-ce que je n'entends pas?
nous n'entendons pas	n'entendons-nous pas?

COMMON -RE VERBS

attendre, to wait (for)	**perdre,** to lose
défendre, to defend	**rendre,** to give back, return
descendre, to go (come) down	**répondre (à),** to answer
entendre, to hear	**vendre,** to sell

15

EXERCISES

A. Select the correct subject pronoun:

1. Entendez- (nous, vous, ils) la faute?
2. (Je, Il, Elles) perd son billet.
3. (Elles, Il, Nous) rendent les gants.
4. (Il, Elle, Je) réponds à la lettre.
5. (Nous, Vous, Ils) défendons la ville.
6. Attendent- (elle, vous, ils) un taxi?
7. (Vous, Tu, Elles) répondez au président.
8. N'entends- (il, tu, vous) pas l'oiseau?
9. (Elle, Vous, Je) vends des fleurs.
10. (Elle, Tu, Ils) descend par l'ascenseur.

B. Complete the English sentences:

1. Elle ne perd pas son cahier. _____ her notebook.
2. Nous répondons au professeur. _____ the teacher.
3. Entends-tu le bruit? _____ the noise?
4. Les soldats défendent leur pays. The soldiers _____ their country.
5. Ne répond-il pas bien? _____ well?
6. Le fils attend sa mère. The son _____ his mother.
7. Rendez-vous les livres à la bibliothèque? _____ the books to the library?
8. L'épicier vend du sucre. The grocer _____ sugar.
9. Je n'aime pas attendre. I don't like _____.
10. Si je monte, je ne descends pas. If I go up, _____.

C. Rewrite each sentence, using the subjects indicated:

1. Nous descendons du train. (Je, Il, Elles)
2. Attends-tu le médecin? (elle, vous, ils)
3. Vous ne perdez pas de temps. (Les enfants, Nous, Tu)
4. Ils entendent le chien. (Paul, Je, Vous)
5. Il vend la table à la femme. (Nous, Ils, Je)

D. Change the subject and the verb to the singular:

1. Nous défendons le pauvre animal. _____ le pauvre animal.
2. Rendent-ils les œufs? _____ les œufs?
3. Les frères répondent à l'ami. _____ à l'ami.
4. Elles entendent la pluie. _____ la pluie.
5. Perdons-nous la cravate? _____ la cravate?

E. Translate into French:

1. Mary and Louis are coming down.
2. Does he always lose his pen?
3. They are not waiting for the girls.
4. Who is returning the map?
5. I sell the newspaper to the man.

F. Change the following sentences to the negative:

1. Je rends le crayon.　　Je _ _ _ _ _ le crayon.
2. Entend-il la cloche?　　_ _ _ _ _ la cloche?
3. Les élèves répondent bien.　Les élèves _ _ _ _ _ bien.
4. Vendent-ils la maison?　　_ _ _ _ _ la maison?
5. Pourquoi descendez-vous?　Pourquoi _ _ _ _ _?

G. Answer in complete French sentences:

1. Entendez-vous les automobiles?
2. Est-ce qu'on vend du pain dans la boulangerie?
3. Rends-tu les livres que tu empruntes?
4. Qui attendez-vous?
5. Perdez-vous souvent votre cahier?
6. Qui vend de la viande?
7. Descendons-nous l'escalier?
8. Qui répond aux questions en classe?
9. Est-ce que je défends les oiseaux?
10. Attendent-ils une lettre?

6. IMPERATIVE OF REGULAR VERBS

	FAMILIAR	POLITE	
jouer	joue, play	jouez, play	jouons, let us play
bâtir	bâtis, build	bâtissez, build	bâtissons, let us build
entendre	entends, hear	entendez, hear	entendons, let us hear

Note

1. The forms of the imperative are the same as the corresponding forms of the present tense, but the subject pronouns **tu, vous,** and **nous** are omitted.

2. The exception is the familiar form of **-er** verbs, which ends in **e**: jou*e*.

3. The imperative is made negative in the regular way, that is, **ne** (verb) **pas:**

ne bâtissez pas   do not build
ne jouons pas   let's not play

4. The adverb **donc** is often used with the imperative to make the verb more emphatic.

Écoutez *donc* le professeur!   Listen (carefully) to the teacher!
Finissez *donc!*   Get finished!

EXERCISES

A. Give the three imperatives of the following verbs and translate each form:

1. oublier
2. réussir
3. descendre
4. jouer
5. défendre
6. guérir

B. Rewrite each sentence, replacing the verb in italics with the correct form of the verbs indicated:

1. *Donnez* la question. (choisir, répondre)
2. Ne *grondons* pas Louise. (attendre, punir)
3. *Finis* les exercices. (rendre, commencer)
4. *Descendons*, mes amis. (travailler, réussir)
5. Ne *vends* pas les verres. (apporter, remplir)

C. Complete the English sentences:

1. Aidons la dame. _ _ _ _ _ the lady.
2. Choisissez un bonbon. _ _ _ _ _ a piece of candy.
3. Ne perdez pas la clef. _ _ _ _ _ the key.
4. Danse avec moi. _ _ _ _ _ with me.
5. Ne punissons pas les élèves. _ _ _ _ _ the pupils.
6. Rendez les boîtes à Michel. _ _ _ _ _ the boxes to Michael.
7. Attends le bouquet de fleurs. _ _ _ _ _ the bouquet of flowers.
8. N'entrez pas dans le jardin. _ _ _ _ _ the garden.
9. Obéis à ta mère. _ _ _ _ _ your mother.
10. Regardez ce plafond. _ _ _ _ _ that ceiling.

D. Change the following sentences to the imperative:

1. Vous répondez correctement. _ _ _ _ _ correctement.
2. Nous vendons le chocolat. _ _ _ _ _ le chocolat.
3. Vous ne finissez pas la leçon. _ _ _ _ _ la leçon.
4. Tu trouves le papier. _ _ _ _ _ le papier.
5. Nous écoutons la T.S.F. _ _ _ _ _ la T.S.F. (radio).
6. Tu remplis le verre. _ _ _ _ _ le verre.
7. Nous ne bâtissons pas la maison. _ _ _ _ _ la maison.
8. Vous chantez la chanson. _ _ _ _ _ la chanson.
9. Nous racontons l'histoire. _ _ _ _ _ l'histoire.
10. Tu ne vends pas le tableau. _ _ _ _ _ le tableau.

E. Translate the English words into French, using the familiar form only where it is required:

1. *Let's not wait for* le repas.
2. *Sell* vos journaux.
3. *Do not fall*, mon petit.
4. *Build* un bon mur.
5. *Let's look for* le téléphone.
6. *Close* la porte, mon enfant.
7. *Let us obey* à la femme.
8. *Cut* la corde, s'il vous plaît.
9. *Let us answer* à la lettre.
10. *Study* ces phrases.

F. Using French sentences, tell a close friend of yours:

1. not to lose the pencil
2. to look at the trees
3. not to fall
4. to obey the lady
5. not to go down

G. Write a sentence in French, *politely* telling someone to perform each of the following acts:

1. frapper à la porte
2. vendre les billets
3. choisir une fleur
4. attendre quelques minutes
5. traverser le jardin
6. oublier l'argent
7. bâtir la maison
8. répondre à la lettre
9. quitter la ville
10. punir l'animal

"Le Penseur" by Rodin

This powerfully expressive statue by one of France's great sculptors shows how successful Rodin was in breathing life into stone.

7. REVIEW: PRESENT AND IMPERATIVE OF REGULAR VERBS

A. Write the present tense of the verb in italics:

1. *guérir:* le médecin _____ ils _____
2. *montrer:* vous _____ les garçons _____
3. *punir:* vous _____ tu _____
4. *vendre:* nous _____ ils _____
5. *compter:* la cousine _____ elles _____
6. *perdre:* vous _____ je _____
7. *rencontrer:* je _____ tu _____
8. *choisir:* les élèves _ nous _____
9. *défendre:* tu _____ l'oncle _____
10. *réussir:* je _____ elles _____

B. Complete the English sentences:

1. Elle écoute un disque. _____ **a record.**
2. Où jouent-ils? Where _____?
3. Pourquoi perds-tu tes gants? Why _____ your gloves?
4. Est-ce qu'elle finit l'exercice? _____ the exercise?
5. Ne grondez pas ces enfants. _____ these children.
6. Raconte-t-il l'anecdote? _____ the anecdote?
7. Vous commencez l'examen. _____ the examination.
8. Attendons le déjeuner. _____ lunch.
9. Qui demeure dans cette maison? Who _____ in that house?
10. N'oublions pas les devoirs. _____ the homework.
11. Guillaume vend des journaux. William _____ newspapers.
12. Que cherchent-ils? What _____?
13. La petite fille ne pleure pas. The little girl _____.
14. Rendez les valises au porteur. _____ the valises to the porter.
15. Qui répond à la question? Who _____ the question?

C. Complete each sentence with the correct form of the verb in italics:

1. *Aimez*-vous l'école? Oui, nous _____ l'école. Pourquoi n'_____-il pas l'école?
2. Est-ce qu'ils *remplissent* les tasses? Non, ils ne désirent pas _____ les tasses. Moi, je _____ les tasses.
3. Quand *descends*-tu? Je _____ le matin. Nous _____ maintenant.
4. *Entrez* dans la salle à manger. Elle _____ dans la salle. Jean et Alice _____ aussi dans la salle.
5. Qui *réussit*? Les élèves qui étudient _____. Vous et moi, nous _____.

D. Rewrite each sentence, replacing the verb in italics with the correct form of the verbs indicated:

1. Elle n'*écoute* pas la réponse.   (entendre, finir)
2. *Marchons* donc vite.   (finir, descendre)
3. *Guérit*-il le malade?   (porter, attendre)
4. Qui *défendez*-vous?   (chercher, punir)
5. Ne *rendent*-ils pas les images?   (choisir, regarder)

E. Complete the French sentences:

1. We study every day.   _ _ _ _ _ tous les jours.
2. Let us build a hospital.   _ _ _ _ _ un hôpital.
3. They are returning the articles.   _ _ _ _ _ les articles.
4. Why is he cutting the cake?   Pourquoi _ _ _ _ _ le gâteau?
5. Do not punish the innocent child.   _ _ _ _ _ l'enfant innocent.
6. I borrow two armchairs.   _ _ _ _ _ deux fauteuils.
7. Doesn't he hear well?   _ _ _ _ _ bien?
8. How many windows are they closing?   Combien de fenêtres _ _ _ _ _?
9. I do not like to wait.   Je n'aime pas _ _ _ _ _ _.
10. Don't I obey my teachers?   _ _ _ _ _ à mes professeurs?
11. Let us try on these shirts.   _ _ _ _ _ ces chemises.
12. You are singing a beautiful song.   _ _ _ _ _ une belle chanson.
13. Who is losing money?   Qui _ _ _ _ _ de l'argent?
14. I am helping my aunt.   _ _ _ _ _ ma tante.
15. Aren't they filling the bottle?   _ _ _ _ _ la bouteille?
16. Don't sell the store.   _ _ _ _ _ le magasin.
17. Does she lend her fountain pen?   _ _ _ _ _ son stylo?
18. They are traveling in Europe.   _ _ _ _ _ en Europe.
19. Let us defend our land!   _ _ _ _ _ notre terre!
20. Do I eat three times a day?   _ _ _ _ _ trois fois par jour?
21. He is explaining the error.   _ _ _ _ _ la faute.
22. Look at the blackboard, John.   _ _ _ _ _ le tableau noir, Jean.
23. I do not fill my pockets.   _ _ _ _ _ mes poches.
24. Where does she leave her bag?   Où _ _ _ _ _ son sac?
25. Are the leaves falling?   Est-ce que les feuilles _ _ _ _ _?

F. Answer in complete French sentences:

1. Entendons-nous maintenant les enfants dans la rue?
2. Est-ce que votre père porte un chapeau?
3. Choisissez-vous de bons amis ou de mauvais amis?
4. Parlez-vous italien?
5. Est-ce que le temps passe vite ou lentement à l'école?
6. Quand finis-tu le dîner?

7. Attendez-vous l'autobus le matin?
8. Est-ce que les élèves de votre classe travaillent beaucoup à la maison?
9. A qui répondez-vous en classe?
10. Étudiez-vous souvent ou rarement?

G. *Progressive Substitution.* This drill begins with a complete French sentence. Complete each of the following sentences, substituting the new word or words given and using as much of the preceding sentence as possible. For example:

Il chante bien.	COMPLETED SENTENCES:
_____ chantons _____.	*Nous* chantons *bien.*
_____ dansez _____.	*Vous* dansez *bien.*
Elles _____.	Elles *dansent bien.*

Que désirez-vous?   Il aide la femme.

1. _____-elle?
2. _____ désires _____?
3. _____ vends _____?
4. _____-elles?
5. _____-vous?
6. _____-il?
7. _____ bâtit _____?
8. _____-vous?
9. _____-ils?
10. _____-tu?

11. Nous _____.
12. Elles _____.
13. _____ entendons _____.
14. Hélène _____.
15. Tu _____.
16. Vous _____.
17. _____ n'obéissons pas à _____.
18. Je _____.
19. Les garçons _____.
20. Philippe _____.

8. PRESENT TENSE OF *AVOIR* AND *ÊTRE*

avoir, to have

AFFIRMATIVE		INTERROGATIVE	
I have, I do have		*have I? do I have?*	

j'*ai*	nous *avons*	ai-je?	avons-nous?
tu *as*	vous *avez*	as-tu?	avez-vous?
il *a*	ils *ont*	a-*t*-il?	ont-ils?
elle *a*	elles *ont*	a-*t*-elle?	ont-elles?

être, to be

AFFIRMATIVE		INTERROGATIVE	
I am, you are, he is		*am I? are you? is he?*	

je *suis*	nous *sommes*	suis-je?	sommes-nous?
tu *es*	vous *êtes*	es-tu?	êtes-vous?
il *est*	ils *sont*	est-il?	sont-ils?
elle *est*	elles *sont*	est-elle?	sont-elles?

Note

1. The forms **est-ce que j'ai?** and **est-ce que je suis?** are more frequently used than **ai-je?** and **suis-je?**

2. The negative and negative interrogative of **avoir** and **être** are formed in the same manner as regular verbs.

NEGATIVE	NEGATIVE INTERROGATIVE
il n'a pas	n'a-t-il pas?
nous ne sommes pas	ne sommes-nous pas?

3. Special use of **avoir**:

il y a	there is, there are
y a-t-il?	is there? are there?
il n'y a pas	there isn't, there aren't
n'y a-t-il pas?	isn't there? aren't there?

24

EXERCISES

A. Write the present tense of the verb in parentheses:

1. (avoir)   il _____
2. (être)   nous _____
3. (être)   je _____
4. (avoir)   elles _____
5. (être)   elle _____

6. (avoir)   vous _____
7. (avoir)   tu _____
8. (être)   ils _____
9. (être)   vous _____
10. (avoir) nous _____

B. Supply a suitable subject pronoun:

1. _____ êtes triste.
2. _____ a la craie.
3. _____ sommes malades.
4. _____ n'ai pas le beurre.
5. _____ est à Lyon.

6. Avons-_____ assez d'argent?
7. _____ avez le poisson.
8. _____ sont à l'école.
9. _____ suis devant la porte.
10. _____ ont leurs robes.

C. Translate into French:

1. he isn't
2. are there?
3. do you have?
4. is she?
5. are they?

6. I am not
7. don't they have?
8. has he?
9. I haven't
10. aren't we?

D. Change the subject and the verb to the plural:

1. Elle n'a pas d'ennemis.   _____ d'ennemis.
2. Tu es beau.   _____ beaux.
3. J'ai mal à la tête.   _____ mal à la tête.
4. La tante est riche.   _____ riches.
5. Je ne suis pas vieux.   _____ vieux.
6. Tu n'as pas le cahier.   _____ le cahier.
7. Il est petit.   _____ petits.
8. Je n'ai pas les devoirs.   _____ les devoirs.
9. Le garçon a du chocolat.   _____ du chocolat.
10. Je suis jeune.   _____ jeunes.

E. Change to the negative:

1. Nous sommes dans la cuisine.
2. A-t-il la montre?
3. Sont-ils à droite?
4. J'ai les lettres.
5. Êtes-vous méchant?
6. Elles ont les fleurs.

7. Il y a trois chaises dans la chambre.
8. Avons-nous la carte?
9. Suis-je grand?
10. La clef est sur la porte.

F. Supply the missing form of **avoir** or **être**:

1. Merci, M. Dupont. Vous _____ très aimable.
2. Vous _____ un joli appartement.
3. Nous chantons parce que nous _____ heureux.
4. Il y _____ deux lampes sur la table.
5. Le professeur _____ dans la salle de classe.
6. _____-tu les cahiers, François?
7. Ce garçon _____ beaucoup d'amis.
8. Avez-vous votre livre? Oui, j'_____ mon livre.
9. Ils _____ une mère charmante.
10. Ces élèves _____ attentifs.
11. Où _____-tu, mon ami?
12. Qui est près de la fenêtre? Jean et sa sœur _____ près de la fenêtre.
13. Qui a les billets? Nous _____ les billets.
14. La France _____ une république.
15. Où êtes-vous, docteur? Je _____ dans le salon.

G. Answer in complete French sentences:

1. Avez-vous un frère?
2. Sommes-nous tristes ou heureux aujourd'hui?
3. Y a-t-il treize mois dans une année?
4. Êtes-vous stupide? Non, je _____
5. Qui a le journal? Vous _____
6. Est-ce que le tableau noir est devant la classe?
7. Avez-vous une bonne école? Oui, nous _____
8. Est-ce que je suis brave? Oui, vous _____
9. Le professeur a-t-il une cravate?
10. Combien de plumes avez-vous?
11. La neige est-elle blanche ou noire? *Snow*
12. Les élèves ont-ils beaucoup de livres?
13. Êtes-vous maintenant dans une ville ou à la campagne? Je _____
14. Combien de fenêtres y a-t-il dans la salle?
15. Qui a l'image? Louise _____

[handwritten: If w/ 2 consonants following verb e, the e is ĕ, not ä]

9. PRESENT TENSE AND IMPERATIVE OF *ALLER, VENIR, PRENDRE*

aller, to go	*venir*, to come	*prendre*, to take
je *vais*	je *viens*	je *prends*
tu *vas*	tu *viens*	tu *prends*
il *va*	il *vient*	il *prend*
elle *va*	elle *vient*	elle *prend*
nous *allons*	nous *venons*	nous *prenons*
vous *allez*	vous *venez*	vous *prenez*
ils *vont*	ils *viennent*	ils *prennent*
elles *vont*	elles *viennent*	elles *prennent* *[handwritten: prĕn]*
	IMPERATIVE *[handwritten: prononce alway silent]*	
va, allez, allons	*viens, venez, venons*	*prends, prenez, prenons*

Note

1. In the verb **aller**, a -t- is inserted in the interrogative forms with **il** and **elle**: va-t-il? va-t-elle?

2. The familiar imperative of **aller** drops the **s**: **va**.

3. When **aller** is used idiomatically in expressions of health, it means *to be, to feel.*

> **Comment allez-vous?** How are you? (How do you feel?)
>
> **Je vais bien.** I'm fine. (I feel fine.)

4. Conjugated like **venir** are **devenir** (*to become*), **revenir** (*to come back, return*).

5. Conjugated like **prendre** are **apprendre** (*to learn*), **comprendre** (*to understand*).

27

EXERCISES

A. Write the correct form of the verb in the present tense:

1. *apprendre:* les garçons _ _ _ _ _
2. *aller:* _ _ _ _ _-nous?
3. *prendre:* tu ne _ _ _ _ _ pas
4. *devenir:* _ _ _ _ _-nous?
5. *aller:* elles _ _ _ _ _

6. *venir:* elle _ _ _ _ _
7. *prendre:* _ _ _ _ _-il?
8. *aller:* vous _ _ _ _ _
9. *revenir:* _ _ _ _ _-tu?
10. *comprendre:* vous ne _ _ _ _ _ pas

B. Change the subject and the verb to the singular:

1. Vont-elles au restaurant?
2. Nous prenons le déjeuner.
3. Nous n'allons pas jouer.
4. Viennent-ils à New-York?
5. Les enfants apprennent la chanson.

_ _ _ _ _ au restaurant?
_ _ _ _ _ le déjeuner.
_ _ _ _ _ jouer.
_ _ _ _ _ à New-York?
_ _ _ _ _ la chanson.

C. Translate the words in parentheses into English:

1. Les cousins (vont) revenir demain.
2. (Ne prenez pas) mon livre.
3. (Venez) à l'opéra avec nous.
4. (Il n'apprend pas) sa leçon.
5. (Viennent-ils) de bonne heure?
6. (Va) avec maman, Charles.
7. Je désire (devenir) riche.
8. (Allez-vous) chanter?

9. (Prenons) le train.
10. (Comment vont-ils?)
11. (Ne comprenez-vous pas) la phrase?
12. (Reviens) plus tard, Pierre.
13. (Allons) au parc.
14. (Prennent-ils) du sucre?
15. (Ne va-t-elle pas) en Europe?

D. Change to the interrogative:

1. Nous apprenons l'anglais.
2. Tu ne vas pas à la bibliothèque.
3. Il comprend le garçon.
4. Elles viennent du Canada.
5. Vous ne comprenez pas le problème.

6. Il va à l'hôtel de ville.
7. Vous revenez souvent ici.
8. Je prends un verre de lait.
9. Tu viens dîner chez moi.
10. Elles ne vont pas en ville.

E. Translate the English words into French:

1. *Do you come* de France?
2. *Go* au tableau noir.
3. *They are not taking* le papier.
4. Les hommes *are coming back* ce soir.

5. *Don't you feel* bien?
6. *Let us come* à l'heure.
7. *Do you understand* la leçon?
8. *They are going* au magasin.
9. *She is taking* une tasse de café.

10. *Doesn't she become* impossible?
11. Où *is he going?*
12. *Do not take* mon parapluie.

13. *He is coming* voir sa mère.
14. *Does he understand* la lecture?
15. *We are not going* à la campagne.

F. Answer in complete French sentences:

1. Quelle langue apprenons-nous?
2. A quelle heure venez-vous à l'école?
3. Comment allez-vous aujourd'hui?
4. Comment votre mère va-t-elle?
5. Comprenez-vous l'espagnol?
6. Qui comprend les questions? Nous _____
7. Où allez-vous cet après-midi?
8. Est-ce que le professeur devient triste ou heureux quand les élèves n'étudient pas?
9. Combien de repas prenez-vous par jour?
10. Est-ce que ces femmes vont au cinéma? Non, _____

Fortress City of Carcassonne

The visitor to Carcassonne finds himself transported back to the Middle Ages. Double ramparts and numerous towers give this best preserved of medieval cities a forbidding aspect.

10. PRESENT TENSE AND IMPERATIVE OF *FAIRE, DIRE, LIRE, ÉCRIRE*

faire, to do, make	*dire,* to say, tell
je *fais*	je *dis*
tu *fais*	tu *dis*
il *fait*	il *dit*
elle *fait*	elle *dit*
nous *faisons*	nous *disons*
vous *faites*	vous *dites*
ils *font*	ils *disent*
elles *font*	elles *disent*
IMPERATIVE	
fais, faites, faisons	*dis, dites, disons*

lire, to read	*écrire,* to write
je *lis*	j'*écris*
tu *lis*	tu *écris*
il *lit*	il *écrit*
elle *lit*	elle *écrit*
nous *lisons*	nous *écrivons*
vous *lisez*	vous *écrivez*
ils *lisent*	ils *écrivent*
elles *lisent*	elles *écrivent*
IMPERATIVE	
lis, lisez, lisons	*écris, écrivez, écrivons*

EXERCISES

A. Supply a suitable subject pronoun:

1. ____ faisons
2. ____ dit
3. ____ écris
4. ____ lisent
5. ____ écrivez

6. ____ dites
7. ____ écrit
8. ____ lis
9. ____ font
10. ____ lisons

B. Write the correct form of the verb in the present tense:

1. *faire:* je ne ____ pas
2. *lire:* elle ____
3. *dire:* tu ____
4. *écrire:* nous ____
5. *faire:* ____-vous?

6. *écrire:* ____-elles?
7. *faire:* il ____
8. *lire:* je ____
9. *dire:* nous ne ____ pas
10. *lire:* vous ____

C. Translate into French:

1. What (Que) are you doing?
2. What is she saying?
3. What does he do?
4. What are they saying?
5. What are you reading?
6. What (Qu') does he write?
7. What are you (fam.) doing?
8. What do you say?
9. What are they reading?
10. What (Qu') are you writing?

D. Change the subject and the verb to the plural:

1. Je lis vite.
2. Que fais-tu?
3. Pourquoi lit-il?
4. Elle dit la vérité.
5. Tu ne lis pas le journal.
6. Où écris-tu?
7. Sur quoi est-ce que j'écris?
8. Il fait un voyage.
9. Dis-tu la réponse?
10. Le cousin écrit bien.

____ vite.
Que ____?
Pourquoi ____?
____ la vérité.
____ le journal.
Où ____?
Sur quoi est-ce que ____?
____ un voyage.
____ la réponse?
____ bien.

E. Complete the English sentence:

1. Lisez-vous bien? _____ well?
2. Qu'est-ce que je dis? What _____?
3. Nous n'écrivons pas sur le papier. _____ on the paper.
4. Faites-vous vos devoirs? __ __ your homework?
5. Les élèves lisent à haute voix. The pupils _____ aloud.
6. Faisons des choses intéressantes. _____ interesting things.
7. Ma sœur désire écrire un livre. My sister wishes _____ a book.
8. Je ne fais pas beaucoup de fautes. _____ many mistakes.
9. Dites à Jean que j'étudie. _____ John that I am studying.
10. Quand est-ce que je lis? When _____?

F. Translate the English imperatives into French:

1. *Tell* la vérité, Pierre et Suzanne.
2. *Let's write* l'histoire.
3. *Do not read* ma lettre, madame.
4. *Do* vos leçons.
5. *Let us say* bonjour.
6. *Read* la phrase, Henri.
7. *Let us make* une belle robe.
8. *Read* votre réponse.
9. *Write* tes verbes, Georges.
10. *Let us read* ces pages.

G. Answer in complete French sentences:

1. Lisez-vous mal?
2. Combien font deux et trois?
3. Écrivez-vous sur le pupitre?
4. Est-ce que les hommes disent toujours la vérité?
5. Faites-vous beaucoup de fautes?
6. Qui écrit au tableau noir?
7. Votre père fait-il vos devoirs?
8. Dites-vous toujours merci?
9. Lisez-vous dans la bibliothèque, mes amis?
10. Qui dit bonjour à la classe?

11. PRESENT TENSE OF *VOULOIR, POUVOIR, SAVOIR*

vouloir, to wish, want	*pouvoir,* to be able	*savoir,* to know, know how
je *veux*	je *peux (puis)*	je *sais*
tu *veux*	tu *peux*	tu *sais*
il *veut*	il *peut*	il *sait*
elle *veut*	elle *peut*	elle *sait*
nous *voulons*	nous *pouvons*	nous *savons*
vous *voulez*	vous *pouvez*	vous *savez*
ils *veulent*	ils *peuvent*	ils *savent*
elles *veulent*	elles *peuvent*	elles *savent*

Note

1. There are two possible forms with **je** in the present tense of **pouvoir: je peux** and **je puis**.

2. The present tense of **pouvoir** is often translated by the word *can*.

Pouvez-vous partir ce soir?   *Can* you leave tonight?

EXERCISES

A. Complete each sentence with the present tense of the verb in parentheses:

1. (vouloir) Je ne _____ pas manger ici.
2. (pouvoir) Vous _____ chercher la balle.
3. (vouloir) _____-il apprendre l'anglais?
4. (pouvoir) Ils ne _____ pas le faire.
5. (savoir) Qu'est-ce que je _____?
6. (vouloir) Les vaches _____ sortir.
7. (savoir) Ne _____-tu pas les règles?
8. (pouvoir) Nous _____ voir la ville.
9. (savoir) La femme _____ qu'il pleure.
10. (savoir) Édouard et Anne _____ lire.

B. Complete the English sentences:

1. Elles veulent venir avec nous. _____ to come with us.
2. Je puis répondre à la question. _____ answer the question.
3. Ne veut-il pas aider les pauvres? _____ to help the poor?
4. Ne savez-vous pas où je suis? _____ where I am?
5. Pouvons-nous aller à la campagne? _____ go to the country?
6. Sait-elle que je pars? _____ that I am leaving?
7. Son mari ne peut pas entendre. Her husband _____ hear.
8. Nous voulons prendre le déjeuner. _____ to eat lunch.
9. Les garçons peuvent-ils réussir? _____ the boys succeed?
10. Elles ne savent pas compter en français. _____ to count in French.

C. Write in the negative:

1. Voulez-vous passer le sucre?
2. Ils peuvent comprendre l'allemand.
3. Savons-nous votre adresse?
4. Tu peux dire adieu.
5. Sait-elle écrire?

D. Translate the English words into French:

1. *He doesn't know how* nager.
2. *She wants* chanter une chanson.
3. *Can you* voir cette image?
4. *I don't know* la réponse.
5. *Don't you want* un peu de viande?
6. *We are able* travailler ensemble.
7. *Do they know* ce mot?
8. *The sons can* acheter la ferme.
9. *Do the men want* rester à la maison?
10. *Can't they* faire les devoirs?

E. Change the subject and the verb to the plural:

1. Je veux voyager en Europe. _____ voyager en Europe.
2. Tu ne sais pas commencer l'exercice. _____ commencer l'exercice.
3. Où peut-elle être? Où _____ être?
4. Je sais raconter une bonne histoire. _____ raconter une bonne histoire.
5. Veux-tu dîner avec moi? _____ dîner avec moi?

F. Answer in complete French sentences:

1. Est-ce qu'un bébé peut marcher?
2. Les enfants veulent-ils du chocolat? Oui, ils _____
3. Savez-vous votre leçon aujourd'hui?
4. Voulez-vous voir la France?
5. Pouvez-vous entendre les autres élèves quand ils récitent?

6. Vos amis savent-ils danser?
7. Que voulez-vous faire maintenant?
8. Est-ce que je sais lire l'anglais? Naturellement, vous _ _ _ _ _
9. Quand voulez-vous jouer à la balle? Nous _ _ _ _ _
10. Votre mère sait-elle jouer du piano?
11. Qui peut guérir les malades? Les médecins _ _ _ _ _
12. Savez-vous la grammaire? Mais oui, nous _ _ _ _ _

Jeanne d'Arc

The simple peasant girl, who became the national heroine of France, liberated Orléans and restored confidence to her country. Convicted of heresy, she died courageously at the stake in Rouen.

12. PRESENT TENSE AND IMPERATIVE OF
METTRE, VOIR, RECEVOIR

mettre, to put, put on	*voir,* to see	*recevoir,* to receive
je *mets*	je *vois*	je *reçois*
tu *mets*	tu *vois*	tu *reçois*
il *met*	il *voit*	il *reçoit*
elle *met*	elle *voit*	elle *reçoit*
nous *mettons*	nous *voyons*	nous *recevons*
vous *mettez*	vous *voyez*	vous *recevez*
ils *mettent*	ils *voient*	ils *reçoivent*
elles *mettent*	elles *voient*	elles *reçoivent*
IMPERATIVE		
mets,	*vois,*	*reçois,*
mettez,	*voyez,*	*recevez,*
mettons	*voyons*	*recevons*

EXERCISES

A. Complete each sentence by supplying the correct form of **voir**:

1. L'homme ne _____ pas l'animal.
2. Elles _____ le tapis dans le salon.
3. Tu _____ qu'il écrit très bien.
4. Que _____-vous dans le ciel?
5. Allons _____ les animaux dans ces cages.

B. Complete each sentence by supplying the correct form of **recevoir**:

1. Je sais que vous _____ des lettres de Paris.
2. Qui _____ cette belle montre d'or?

3. Les bouchers _____ de la viande fraîche tous les jours.
4. Est-ce que je _____ un télégramme?
5. Le dimanche nous _____ nos amis chez nous.

C. Complete each sentence by supplying the correct form of **mettre**:

1. Où ces femmes _____-elles leurs bijoux?
2. Nous _____ des fleurs dans le vase.
3. Elle ne _____ pas sa plus belle robe aujourd'hui.
4. _____-vous le papier sur le bureau?
5. Je _____ ma cravate verte.

D. Write in the plural:

1. il met
2. je ne vois pas
3. reçois
4. vois-tu?
5. reçoit-il?

6. je reçois
7. ne mets-tu pas?
8. elle voit
9. je mets
10. tu ne reçois pas

E. Translate into English the words in italics:

1. *Ils voient* le film français au cinéma.
2. Aimez-vous *recevoir* des cartes de vos amis?
3. *Il met* la lampe sur la table.
4. *Je ne vois pas* le drapeau.
5. *Mettez* ces gants, mademoiselle.
6. Les enfants *ne mettent pas* de café dans leur lait.
7. *Ne recevons pas* nos amis dans la cuisine.
8. *Voyez* les garçons qui chantent.
9. *Est-ce que nous mettons* la musique sur le piano?
10. *Je reçois* des livres de France.

F. Translate into French:

1. I see the books.
2. We do not see the men.
3. Does he see the house?
4. Let us see.
5. Don't you see the garden?
6. Do not put on the hat, sir.
7. Who is putting the chalk in the box?
8. Let's not put the sugar on the table.
9. Aren't they putting on their shoes?
10. We receive many letters.
11. Does she receive the flowers?
12. They are receiving their money.

G. Answer in complete French sentences:

1. Recevez-vous des cadeaux pour votre anniversaire de naissance?
2. Voit-on beaucoup de neige en été?
3. Mettez-vous un mouchoir dans la poche?
4. Est-ce que je reçois le prix? Non, vous _____
5. Les élèves voient-ils bien le tableau noir?
6. Que mettons-nous sur le pupitre?
7. Combien de fenêtres voyez-vous maintenant?
8. Vos amis reçoivent-ils de bonnes notes quand ils étudient?
9. Désirez-vous voir Paris?
10. Qui met les assiettes sur la table?

Palace of the Popes—Avignon

This fortified palace of Gothic architecture dates from the fourteenth century, when the Popes lived there.

13. PRESENT TENSE AND IMPERATIVE OF
OUVRIR, PARTIR, SORTIR

ouvrir, to open	*partir,* to go away, leave	*sortir,* to go out, leave
j'*ouvre*	je *pars*	je *sors*
tu *ouvres*	tu *pars*	tu *sors*
il *ouvre*	il *part*	il *sort*
elle *ouvre*	elle *part*	elle *sort*
nous *ouvrons*	nous *partons*	nous *sortons*
vous *ouvrez*	vous *partez*	vous *sortez*
ils *ouvrent*	ils *partent*	ils *sortent*
elles *ouvrent*	elles *partent*	elles *sortent*
IMPERATIVE		
ouvre,	*pars,*	*sors,*
ouvrez,	*partez,*	*sortez,*
ouvrons	*partons*	*sortons*

Note

1. The verb **couvrir** (*to cover*) is conjugated like **ouvrir.**

2. **Partir** stresses the idea of going *away;* **sortir,** of going *out.*

EXERCISES

A. Write the correct form of the verb in the present tense:

1. *ouvrir:* elles _____
2. *sortir:* je ne _____ pas
3. *partir:* elle _____
4. *couvrir:* _____-vous?
5. *partir:* tu ne _____ pas

6. *sortir:* _____-ils?
7. *ouvrir:* il _____
8. *sortir:* nous ne _____ pas
9. *couvrir:* je _____
10. *partir:* _____-vous?

B. Change to the singular:

1. Elles partent tout de suite.
2. Ouvrent-ils la fenêtre?
3. Les frères sortent.

4. Nous partons maintenant.
5. Ne couvrent-elles pas l'image?

C. Change to the negative:

1. La carte couvre ce mur.
2. Sortons tout de suite.
3. Pourquoi partez-vous?

4. Ouvre-t-elle le livre?
5. Maurice sort du lycée.

D. Complete the English sentences:

1. Le renard sort de la forêt.
2. Partons de bonne heure.
3. Le tapis couvre le plancher.
4. Sortez de chez nous!
5. Ne couvrons pas la chaise.
6. Partent-ils pour la plage à midi?
7. Elles ne sortent pas du magasin.
8. N'ouvre pas ce tiroir, Jacques.
9. Quand va-t-elle partir?
10. Votre oncle sort-il immédiatement?

The fox _____ the forest.
_____ early.
The rug _____ the floor.
_____ our house!
_____ the chair.
_____ for the beach at noon?
_____ the store.
_____ this drawer, Jack.
When _____?
_____ at once?

E. Translate the English words into French:

1. *Isn't he opening* la maison cette année?
2. *Does she go out* souvent?
3. *He is going away* de Paris.
4. *Let us cover* cette page.
5. *They are leaving* pour l'église.
6. *Go out* du jardin, Julie.
7. *They are opening* la porte.
8. *Don't we leave* bientôt?
9. *We are not going out* de la chambre.
10. *Open* cette boîte, s'il vous plaît.

F. Answer in French in complete sentences, using some form of **ouvrir, couvrir, partir,** or **sortir:**

1. Sortez-vous souvent de la salle de classe?
2. Couvrez-vous vos livres?
3. Quand partez-vous pour l'école?
4. Qui ouvre les lettres? Ma mère _____
5. Est-ce que votre famille sort de la ville en été?
6. Partons-nous aujourd'hui pour la France? Non, nous _____
7. Les élèves sortent-ils de la salle par la porte ou par la fenêtre?
8. Ouvrez-vous les fenêtres quand il fait froid? Non, je _____
9. Allez-vous sortir ce soir?
10. Sort-on du théâtre au commencement ou à la fin de la pièce?

14. REVIEW: PRESENT AND IMPERATIVE OF IRREGULAR VERBS

A. Write the present tense of the following, using **je, nous,** and **ils** with each verb:

1. mettre
2. couvrir
3. partir
4. aller
5. pouvoir

B. Write the present tense of the following, using **il, vous,** and **elles** with each verb:

1. avoir
2. venir
3. lire
4. recevoir
5. vouloir
6. être
7. faire
8. voir
9. écrire
10. savoir

C. Write the infinitive of each of the following verbs and translate the infinitive:

1. elles font
2. je puis
3. nous sommes
4. tu dis
5. je reçois
6. je sais
7. elle va
8. tu pars
9. ils viennent
10. il veut

D. Complete each sentence with the correct form of the present tense:

1. (faire)   _____-ils beaucoup de fautes?
2. (recevoir)   Elle _____ une robe bleue.
3. (avoir)   Il y _____ trente jours en avril.
4. (écrire)   Nous _____ à notre famille.
5. (venir)   Ils _____ de la campagne.
6. (savoir)   Qui _____ pourquoi?
7. (aller)   Où Renée _____-elle?
8. (vouloir)   Elles ne _____ pas jouer.
9. (lire)   Ne _____-ils pas bien?
10. (dire)   Elle _____ qu'il fait froid ici.

E. Change to the interrogative, using inverted word order:

1. Il va à l'église.
2. Vous faites une erreur.
3. Ils ont faim.
4. Nous recevons l'argent.
5. Elle n'ouvre pas la porte.
6. Il est heureux.
7. Vous sortez vite.
8. Elle a peur.
9. Les amis partent.
10. Le chien prend la balle.

F. Translate the English words into French:

1. *Aren't you going* au magasin?
2. *Write* à votre famille.
3. *We receive* un paquet.
4. *I do* le travail.
5. *Let's open* la valise.
6. *We want* une tasse de thé.
7. *Read* ce roman, mes amis.
8. *Is Mary putting* une fleur dans le verre?
9. *Let's see* les photographies.
10. *We are going out* de la gare.
11. *She is covering* le fauteuil.
12. *We know* la date de la fête.
13. *He is not leaving* de l'hôtel.
14. *Let's go* voir la cathédrale.
15. *Do they understand* la carte?
16. *Do not cover* cette lampe.
17. *We are making* beaucoup de choses.
18. *Can you* faire cela?
19. *Is she taking* la robe rouge?
20. *We say* merci.

G. Rewrite each sentence, replacing the verb in italics with the correct form of the verbs indicated:

1. Où *marchons*-nous? (être, aller)
2. Je *donne* la réponse. (savoir, recevoir)
3. *Désirent*-elles danser? (pouvoir, savoir)
4. Claude ne *porte* pas son chapeau. (mettre, prendre)
5. *Cherchons* la boîte. (voir, prendre)
6. A quelle heure *étudie*-t-il? (sortir, venir)
7. Tu *as* l'exercice? (faire, écrire)
8. Qu'est-ce qu'ils *choisissent?* (dire, avoir)
9. Je *désire* partir immédiatement. (vouloir, aller)
10. *Finissez*-vous la lettre? (ouvrir, lire)

H. Complete the English sentences:

1. Prenons un taxi. _____ a taxi.
2. Je n'écris pas la liste. _____ the list.
3. Revenez immédiatement. _____ immediately.
4. Nous ouvrons une fenêtre. _____ a window.
5. Vous mettez les cuillers sur la table. _____ the spoons on the table.
6. N'écrivons pas cette phrase. _____ that sentence.
7. Il peut courir vite. _____ run fast.
8. Vous devenez fatigué. _____ tired.
9. Faisons du café. _____ some coffee.
10. Où vas-tu? Where _____?

I. Complete each sentence with the correct form of the verb:

1. Venez-vous de Bordeaux? Non, je _____ de Cherbourg.
2. Qui va à la poste? Jules et Louis _____ à la poste.

3. Prenez-vous l'autobus? Non, je _____ le métro.
4. Est-ce que je suis diligent? Oui, tu _____ très diligent.
5. Que dites-vous? Nous _____ que vous avez raison.
6. Quand partez-vous? Je _____ à midi.
7. Recevez-vous beaucoup de lettres? Non, mais nos parents _____ beaucoup de lettres.
8. Qui fait le travail? Eugène et moi, nous _____ le travail.
9. Qu'est-ce que je peux faire? Vous _____ aider le professeur.
10. Qui prend le déjeuner? La femme et son mari _____ le déjeuner.

J. Using French sentences, tell a close friend of yours:

1. to take an umbrella
2. not to read the card
3. to go to the door
4. to put on the gloves
5. not to cover the table

K. Write a sentence in French, *politely* telling someone to perform each of the following acts:

1. revenir bientôt
2. mettre les fleurs dans un vase
3. dire bonjour au monsieur
4. apprendre une langue étrangère
5. voir le film
6. partir avec nous
7. faire donc attention
8. ouvrir la valise
9. aller à la bibliothèque
10. sortir plus tard

L. Answer in complete French sentences:

1. Venez-vous à l'école le samedi?
2. Combien de tantes avez-vous?
3. A quelle heure du matin sortez-vous de la maison?
4. Voyez-vous toujours vos fautes?
5. Savez-vous le nom de votre professeur?
6. Êtes-vous un garçon ou une jeune fille?
7. Recevez-vous une lettre chaque jour?
8. Quelle langue étrangère apprenez-vous?
9. Ouvrez-vous la porte quand vous voulez sortir?
10. Quel journal lisez-vous?

action completed

15. THE *PASSÉ COMPOSÉ* OF REGULAR VERBS

only allo

jou**er,** to play	bât**ir,** to build	entend**re,** to hear
I played, *I have played,* *I did play*	*I built,* *I have built,* *I did build*	*I heard,* *I have heard,* *I did hear*
j' *ai* joué tu *as* joué il *a* joué elle *a* joué	j' *ai* bâti tu *as* bâti il *a* bâti elle *a* bâti	j' *ai* entendu tu *as* entendu il *a* entendu elle *a* entendu
nous *avons* joué vous *avez* joué ils *ont* joué elles *ont* joué	nous *avons* bâti vous *avez* bâti ils *ont* bâti elles *ont* bâti	nous *avons* entendu vous *avez* entendu ils *ont* entendu elles *ont* entendu

Note

1. The **passé composé** is formed by combining the present tense of **avoir** and the past participle of the verb.

2. The endings of past participles of regular verbs are:

		EXAMPLE
é	for **-er** verbs	jou**é**
i	for **-ir** verbs	bât**i**
u	for **-re** verbs	entend**u**

3. In the **passé composé,** the present of **avoir** is treated as the main verb, and the past participle is added to it. Thus,

   a. in the *negative,* the present tense of **avoir** is made negative;

   b. in the *interrogative,* the present tense of **avoir** is changed to the interrogative. For example:

44

NEGATIVE

je *n'ai pas* joué	I did not play
il *n'a pas* bâti	he hasn't built
ils *n'ont pas* entendu	they didn't hear

INTERROGATIVE

ai-je joué?	did I play?
a-t-il bâti?	did he build?
ont-ils entendu?	have they heard?

NEGATIVE INTERROGATIVE

n'ai-je pas joué?	didn't I play?
n'a-t-il pas bâti?	hasn't he built?
n'ont-ils pas entendu?	didn't they hear?

EXERCISES

A. Write the past participle:

1. obéir
2. apporter
3. vendre
4. prêter
5. remplir

6. expliquer
7. attendre
8. punir
9. couper
10. rendre

B. Change to the negative:

1. Avez-vous attendu le train?
2. Les hommes ont cherché ce restaurant.
3. Nous avons fini la chanson.
4. J'ai rendu les crayons.
5. A-t-elle raconté une histoire?

C. Translate the French into English in *three* ways:

1. Nous avons travaillé. We   _ _ _ _ _
2. Elles ont oublié.   They   _ _ _ _ _
3. Il a réussi.   He   _ _ _ _ _
4. Vous avez essayé.   You   _ _ _ _ _
5. Françoise a répondu.   Frances   _ _ _ _ _

D. Complete the following sentences with the
passé composé of the verb in italics:

1. *finir:*   Elle _ _ _ _ _ le travail.
2. *bâtir:*   L'architecte _ _ _ _ _ un hôpital.
3. *marcher:*   Vous _ _ _ _ _ à l'école.
4. *rendre:*   Elles _ _ _ _ les gants.
5. *punir:*   Ils _ _ _ _ _ le garçon méchant.
6. *chercher:*   Tu _ _ _ _ _ de l'or.
7. *guérir:*   Le médecin _ _ _ _ _ le malade.
8. *perdre:*   _ _ _ _ _-je _ _ _ _ _ mon cahier?
9. *pleurer:*   Les enfants _ _ _ _ _ _.
10. *jouer:*   Nous _ _ _ _ _ du piano.

E. Write in the interrogative:

1. Il n'a pas entendu la cloche.
2. Nous avons parlé en classe.
3. Georges a réussi.
4. Vous avez aidé la pauvre femme.
5. Tu n'as pas choisi une bonne pomme.

F. Translate into French:

1. We sang.
2. We didn't sing.
3. They borrowed.
4. Did they borrow?
5. He cured.
6. Didn't he cure?
7. You have sold.
8. You did not sell.
9. I defended.
10. Have they defended?

G. Change the sentences to the **passé composé:**

1. Demeurez-vous à Paris?
2. Nous choisissons des livres.
3. Je ne ferme pas la fenêtre.
4. Les fils attendent leur père.
5. Trouve-t-il la bicyclette?
6. Henri compte en français.
7. Elles ne finissent pas leur leçon.
8. Ils défendent la patrie.
9. La femme et son mari chantent.
10. Ne répond-il pas à la question?

H. Complete the English sentences:

1. Ont-ils vendu la maison?   _ _ _ _ _ the house?
2. Je n'ai pas dansé hier soir.   _ _ _ _ _ last night.
3. Il a bâti mon garage.   _ _ _ _ _ my garage.
4. N'avez-vous pas oublié votre parapluie?   _ _ _ _ _ your umbrella?
5. Qui a perdu de l'argent?   Who _ _ _ _ _ some money?
6. Nous avons donné la plante à la dame.   _ _ _ _ _ the plant to the lady.

7. As-tu prêté ta montre? ----- your watch?
8. Vous n'avez pas rempli la tasse. ----- the cup.
9. N'a-t-elle pas répondu à la lettre? ----- the letter?
10. A-t-il compté les timbres? ----- the stamps?

I. Answer in complete French sentences:

1. Avez-vous mangé aujourd'hui?
2. Qui a obéi au professeur? Les élèves -----
3. A quelle heure cette classe a-t-elle commencé?
4. Avez-vous perdu votre stylo hier?
5. Votre père a-t-il porté des souliers ce matin?
6. Où avons-nous entendu les oiseaux? Nous -----
7. Avez-vous voyagé en France?
8. Est-ce que le boucher a vendu la viande? Oui, il -----
9. Ai-je étudié la semaine dernière? Oui, vous -----
10. Avez-vous fini les devoirs pour aujourd'hui?

Wine

The vineyards of France produce a variety of wines whose names are famous all over the world. The export trade in wines is a considerable source of French revenue.

16. THE *PASSÉ COMPOSÉ* OF IRREGULAR VERBS

The following irregular verbs have irregular past participles:

INFINITIVE	PAST PARTICIPLE
avoir, to have	*eu,* had
dire, to say, tell	*dit,* said, told
écrire, to write	*écrit,* written
être, to be	*été,* been
faire, to do, make	*fait,* done, made
lire, to read	*lu,* read
mettre, to put	*mis,* put
ouvrir, to open	*ouvert,* opened
couvrir, to cover	*couvert,* covered
pouvoir, to be able	*pu,* been able
prendre, to take	*pris,* taken
apprendre, to learn	*appris,* learned
comprendre, to understand	*compris,* understood
recevoir, to receive	*reçu,* received
savoir, to know	*su,* known
voir, to see	*vu,* seen
vouloir, to wish, want	*voulu,* wished, wanted

EXERCISES

A. Change to the negative:

1. Les messieurs ont compris l'explication.
2. Il a voulu les poissons.
3. As-tu été au cinéma?
4. Nous avons fait cette omelette délicieuse.
5. A-t-elle pris le dîner?

B. Rewrite each sentence, substituting the **passé composé** of the verbs indicated:

1. Elle a emprunté le roman.   (lire, prendre)
2. Qu'avez-vous bâti?   (dire, recevoir)
3. Je n'ai pas perdu le cahier.   (ouvrir, voir)

4. Nous avons mangé à la gare. (être, attendre)
5. Pourquoi n'ont-ils pas expliqué la leçon? (savoir, finir)

C. Complete the English sentences:

1. Quand avez-vous écrit cette composition? When _ _ _ _ _ that composition?
2. Il a fait une faute. _ _ _ _ _ a mistake.
3. Nous n'avons pas eu de difficulté. _ _ _ _ _ any difficulty.
4. Où ont-ils mis le panier? Where _ _ _ _ _ the basket?
5. J'ai été malade. _ _ _ _ _ sick.
6. Pourquoi a-t-il ouvert la valise? Why _ _ _ _ _ the valise?
7. Avez-vous vu mes clefs? _ _ _ _ _ my keys?
8. Qui a pris les oranges? Who _ _ _ _ _ the oranges?
9. Ma sœur a lu l'examen. My sister _ _ _ _ _ the test.
10. Ils n'ont pas reçu la soie. _ _ _ _ _ the silk.

D. Complete the following sentences by adding the past participle of the verb indicated:

1. (pouvoir) Elle n'a pas _ _ _ _ _ couper le pain.
2. (écrire) J'ai _ _ _ _ _ une bonne dictée.
3. (apprendre) Ont-ils _ _ _ _ _ par cœur ce poème charmant?
4. (faire) Nous avons _ _ _ _ _ notre travail.
5. (vouloir) Le garçon n'a pas _ _ _ _ _ accepter le pourboire.

E. Write the following sentences in the **passé composé**:

1. Elles font des images.
2. Nous n'avons pas de temps.
3. J'apprends une langue étrangère.
4. Dites-vous la vérité?
5. Ils ne voient pas les étoiles.
6. Peut-il le faire?
7. Qui lit ma lettre?
8. Je ne suis pas à la maison.
9. Elle ouvre la boîte.
10. Où mettent-ils les couteaux?

F. Answer in complete French sentences:

1. Qui avons-nous vu hier?
2. Avez-vous lu le journal aujourd'hui?
3. Ont-ils été au Canada?
4. Où as-tu écrit ton nom?
5. Avez-vous fait beaucoup ou peu d'erreurs dans les devoirs?
6. Avez-vous couvert vos livres?
7. Qui a mis le cahier sur le pupitre?
8. Avez-vous reçu une bonne note aujourd'hui?
9. A-t-il compris les questions du professeur?
10. Qui a ouvert les fenêtres?

G. Translate into French:

1. They wrote to John.
2. He hasn't been here.
3. We covered the table.
4. Did you see the moon yesterday?
5. I didn't take the train.

6. His uncle read the letter.
7. Did she receive a gift?
8. Why did he want to leave?
9. You didn't say goodbye.
10. Have they done the exercises?

Fashion

French dressmakers are known for their designs as well as their materials. Paris creations provide an inspiration to stylists throughout the world.

17. THE *PASSÉ COMPOSÉ* OF *"ÊTRE"* VERBS

tomb**er**, to fall

I fell, I have fallen, I did fall

MASCULINE SUBJECTS	FEMININE SUBJECTS
je *suis* tomb**é**	je *suis* tomb**ée**
tu *es* tomb**é**	tu *es* tomb**ée**
il *est* tomb**é**	elle *est* tomb**ée**
nous *sommes* tomb**és**	nous *sommes* tomb**ées**
vous *êtes* tomb**é(s)**	vous *êtes* tomb**ée(s)**
ils *sont* tomb**és**	elles *sont* tomb**ées**

Note

1. Sixteen common verbs are conjugated with **être** (instead of **avoir**) in the **passé composé**.

INFINITIVE	PAST PARTICIPLE
aller, to go	*allé*
venir, to come	*venu*
arriver, to arrive	*arrivé*
partir, to leave, go away	*parti*
entrer, to enter, go (come) in	*entré*
sortir, to go out, leave	*sorti*
monter, to go (come) up	*monté*
descendre, to go (come) down	*descendu*
revenir, to come back, return	*revenu*
retourner, to go back, return	*retourné*
rentrer, to go in again, return (home)	*rentré*
tomber, to fall	*tombé*
rester, to remain, stay	*resté*
devenir, to become	*devenu*
naître, to be born	*né*
mourir, to die	*mort*

2. Like adjectives, past participles conjugated with **être** agree in gender and number with the *subject*.

51

3. Since the pronouns **je, tu, nous,** and **vous** may be masculine or feminine, and **vous** may be singular or plural, the past participles used with them vary in ending.

EXERCISES

A. Write the past participle of each verb in parentheses. Be sure it agrees with the subject.

1. (sortir)   Le mari n'est pas _____.
2. (monter)   Nos voisins ne sont pas _____.
3. (tomber)   Les fleurs sont _____.
4. (venir)   Elle n'est pas _____ de France.
5. (partir)   Les femmes sont _____.
6. (retourner)   Est-il _____ à l'hôtel?
7. (arriver)   Quand es-tu _____, Hélène?
8. (rentrer)   Jean et Marie sont _____.
9. (devenir)   Il est _____ président.
10. (descendre) Nous sommes _____ du train.

B. Change to the **passé composé**:

1. Nous restons en classe.
2. Il ne va pas au théâtre.
3. Quand partez-vous?
4. Tombe-t-elle sur le trottoir?
5. Ils ne viennent pas en ville.
6. La bonne sort aujourd'hui.
7. Elles y vont à pied.
8. Pourquoi descend-il?
9. J'entre dans la cuisine.
10. Où allez-vous?

C. Complete the French sentences:

1. They came back late.   Elles _____ tard.
2. She went to church.   _____ à l'église.
3. We stayed at home.   _____ chez nous.
4. Fortunately he did not die.   Heureusement, _____.
5. Alice fell in the street.   Alice _____ dans la rue.
6. Who entered the house?   Qui _____ dans la maison?
7. Have they left for Europe?   _____ pour l'Europe?
8. That night I arrived in Italy. Ce soir-là _____ en Italie.
9. She was born in the spring.   _____ au printemps.
10. When did you come down?   Quand _____?

D. Translate into English the words in italics:

1. A quelle heure *êtes-vous sorti?*
2. *Je suis venu* vers onze heures.
3. Où *sont-ils nés?*

4. *Nous ne sommes pas allés* au musée.
5. La pluie *est tombée* sur les toits.
6. Quand *est-il mort?*
7. *Ils ne sont pas restés* dans la voiture.
8. *Est-elle rentrée* tard chez elle?
9. *N'est-il pas monté* à son appartement?
10. *Elles sont devenues* amies.

E. Rewrite the sentences, substituting for each masculine subject the equivalent feminine subject:

EXEMPLE: L'homme est mort. La femme est morte.

1. Le père est descendu lentement.
2. Ils ne sont pas venus avec moi.
3. Les hommes sont tombés malades.
4. Ce garçon est né aux États-Unis.
5. Les cousins sont partis de bonne heure.
6. Le fils est revenu du parc.
7. Mon ami est retourné en France.
8. Les oncles sont sortis avec leur nièce.
9. Jean n'est pas entré dans la salle.
10. Il est devenu triste.

F. Rewrite each sentence, substituting the **passé composé** of the verbs indicated:

1. Nous n'avons pas été en Angleterre. (rester, naître)
2. Quand a-t-elle répondu? (retourner, sortir)
3. J'ai fini de bonne heure. (revenir, arriver)
4. Où ont-ils voyagé? (tomber, mourir)
5. N'avez-vous pas encore commencé, messieurs? (descendre, partir)

G. Answer in complete French sentences:

1. Êtes-vous allé(e) à l'école hier?
2. Quand êtes-vous né(e)?
3. En quelle saison les feuilles sont-elles tombées l'année dernière?
4. Êtes-vous resté(e) à la maison samedi?
5. Est-ce que votre famille est allée récemment à la campagne?
6. A quelle heure es-tu sorti(e) de l'école hier?
7. Êtes-vous arrivé(e) ce matin à l'heure ou en retard?
8. Est-ce que je suis monté dans un avion?
9. Quand êtes-vous rentrés hier soir, mes amis?
10. Dans quel magasin sont-ils entrés la semaine passée?

18. MASTERY EXERCISES

A. Write the verb with the subjects given in the present and **passé composé**:

	PRESENT		PASSÉ COMPOSÉ	
1. *parler:*	il	_____	nous	_____
2. *être:*	vous	_____	elles	_____
3. *guérir:*	ils	_____	il	_____
4. *monter:*	nous	_____	elles	_____
5. *couvrir:*	elles	_____	vous	_____
6. *entendre:*	il	_____	tu	_____
7. *recevoir:*	ils	_____	vous	_____
8. *revenir:*	elles	_____	nous	_____
9. *mettre:*	je	_____	ils	_____
10. *vouloir:*	ils	_____	nous	_____

B. Write the subject and the verb in the plural:

1. Le lit est dans la chambre.   _____ dans la chambre.
2. Elle n'a pas oublié les bagages.   _____ les bagages.
3. J'explique la leçon de grammaire.   _____ la leçon de grammaire.
4. Va-t-il à l'hôpital?   _____ à l'hôpital?
5. Le train est parti.   _____.
6. Tu perds du temps.   _____ du temps.
7. Je ne finis pas l'examen.   _____ l'examen.
8. Il a rempli la bouteille.   _____ la bouteille.
9. Je suis tombé sur le trottoir.   _____ sur le trottoir.
10. Tu fais une image.   _____ une image.

C. Change to the interrogative:

1. Vous n'avez pas dit bonjour.
2. Je pense aux vacances.
3. Ils ne savent pas l'alphabet.
4. On parle français ici.
5. Charles a réussi.
6. Elle invite le professeur à la fête.
7. Ils sont nés à Paris.
8. Il rend le stylo à Edmond.
9. Nous avons couvert le mur.
10. Tu ne vends pas ce violon.

D. Write the polite imperative:

1. come
2. punish
3. read
4. come in
5. write
6. go down
7. put
8. show
9. open
10. finish

E. Match each translation with the French equivalent:

1. we saw	*a.* nous sommes allés
2. we are going	*b.* voyons
3. we were able	*c.* nous apportons
4. we see	*d.* nous avons vu
5. do	*e.* remplissez
6. we went	*f.* nous avons fait
7. let us see	*g.* aller
8. fill	*h.* nous avons raconté
9. we meet	*i.* nous voyons
10. we do bring	*j.* nous allons
11. to go	*k.* faites
12. let us do	*l.* nous avons pu
13. we are carrying	*m.* nous rencontrons
14. we related	*n.* faisons
15. we did	*o.* nous portons

F. Change to the **passé composé**:

1. Où étudiez-vous l'anglais?
2. Elle reste chez nous.
3. Nous bâtissons un beau lycée.
4. Est-ce que je sors de la ville?
5. Ils défendent le roi.
6. Je ne mets pas l'eau dans le verre.
7. Va-t-il à la gare?
8. N'êtes-vous pas dans une automobile?
9. Nous recevons un cadeau de Noël.
10. Prenez-vous un bain?

G. Complete the English translation of the French:

1. Elle a marché avec lui. _ _ _ _ _ with him.
2. Donnez-moi les bonbons. _ _ _ _ _ the candy.
3. Avez-vous oublié le vin? _ _ _ _ _ the wine?
4. Ne sont-ils pas rentrés tard? _ _ _ _ _ late?
5. Coupons le gâteau. _ _ _ _ _ the cake.
6. Qui n'a pas travaillé hier? Who _ _ _ _ _ yesterday?
7. Il est mort en hiver. _ _ _ _ _ in the winter.
8. Pleurez-vous quand vous êtes triste? _ _ _ _ _ sad?
9. Elle est née en Normandie. _ _ _ _ _ in Normandy.
10. Avez-vous pris le drapeau? _ _ _ _ _ the flag?

H. Match each word in column *A* with the word in column *B* that is *opposite* in meaning:

COLUMN A	COLUMN B
1. descendre	*a.* sortir
2. aller	*b.* prendre
3. naître	*c.* ouvrir
4. donner	*d.* monter
5. entrer	*e.* trouver
6. fermer	*f.* partir
7. perdre	*g.* finir
8. arriver	*h.* venir
9. commencer	*i.* mourir
10. emprunter	*j.* prêter

I. Change to the negative:

1. Savez-vous la direction de sa maison?
2. J'ai reçu une bonne note.
3. Passe-t-elle devant le jardin?
4. Le cadeau est arrivé.
5. Pouvez-vous descendre?
6. Sortons du salon.
7. Nous avons compté les étoiles.
8. Joue dans la cour, Colette.
9. Les soldats sont allés au camp.
10. Ils voient les feuilles sur les arbres.

J. Supply the correct form of **avoir** or **être**:

1. Elle _____ écrit une composition.
2. _____-nous partis après vous?
3. La plume _____ tombée dans le lac.
4. Ils _____ venus par le métro.
5. N'_____-vous pas retourné à l'hôtel?
6. _____-je perdu mon chapeau?
7. Pierre _____ répondu à ma lettre.
8. Elles _____ entrées dans la salle.
9. Les élèves _____ fait leurs devoirs.
10. Il n'_____ pas descendu de l'autobus.

K. Select the correct translation of the French verb form:

1. *lisons:* we are reading, let's read, we did read, we read
2. *il met:* he put, he has put, he did put, he does put
3. *j'ai eu:* I was, I have been, I have, I have had
4. *elle veut:* she wants, she can, she sees, she wished

5. *prenez:* take, taken, took, you are taking
6. *vu:* see, saw, seen, sees
7. *vous fermez:* close, you are closing, you closed, you did close
8. *il a rendu:* he came back, he went back, he sold, he gave back
9. *choisissez:* you choose, chosen, you chose, choose
10. *allé:* went, goes, gone, to go
11. *il vend:* he does sell, he sold, he did sell, he has sold
12. *nous sommes restés:* we are staying, we remain, we have stayed, we do remain
13. *été:* had, been, was, born
14. *il y a:* there are, there was, he has, there were
15. *ils font:* they did, they go, they are doing, they made

L. Change to the present tense:

1. Ils ont étudié la lecture.
2. Nous n'avons pas trouvé le bureau de poste.
3. A quelle heure est-il revenu du cinéma?
4. Le paysan a cherché ses enfants.
5. N'avez-vous pas choisi cette couleur?
6. Elles sont montées dans le wagon.
7. J'ai vendu la maison.
8. A-t-il regardé le ciel?
9. Les élèves ont écrit ces exercices.
10. N'avons-nous pas fini notre conversation?

M. Translate into French:

1. They didn't wait for the train.
2. The teacher likes the class.
3. When did she arrive?
4. We didn't obey the doctor.
5. The lesson is beginning; it is beginning.
6. Have the children sung?
7. How do you feel? I'm fine.
8. The sister and brother went out; they went out.
9. Where does she live?
10. I haven't read John's letter.

N. Select the form that does *not* belong with the others in each group:

1. *vous:* dites, faites, aides, êtes
2. *ils:* ont, coûtent, reçoit, prennent
3. *il est:* arrivé, étudié, devenu, sorti
4. *nous:* attends, sommes, écrivons, bâtissons
5. *je:* veux, puis, tombe, vient
6. *elle n'a pas:* rentré, réussi, mangé, dit
7. *il:* va, es, apprend, sait
8. *vous avez:* pris, lu, finit, ouvert
9. *tu:* pars, vois, vais, as
10. *je:* suis, peux, défends, laves

O. Answer each question as in the example below:

EXEMPLE: Aujourd'hui j'écoute la T.S.F. Et hier?

   Hier j'ai écouté la T.S.F.

1. Aujourd'hui il travaille. Et hier?
2. Aujourd'hui vous rendez les clefs. Et hier?
3. Aujourd'hui elles ne sortent pas. Et hier?
4. Aujourd'hui tu es actif. Et hier?
5. Aujourd'hui on lit le journal. Et hier?
6. Aujourd'hui nous restons chez nous. Et hier?
7. Aujourd'hui je vois le soleil. Et hier?
8. Aujourd'hui ils m'obéissent. Et hier?
9. Aujourd'hui elle vient à la fête. Et hier?
10. Aujourd'hui vous comprenez la question. Et hier?

Arc de Triomphe

The Arc de Triomphe de l'Étoile, located in the Place Charles de Gaulle, was begun in 1806 by Napoléon to commemorate his victories. Beneath it burns the Eternal Flame marking the Tomb of the Unknown Soldier.

Optional Verb Lesson 1—SPELLING CHANGES
IN CERTAIN -ER VERBS

Verbs ending in **-cer** change **c** to **ç** before **a** or **o** to retain the soft **c** sound. Thus, the form ending in **-ons** has a cedilla.

commen*cer*, to begin	
PRESENT TENSE	IMPERATIVES
je commence	
tu commences	commence
il commence	
elle commence	
nous commençons	commençons
vous commencez	commencez
ils commencent	
elles commencent	

Other verbs in **-cer**: **effacer** (*to erase*), **prononcer** (*to pronounce*).

Verbs ending in **-ger** insert mute **e** between **g** and **a** or **o** to retain the soft **g** sound. Thus, the form ending in **-ons** has a mute **e** inserted.

man*ger*, to eat	
PRESENT TENSE	IMPERATIVES
je mange	
tu manges	mange
il mange	
elle mange	
nous mangeons	mangeons
vous mangez	mangez
ils mangent	
elles mangent	

Other verbs in **-ger**: **corriger** (*to correct*), **nager** (*to swim*), **voyager** (*to travel*).

Verbs with mute **e** in the syllable before the infinitive ending change mute **e** to **è** when the next syllable contains another mute **e**. Thus **è** is found in those forms which end in **-e, -es,** and **-ent.**

ach*eter,* to buy	
PRESENT TENSE	IMPERATIVES
j'achète	
tu achètes	achète
il achète	
elle achète	
nous achetons	achetons
vous achetez	achetez
ils achètent	
elles achètent	

Other verbs with mute **e** in the stem: **enlever** (*to remove*), **lever** (*to raise, lift*).

However, the verb **appeler** doubles the consonant instead of adding a grave accent.

app*eler,* to call	
PRESENT TENSE	IMPERATIVES
j'appe*ll*e	
tu appe*ll*es	appe*ll*e
il appe*ll*e	
elle appe*ll*e	
nous appelons	appelons
vous appelez	appelez
ils appe*ll*ent	
elles appe*ll*ent	

EXERCISES

A. Rewrite each sentence, changing the words in italics to the plural:

1. *Elle achète* une montre.
2. *Appelles-tu* le médecin?
3. *J'efface* la faute.
4. *Ne lève pas* la main.
5. *Il appelle* le garçon.

6. *Je voyage* en été.
7. *Commence* les devoirs.
8. *J'ai acheté* un parapluie.
9. *Corriges-tu* l'article?
10. *J'enlève* les gants.

B. Rewrite each sentence, replacing the verb in italics with the correct form of the verb indicated:

1. Il *trouve* son chapeau.   (enlever)
2. Nous ne *partons* pas encore.   (commencer)
3. *A*-t-elle *vu* le garçon?   (appeler)
4. Nous *avons* des fruits.   (manger)
5. On *cherche* le rideau.   (lever)
6. Que *font*-ils?   (prononcer)
7. Nous *vendons* un bureau.   (acheter)
8. Qui *écoutes*-tu?   (appeler)
9. Nous *allons* dans le lac.   (nager)
10. Ils *remarquent* l'erreur.   (effacer)

C. *Progressive Substitution.* This drill begins with a complete French sentence. Complete each of the following sentences, substituting the new word or words given and using as much of the preceding sentence as possible. For example:

Il chante bien.	COMPLETED SENTENCES:
_ _ _ _ _ chantons _ _ _ _ _ _.	*Nous* chantons *bien.*
_ _ _ _ _ dansez _ _ _ _ _ _.	*Vous* dansez *bien.*
Elles _ _ _ _ _ _ _ _ _ _ _ _ _ _.	Elles *dansent bien.*

J'efface la phrase.

1. Ils _ _ _ _ _ _.
2. Nous _ _ _ _ _ _.
3. _ _ _ _ _ corriges _ _ _ _ _ _.
4. Elle _ _ _ _ _ l'enfant.
5. Nous _ _ _ _ _ _.

6. _ _ _ _ _ appelez _ _ _ _ _.
7. Tu _ _ _ _ _ _.
8. Qui _ _ _ _ _?
9. Ses amis _ _ _ _ _ _.
10. Marcel _ _ _ _ _ _.

D. Complete the sentences in French:

1. Que levez-vous? Je _____ la table.
2. Nagez-vous bien? Oui, nous _____ très bien.
3. Qui achète l'hôtel? Ces hommes _____ l'hôtel.
4. Voyages-tu rarement? Non, je _____ souvent.
5. Qui a enlevé la lampe? Nous _____ la lampe.
6. Je désire manger avec vous. Bon, _____ ensemble!
7. Vous m'appelez? Oui, je vous _____.
8. Que prononcez-vous? Nous _____ une phrase difficile.
9. Pourquoi me corrigez-vous? Nous vous _____ parce que vous avez tort.
10. Qui efface le tableau noir? Paul et moi, nous l'_____.

E. Give the French equivalent for:

1. let us call, let us pronounce, let us buy
2. he calls, he begins, he lifts
3. we travel, we remove, we begin
4. I buy, I bought
5. I call, they call

F. Answer in complete French sentences:

1. Commencez-vous le travail tout de suite, messieurs?
2. Qui vas-tu appeler?
3. Qui enlève toutes les difficultés en classe?
4. Où mangez-vous ce soir, mes amis?
5. Qu'est-ce que vous achetez, Anne?

Louis Pasteur

One of the greatest benefactors of mankind, Pasteur discovered the existence of microbes and developed methods of controlling germ diseases. His work created a revolution in the medical thinking of his day.

Optional Verb Lesson 2—REFLEXIVE VERBS

In a reflexive verb, the action is performed by the subject on itself, that is, the one who does the action also receives it: *we enjoy ourselves, they dress themselves.*

s'amuser, to enjoy oneself

PRESENT TENSE

AFFIRMATIVE	INTERROGATIVE
I enjoy *(am enjoying, do enjoy) myself*	*am I enjoying* *(do I enjoy) myself?*
je *m'amuse*	est-ce que je m'amuse?
tu *t'amuses*	t'amuses-tu?
il *s'amuse*	s'amuse-t-il?
elle *s'amuse*	s'amuse-t-elle?
nous *nous amusons*	nous amusons-nous?
vous *vous amusez*	vous amusez-vous?
ils *s'amusent*	s'amusent-ils?
elles *s'amusent*	s'amusent-elles?

NEGATIVE	NEGATIVE INTERROGATIVE
I am not enjoying *(do not enjoy) myself*	*am I not enjoying* *(do I not enjoy) myself?*
je *ne* m'amuse *pas*	est-ce que je *ne* m'amuse *pas?*
tu *ne* t'amuses *pas*	*ne* t'amuses-tu *pas?*
il *ne* s'amuse *pas*	*ne* s'amuse-t-il *pas?*
elle *ne* s'amuse *pas*	*ne* s'amuse-t-elle *pas?*
nous *ne* nous amusons *pas*	*ne* nous amusons-nous *pas?*
vous *ne* vous amusez *pas*	*ne* vous amusez-vous *pas?*
ils *ne* s'amusent *pas*	*ne* s'amusent-ils *pas?*
elles *ne* s'amusent *pas*	*ne* s'amusent-elles *pas?*

Imperative Affirmative

> *amuse-toi,* enjoy yourself
> *amusez-vous,* enjoy yourself (-selves)
> *amusons-nous,* let us enjoy ourselves

The present tense and imperative of the irregular verb **s'asseoir** (*to sit down*) are:

PRESENT TENSE		IMPERATIVE
je *m'assieds*	nous *nous asseyons*	*assieds-toi*
tu *t'assieds*	vous *vous asseyez*	*asseyez-vous*
il *s'assied*	ils *s'asseyent*	*asseyons-nous*
elle *s'assied*	elles *s'asseyent*	

Note

1. The reflexive pronouns **me, te, se, nous,** and **vous,** like other pronoun objects, normally precede the verb.

2. In the affirmative imperative, they follow the verb and are connected to it with a hyphen. After the verb, **toi** is used instead of **te.**

3. **Me, te,** and **se** become **m', t',** and **s'** before a verb beginning with a vowel or silent **h:** elle *s'a*muse, il *s'h*abille.

4. A verb that is reflexive in French is not necessarily reflexive in English.

Nous *nous habillons.*	We are getting dressed.
Il *se couche* de bonne heure.	He goes to bed early.

COMMON REFLEXIVE VERBS

s'amuser, to enjoy oneself, have a good time

s'appeler, to be called

se coucher, to lie down, go to bed

s'habiller, to dress (oneself), get dressed

se laver, to wash (oneself), get washed

se lever, to get up

se trouver, to be, be situated

EXERCISES

A. *Progressive Substitution*. This drill begins with a complete French sentence. Complete each of the following sentences, substituting the new word or words given and using as much of the preceding sentence as possible. For example:

Il chante bien.	COMPLETED SENTENCES:
_ _ _ _ _ chantons _ _ _ _ _ _.	*Nous* chantons *bien*.
_ _ _ _ _ dansez _ _ _ _ _.	*Vous* dansez *bien*.
Elles _ _ _ _ _ _ _ _ _ _ _ _ _.	Elles *dansent bien*.

Daniel s'amuse en hiver.

1. Je _ _ _ _ _ _.
2. Ils _ _ _ _ _ _.
3. Vous _ _ _ _ _.
4. Ma famille _ _ _ _ _ _.
5. Nous _ _ _ _ _ _.

6. _ _ _ _ _ amuses-tu _ _ _ _ _?
7. _ _ _ _ _-elle _ _ _ _ _?
8. Ne _ _ _ _ _ pas _ _ _ _ _?
9. _ _ _ _ _-ils _ _ _ _ _?
10. _ _ _ _ _-vous _ _ _ _ _?

B. Complete each sentence with the correct form of the verb in italics:

1. Elle *se lave* avant de manger. Moi aussi, je _ _ _ _ _ avant de manger. _ _ _ _ _-vous avant de manger?
2. *Asseyez-vous*, s'il vous plaît. Oui, je _ _ _ _ _ sur ce banc. Ma sœur aussi _ _ _ _ _ sur le banc.
3. Je *me lève* à sept heures. Ma mère et mon père _ _ _ _ _ à six heures. A quelle heure _ _ _ _ _-vous?
4. Nous *nous appelons* Dubois. Comment _ _ _ _ _-tu? Elle _ _ _ _ _ Jacqueline.
5. Tu *te trouves* sur la Place de la Concorde. Beaucoup de statues _ _ _ _ _ dans le Jardin des Tuileries. Nous _ _ _ _ _ dans l'Hôtel des Invalides.

C. Rewrite each sentence replacing the verb in italics with the correct form of the verbs indicated:

1. Ils *sont* devant l'église. (se trouver, s'asseoir)
2. Comment *répond*-elle? (s'amuser, s'appeler)
3. Ne *commençons* pas encore. (se lever, s'asseoir)
4. *Réussit*-il? (s'habiller, se laver)
5. Ne *travaillez* pas trop tard. (se coucher, se lever)

D. Ask a French acquaintance each of the following questions in a complete French sentence:

1. if he is enjoying himself
2. what his name is
3. where the library is (situated)
4. when he gets up
5. why he is washing

E. Using a complete French sentence, tell a child to do each of the following:

1. get up early
2. get washed immediately
3. get dressed quickly
4. sit down here
5. have a good time in school

F. Answer in complete French sentences:

1. Vous lavez-vous tous les jours?
2. Comment s'appelle votre cousine?
3. Allons-nous nous amuser demain?
4. Dans quelle ville se trouvent le Louvre et le Sacré-Cœur?
5. A quelle heure te couches-tu?
6. Où puis-je m'asseoir?
7. Vous habillez-vous généralement le matin ou le soir?
8. Se lève-t-on ou s'assied-on quand on chante l'hymne national?
9. Où vous trouvez-vous maintenant?
10. Que faites-vous quand vous êtes fatigué(e)?

Château de Chambord

The largest of the châteaux of the Loire, Chambord is an outstanding example of Renaissance art.

enduring
Repeated
action + descr

Optional Verb Lesson 3—THE IMPERFECT

REGULAR VERBS

jou*er,* to play	bât*ir,* to build	entend*re,* to hear
I was playing,	*I was building,*	*I was hearing,*
I used to play,	*I used to build,*	*I used to hear,*
I played	*I built*	*I heard*
je jou*ais*	je bât*issais*	j'entend*ais*
tu jou*ais*	tu bât*issais*	tu entend*ais*
il jou*ait*	il bât*issait*	il entend*ait*
elle jou*ait*	elle bât*issait*	elle entend*ait*
nous jou*ions*	nous bât*issions*	nous entend*ions*
vous jou*iez*	vous bât*issiez*	vous entend*iez*
ils jou*aient*	ils bât*issaient*	ils entend*aient*
elles jou*aient*	elles bât*issaient*	elles entend*aient*

IRREGULAR VERBS

INFINITIVE	"nous" FORM PRESENT TENSE	IMPERFECT TENSE
aller, to go	allons	j'*allais*
avoir, to have	avons	j'*avais*
dire, to say, tell	disons	je *disais*
écrire, to write	écrivons	j'*écrivais*
faire, to do, make	faisons	je *faisais*
lire, to read	lisons	je *lisais*
mettre, to put, put on	mettons	je *mettais*
ouvrir, to open	ouvrons	j'*ouvrais*
partir, to go away, leave	partons	je *partais*
pouvoir, to be able	pouvons	je *pouvais*
prendre, to take	prenons	je *prenais*
recevoir, to receive	recevons	je *recevais*
savoir, to know, know how	savons	je *savais*

sortir, to go out, leave	**sortons**	je *sortais*
venir, to come	**venons**	je *venais*
voir, to see	**voyons**	je *voyais*
vouloir, to wish, want	**voulons**	je *voulais*

Note

1. The stem of the imperfect tense (**l'imparfait**) of all verbs (except **être**) can be found by dropping **-ons** from the **"nous"** form of the present tense.

2. The personal endings of the imperfect tense for all verbs are:

   -ais, -ais, -ait, -ions, -iez, -aient

3. The imperfect tense of **être** is:

   j'étais, tu étais, il était, nous étions, vous étiez, ils étaient

4. The imperfect is used for two kinds of past action:

   was, were *-ing* ——————————————— continuous action

   used to   •••••••••••••••••••••• repeated action

5. The signs of this tense in English are usually the words *was, were,* and *used to.* The form *I played* is to be translated **je jouais** only if we can substitute *I was playing* or *I used to play* for *I played.*

6. The imperfect of **avoir** is generally translated by *had,* the imperfect of **être** by *was* or *were.*

   il avait = he had   **il était** = he was

7. *Reminder:* Verbs ending in **-cer** change **c** to **ç** before **a.** Verbs ending in **-ger** insert mute **e** between **g** and **a** (see Optional Verb Lesson 1). Thus, the forms of the imperfect of **commencer** and **manger** are:

je commençais	je mangeais
tu commençais	tu mangeais
il commençait	il mangeait
elle commençait	elle mangeait
nous commencions	nous mangions
vous commenciez	vous mangiez
ils commençaient	ils mangeaient
elles commençaient	elles mangeaient

EXERCISES

A. Change from the present tense to the imperfect:

1. Elle joue du piano le lundi.
2. Je prends mon petit déjeuner.
3. Il ne va pas à l'école tous les matins.
4. Voyez-vous des avions?
5. Ils veulent partir tout de suite.
6. Entends-tu quelquefois du bruit?
7. Elle vient avec moi à la fête.
8. Ne font-ils pas une promenade?
9. Nous bâtissons une église.
10. Il y a des arbres sur la montagne.

B. Rewrite each sentence, substituting the imperfect of the verbs indicated:

1. Nous étudiions tous les jours. (sortir, lire, nager)
2. Il ne prêtait pas d'argent. (avoir, voir, recevoir)
3. Que disais-tu? (commencer, choisir, manger)
4. Je ne regardais pas le garçon. (attendre, écouter, punir)
5. N'alliez-vous pas le faire? (savoir, désirer, pouvoir)

C. Change from the **passé composé** to the imperfect:

1. J'ai écrit beaucoup de lettres.
2. Avez-vous rempli le verre?
3. Ils n'ont pas lu les exercices.
4. A-t-elle puni les enfants?
5. Nous avons mis les fourchettes dans le tiroir.
6. Il a prononcé les mots.
7. Elles sont parties pour la France.
8. Ma mère a été malade.
9. Où ont-ils voyagé?
10. J'ai ouvert la porte.

D. Complete the English sentences:

1. Nous dansions et chantions. We _____.
2. La dame lavait les assiettes. The lady _____ the dishes.
3. Il était deux heures précises. _____ just two o'clock.
4. Vous compreniez les questions. _____ the questions.
5. Mon père fumait une cigarette. My father _____ a cigarette.
6. Il n'y avait pas de table dans la salle. _____ table in the room.
7. Elles allaient souvent à la campagne. _____ to the country often.
8. Tu venais quelquefois me parler. _____ sometimes to speak to me.
9. La cloche sonnait quand je suis parti. The bell _____ when I left.
10. Nous sortions tous les soirs. _____ every evening.

E. Translate the English words into French:

1. *He used to leave* son chapeau ici.
2. *Were you studying* vos leçons?
3. La ville *was not* très jolie.
4. *We were scolding* la jeune fille.
5. *She used to come back* fréquemment.
6. *They had* plusieurs amis.
7. *We used to obey* à notre grand-père.
8. *Weren't you crying* il y a un instant?
9. Les feuilles *were falling.*
10. *I was coming down* quand je l'ai vu.

F. Answer in complete French sentences:

1. Saviez-vous la leçon hier?
2. Qui était dans la salle de classe aujourd'hui quand vous y êtes arrivé(e)?
3. Est-ce qu'il faisait chaud en été?
4. Que faisais-tu quand nous mangions, Jacques?
5. Est-ce que le ciel était bleu hier?
6. Les élèves attentifs écoutaient-ils le professeur?
7. Lisiez-vous quand vous aviez cinq ans?
8. Y avait-il beaucoup de fautes dans votre cahier?
9. Écoutiez-vous la T.S.F. quand vous étudiiez?
10. Qui vous racontait des histoires quand vous étiez très jeune?

Richelieu

As minister of Louis XIII, Cardinal Richelieu increased the prestige of France. He strengthened the power of the king while weakening that of the nobles. To encourage literature and learning, he founded the French Academy.

Optional Verb Lesson 4—THE FUTURE TENSE

REGULAR VERBS

jouer, to play	bâtir, to build	entendre, to hear
I shall (will) play	*I shall (will) build*	*I shall (will) hear*
je jouerai	je bâtirai	j'entendrai
tu joueras	tu bâtiras	tu entendras
il jouera	il bâtira	il entendra
elle jouera	elle bâtira	elle entendra
nous jouerons	nous bâtirons	nous entendrons
vous jouerez	vous bâtirez	vous entendrez
ils joueront	ils bâtiront	ils entendront
elles joueront	elles bâtiront	elles entendront

Note

1. The future tense **(le futur)** is formed by adding the personal endings to the infinitive. In **-re** verbs, the final **-e** is dropped before adding the ending.

2. The personal endings for all verbs in the future are similar to the endings of the present tense of **avoir: -ai, -as, -a, -ons, -ez, -ont.**

3. Some irregular verbs have an irregular stem in the future:

INFINITIVE	FUTURE	TRANSLATION
aller	j'*irai*	I shall go
avoir	j'*aurai*	I shall have
être	je *serai*	I shall be
faire	je *ferai*	I shall do (make)
pouvoir	je *pourrai*	I shall be able
recevoir	je *recevrai*	I shall receive
savoir	je *saurai*	I shall know
venir	je *viendrai*	I shall come
voir	je *verrai*	I shall see
vouloir	je *voudrai*	I shall wish (want)

71

EXERCISES

A. Write the verb in the future:

1. *entendre:*   Il _____ les oiseaux.
2. *venir:*   On _____ bientôt le faire.
3. *remplir:*   _____-vous la boîte?
4. *fermer:*   Elles _____ les fenêtres.
5. *donner:*   Nous _____ le lait au bébé.
6. *voir:*   Quand _____-ils le journal?
7. *rendre:*   Qui me _____ mon cahier?
8. *porter:*   Il ne _____ pas de cravate.
9. *finir:*   Je le _____ avant le déjeuner.
10. *lire:*   Tu _____ ce roman excellent.

B. Change to the future:

1. Je défends mes amis.
2. Nous jouons à la balle.
3. Maman fait un rôti.
4. Punissez-vous votre fils?
5. Tu commences à travailler.
6. Que dit-il?
7. Les avenues sont larges.
8. Elle mange des légumes.
9. Ils ne savent pas la réponse.
10. Ne rentre-t-elle pas de bonne heure?
11. Quand descendez-vous?
12. Je n'ai pas de temps.
13. L'architecte bâtit un collège.
14. Voulez-vous danser avec moi?
15. On peut partir demain.

C. Complete the English sentences:

1. Nous regarderons le fleuve.   _____ the river.
2. Ils ne seront pas à la maison.   _____ at home.
3. Il dit que vous n'oublierez pas.   He says that _____.
4. Quand recevrai-je le télégramme?   When _____ the telegram?
5. Ira-t-elle à Londres?   _____ to London?
6. L'actrice choisira une bonne pièce.   The actress _____ a good play.
7. Ils voudront essayer les gants.   _____ to try on the gloves.
8. Tu perdras ton stylo, Claire.   _____ your pen, Clara.
9. Ne verrez-vous pas le joujou?   _____ the toy?
10. Les trains arriveront en retard.   The trains _____ late.

D. Complete each sentence as in the example below:

EXEMPLE: Elle ne veut pas chanter; *elle ne chantera pas.*

1. Ils veulent vendre leur maison; _____.
2. Nous ne voulons pas voyager; _____.
3. Tu veux sortir; _____.

4. Claire veut être à la maison; _____.
5. Vous voulez revenir; _____.
6. Je ne veux pas écouter; _____.
7. Il veut les avoir; _____.
8. Elles ne veulent pas oublier; _____
9. Nous voulons le faire; _____.
10. Les frères veulent réussir; _____.

E. Answer in complete French sentences·

1. Irez-vous à la maison cet après-midi?
2. Quelle heure sera-t-il quand vous partirez?
3. Quand votre famille prendra-t-elle le dîner?
4. Pourrons-nous étudier ce soir?
5. Qui expliquera la leçon pour demain?
6. Que feront-ils demain matin?
7. Est-ce que j'aurai le temps de jouer samedi?
8. Qui viendra à l'école lundi?
9. Serez-vous le meilleur (la meilleure) élève de la classe ce mois-ci?
10. Vos amis voyageront-ils en France l'été prochain?

F. Translate into French:

1. When will they have the dresses?
2. You will do the homework.
3. I shall go to the movies.
4. Who will receive the present?
5. She will know the language.
6. The doctor will cure the child.
7. I won't be able to go out.
8. When will they bring the picture?
9. We shall count our money.
10. Henry will wait at the station.
11. I know that she will not cry.
12. They will obey their father.
13. Who will be here tonight?
14. We shall not come often.
15. Will you want any bread?
16. I'll see you tomorrow.
17. Will she write to her aunt?
18. Where will he spend the winter?
19. I will not sell this house.
20. Will the men succeed?

Part II—*Grammatical Structures*

1. DEFINITE AND INDEFINITE ARTICLES

The definite article, *the*, has four forms: **le, la, l', les.**

le	before a masculine singular noun beginning with a consonant	*le* livre	the book
la	before a feminine singular noun beginning with a consonant	*la* page	the page
l'	before a singular noun of either gender beginning with a vowel or silent **h**	*l'*ami *l'*homme	the friend the man
les	before all plural nouns	*les* livres *les* pages *les* amis *les* hommes	the books the pages the friends the men

The indefinite article, *a* (*an*), has two forms: **un, une.**

un	before a masculine noun	*un* livre	a book
une	before a feminine noun	*une* page	a page

The article must be expressed in French before each noun, although it may be omitted in English.

le père et *la* mère   the father and mother

un crayon et *une* plume   a pencil and pen

EXERCISES

A. Write the definite article **(le, la, l', les)** before each of the following nouns:

1. chaise	11. exercice	21. plume
2. tableau noir	12. page	22. professeur
3. hommes	13. livres	23. clefs
4. leçon	14. lycée	24. monde
5. carte	15. devoirs	25. bureau
6. enfant	16. école	26. femme
7. élèves	17. garçons	27. stylo
8. murs	18. fenêtre	28. églises
9. examen	19. horloge	29. chapeau
10. classe	20. crayons	30. fleur

B. Write the indefinite article **(un, une)** before each of the following nouns:

1. avocat	11. homme	21. rue
2. professeur	12. maison	22. livre
3. jeune fille	13. jardin	23. matin
4. banc	14. élève	24. classe
5. question	15. arbre	25. fleur
6. salle de classe	16. tasse	26. cuisine
7. tableau noir	17. avion	27. heure
8. pupitre	18. jour	28. table
9. langue	19. monsieur	29. magasin
10. cahier	20. train	30. soir

C. Complete the following French sentences by choosing the correct article in parentheses:

1. (Le, La, L') soleil est dans (le, la, les) ciel.
2. Avez-vous (un, une) bonne amie?
3. (Le, La, Les) feuilles sont sur (l', le, la) arbre.
4. (Le, Les, L') examens sont faciles.
5. Voici (un, une) cousin et (un, une) cousine.
6. Où sont (le, la, les) tante et (le, la, l') oncle?
7. Où est (le, la, l') frère de Renée?
8. Il y a (un, une) dame dans (le, la, l') salle.
9. (Le, La, L') grand-père a (un, une) chien.
10. (Le, L', Les) soldats sont dans (le, la, l') gare.

D. Supply the French equivalent of the English article in parentheses:

1. (a) ..... chat est ..... animal.
2. (the) ..... médecin est devant ..... maison.
3. (the) ..... exercices sont dans ..... livre.
4. (the) ..... jardin est derrière ..... mur.
5. (a) Voici ..... école et ..... église.
6. (the) ..... femmes ont ..... argent.
7. (the) ..... chaises sont dans ..... salle de classe.
8. (the) ..... encre est sur ..... pupitre.
9. (the) ..... homme est avec ..... amis.
10. (the) ..... craie est dans ..... boîte.
11. (the) ..... voisins sont dans ..... parc.
12. (a) Donnez-moi ..... robe et ..... chapeau.
13. (the) Il aime ..... été et ..... hiver.
14. (a) Voici ..... pain avec ..... couteau.
15. (the) ..... enfants sont près de ..... automobile.

E. Translate the English words into French:

1. Voici *a door and window.*
2. Je vois *the water.*
3. Où sont *the coffee and milk?*
4. Voilà *a boy and girl.*
5. Montrez-moi *the letters.*
6. Il a *a book and a notebook.*
7. Voici *the mother and father.*
8. Où sont *the pen and pencil?*
9. Voilà *the teacher and pupil.*
10. Avez-vous *a brother and sister?*

Voltaire

The great philosopher and writer, Voltaire, was the dominant figure of the 18th century. His literary and social influence was world-wide. In his fight for progressive ideas, he made vigorous efforts in behalf of individual liberty, justice, and freedom of thought.

2. PLURAL OF NOUNS

Most French nouns, like most English nouns, form their plural by adding **s** to the singular.

SINGULAR	PLURAL
le garçon, the boy	les garçon**s**, the boys
l'élève, the pupil	les élève**s**, the pupils
la feuille, the leaf	les feuille**s**, the leaves

Nouns ending in **-s, -x,** or **-z** remain unchanged in the plural.

le fils, the scn	les fils, the sons
la voix, the voice	les voix, the voices
le nez, the nose	les nez, the noses

Nouns ending in **-eau** and **-eu** add **x** to form the plural.

Most nouns ending in **-al** change **-al** to **-aux** in the plural.

l'oiseau, the bird	les oiseau**x**, the birds
le neveu, the nephew	les neveu**x**, the nephews
le cheval, the horse	les chev**aux**, the horses

A few nouns have irregular plurals.

l'œil (*m.*), the eye	les *yeux*, the eyes
le ciel, the sky	les *cieux*, the skies
le travail, the work	les *travaux*, the works

EXERCISES

A. Change to the plural:

1. la poche
2. la voix
3. le mouchoir

4. le nez
5. l'heure
6. le corps

7. le cahier
8. l'avion
9. le travail
10. la page
11. le bras
12. la minute
13. le ciel

14. la carte
15. le cheval
16. l'école
17. la fois
18. le bureau
19. la saison
20. le pardessus

B. Change to the singular:

1. les francs
2. les images
3. les généraux
4. les gares
5. les cousins
6. les feux
7. les filles
8. les mots
9. les tableaux
10. les semaines

11. les cieux
12. les frères
13. les examens
14. les nuits
15. les yeux
16. les médecins
17. les travaux
18. les arbres
19. les neveux
20. les chaises

C. Change each sentence to the plural, following the example given:

EXEMPLE: Où est le mur? Où sont les murs?

1. Où est le professeur?
2. Où est le métal?
3. Où est la porte?
4. Où est le restaurant?
5. Où est le jeu?
6. Où est le pupitre?
7. Où est l'hôtel?
8. Où est le pays?

9. Où est le château?
10. Où est le poisson?
11. Où est l'exercice?
12. Où est le bas?
13. Où est le sou?
14. Où est le couteau?
15. Où est le banc?

D. Change each sentence to the singular, following the example given:

EXEMPLE: Regardez les vaches. Regardez la vache.

1. Regardez les exercices.
2. Regardez les repas.
3. Regardez les villes.
4. Regardez les gâteaux.
5. Regardez les fautes.

6. Regardez les chiens.
7. Regardez les images.
8. Regardez les animaux.
9. Regardez les fils.
10. Regardez les amies.

E. Change all words to the plural:

1. Le général raconte l'histoire.
2. Je visite le musée.
3. Désire-t-elle le stylo?
4. Le fils danse.
5. Essayes-tu le gant?
6. La mère gronde l'enfant.
7. Je montre la clef.
8. Le neveu regarde le tapis.
9. Il admire la cravate.
10. La voisine porte le chapeau.
11. L'homme traverse le pont.
12. Elle lave l'assiette.
13. Le bateau arrive.
14. Oublie-t-elle le parapluie?
15. Le mois commence.

F. Translate into French:

1. The women are speaking.
2. We have the gifts.
3. Does he eat the eggs?
4. The birds are singing.
5. I am studying the languages.
6. Here are the glasses and cups.
7. The newspapers are on the table.
8. I like the streets of Paris.
9. Listen to the songs.
10. Where are the ladies?
11. He asks for the pens.
12. Are you looking for the horses?
13. The flowers are in the garden.
14. Close the windows.
15. They are playing with the animals.

Sidewalk Café

The café plays an important part in the social life of the French people. On the outdoor terrace, one can relax while "watching the world go by."

3. CONTRACTIONS WITH THE DEFINITE ARTICLE; POSSESSION WITH *DE*

CONTRACTIONS

The prepositions **à** and **de** contract with **le** and **les**.

à + le = *au* à + les = *aux*	*au* cousin *aux* dames	to the cousin to the ladies
de + le = *du* de + les = *des*	*du* livre *des* frères	of the book of the brothers

Note

There are no contractions with **la** and **l'**.

à la mère	to the mother	**de la** maison	of the house
à l'élève	to the pupil	**de l'**école	of the school

POSSESSION

Possession in French is expressed by the preposition **de** where English uses *'s* or *s'*.

les cravates *de* Jean	John's ties
le chapeau *de* la femme	the woman's hat
le bureau *du* professeur	the teacher's desk
les livres *des* garçons	the boys' books

EXERCISES

A. Give the correct form of **au, à la, à l'**, or **aux**:

1. Elle prête la chaise _____ voisin.
2. Ils sont _____ église.
3. Écrivez-vous _____ garçons?
4. J'explique la règle _____ classe.
5. Nous obéissons _____ médecins.
6. Elle va _____ maison.
7. Il parle _____ homme.
8. Portez l'encre _____ professeur.
9. Répondez _____ lettres.
10. Nous allons _____ campagne.

B. Give the correct form of **du, de la, de l', or des:**

1. Elle aime les fleurs _____ jardin.
2. Voilà la maison _____ homme.
3. Nommez les jours _____ semaine.
4. Je vois le plafond _____ salle.
5. Les pages _____ livres sont blanches.
6. Êtes-vous le fils _____ boulanger?
7. Regardez les fenêtres _____ hôtel.
8. C'est la mère _____ famille.
9. Où sont les devoirs _____ élèves?
10. Les arbres _____ parc sont jolis.

C. Replace the words in italics by the words in parentheses, and make all necessary changes:

EXEMPLE: Je parle à la *bonne*.   (Georges)

Je parle à Georges.

1. Quelle est la couleur de la *neige?*   (cahiers)
2. Donnez la pomme à l'*enfant*.   (cheval)
3. C'est le commencement du *printemps*.   (examen)
4. Quel jour de la *semaine* est-ce aujourd'hui? (mois)
5. Il montre l'image à l'*homme*.   (cousins)
6. Parlent-ils des *étoiles?*   (lune)
7. Montrez le cadeau à la *jeune fille*.   (oncle)
8. Je n'aime pas les chapeaux des *femmes*.   (Françoise)
9. C'est le fils de la *reine*.   (roi)
10. Je vais au *magasin*.   (fenêtre)

D. Translate into French:

1. of the paper; of the pen
2. the aunt's dress
3. of the picture; to the park
4. Peter's sisters
5. to the mother; to the father
6. Jack's money
7. of the fathers; to the family
8. of the boat; of the boats
9. to the wall; of the wall
10. of the hour; of the hours
11. of the chair; of the tables
12. the teacher's books
13. the teachers' books
14. of the animal; to the animals
15. the pupil's mistake

E. Complete the following French sentences:

1. Voilà l'automobile _____ avocat.
2. Expliquez cette question _____ monsieur.

3. J'ai marché sur les ponts _ _ _ _ _ Paris.
4. Voici la montre _ _ _ _ _ femme.
5. Je vais _ _ _ _ _ bibliothèque.
6. Racontez l'histoire _ _ _ _ _ enfant.
7. Les exercices _ _ _ _ _ leçon sont faciles.
8. La couleur _ _ _ _ _ fleurs est jaune.
9. Nous montrons le cadeau _ _ _ _ _ hommes.
10. Donnez le cahier _ _ _ _ _ Robert à l'élève.

F. Complete the English sentences:

1. Elle va à l'église.   She is going _ _ _ _ _.
2. La couleur des pommes est rouge.   The color _ _ _ _ _ is red.
3. Où est le chapeau du garçon?   Where is _ _ _ _ _ hat?
4. Il parle aux femmes.   He is speaking _ _ _ _ _.
5. J'entends la voix du frère.   I hear _ _ _ _ _ voice.
6. A quelle heure allez-vous au cinéma?   At what time are you going _ _ _ _ _?
7. Quels sont les mois de l'année?   What are the months _ _ _ _ _?
8. Je donne le papier aux élèves.   I am giving the paper _ _ _ _ _.
9. Portez la boîte à l'amie de Marie.   Take the box _ _ _ _ _.
10. J'aime les feuilles de l'arbre.   I like the _ _ _ _ _.
11. Nous montrons le restaurant aux soldats.   We show the restaurant _ _ _ _ _.
12. Donnez-moi le stylo de Henri.   Give me _ _ _ _ _ pen.
13. Elle récite la leçon au professeur.   She recites the lesson _ _ _ _ _.
14. Avez-vous le crayon de la jeune fille?   Have you _ _ _ _ _ pencil?
15. Allez au tableau noir.   Go _ _ _ _ _.

G. Translate into French:

1. He shows the exercises to the teachers.
2. There is the child's brother.
3. Give the books to Louis.
4. Here are the men's gloves.
5. We walk to the window.
6. Are you speaking of the dog?
7. She relates the story to the children.
8. Where is Paul's hat?
9. We are going to school today.
10. I am explaining the lesson to John's cousin.

4. FORMATION OF QUESTIONS

Questions are formed in French in the following ways:

1. If a *pronoun* is the subject, the pronoun and verb are inverted and connected with a hyphen (see Verb Lesson 2).

Marche-t-*il?*	Is he walking?
Travaillent-*elles?*	Are they working?

2. If a *noun* is the subject, the noun precedes the inverted verb and pronoun.

Louis marche-t-*il?*	Is Lewis walking?
Les femmes travaillent-*elles?*	Are the women working?

3. **Est-ce que,** placed before any statement, makes it a question. In forming questions with the subject **je, est-ce que** is almost exclusively used.

Est-ce que je réussis?	Am I succeeding?
*Est-ce qu'*il marche?	Is he walking?
Est-ce que Louis marche?	Is Lewis walking?
Est-ce que les femmes travaillent?	Are the women working?

4. The expression **n'est-ce pas,** placed after a statement, changes the statement to a question. It has numerous translations, depending on the sentence.

Il chante, *n'est-ce pas?*	He sings, doesn't he?
Les hommes voyagent, *n'est-ce pas?*	The men are traveling, aren't they?
Nous avons attendu, *n'est-ce pas?*	We waited, didn't we?

5. In spoken French, a statement with interrogative intonation is often used as a question.

Vous étudiez le français?	Are you studying French?
Il voyage beaucoup?	Does he travel much?

EXERCISES

A. Complete each question by supplying the proper pronoun:

1. Le fils obéit-_____ à son père?
2. Pourquoi les voisins regardent-_____ le ciel?
3. Quand le docteur descend-_____?
4. Les classes commencent-_____ aujourd'hui?
5. Les crayons sont-_____ sur le bureau?
6. Henri et Michel demeurent-_____ à New-York?
7. La dame arrive-t-_____ tard?
8. Le soldat défend-_____ le pays?
9. La chaise est-_____ dans la salle?
10. Les sœurs remplissent-_____ les tasses?

B. Change to the interrogative in *two* ways, by using (1) inverted word order, and (2) **est-ce que**:

1. Ils coupent le pain.
2. Le mur est blanc.
3. La feuille ne tombe pas.
4. Le père et la mère grondent l'enfant.
5. Nous ne vendons pas la machine.
6. Les livres sont sur le pupitre.
7. Elles entendent le bruit.
8. Charles aime les devoirs.
9. Les femmes choisissent les belles robes.
10. Vous écrivez au tableau noir.

C. Translate into English:

1. Elle regarde l'image, n'est-ce pas?
2. Ne mange-t-il pas la viande?
3. Les élèves écoutent-ils bien?
4. Est-ce que je réponds à la question?
5. Le professeur entre-t-il dans la salle de classe?
6. Vous choisissez la rose, n'est-ce pas?
7. L'école est-elle grande?
8. Est-ce que vous ne chantez pas *La Marseillaise?*
9. Le médecin guérit-il le malade?
10. Louise et Jacques parlent-ils français?

11. Il a cherché les livres, n'est-ce pas?
12. Le grand-père n'a-t-il pas apporté le cadeau?
13. Tu as ouvert la fenêtre, n'est-ce pas?
14. Les amis ont-ils fini le travail?
15. Est-ce que nous avons perdu l'argent?

D. Give the French question for each of the following answers:

EXEMPLE: Oui, il a une plume.

A-t-il une plume?

1. Oui, je cherche la craie.
2. Oui, vous êtes diligents.
3. Non, tu ne pleures pas souvent.
4. Oui, nous jouons à la balle.
5. Non, Colette ne danse pas bien.
6. Oui, il aime la littérature.
7. Oui, les élèves étudient tous les jours.
8. Non, la cloche ne sonne pas.
9. Oui, il y a beaucoup de papier dans le tiroir.
10. Oui, Sylvie et Juliette voyagent en Europe.

E. Translate into French:

1. Aren't they studying?
2. Is Mary sick?
3. You are going to the park, aren't you?
4. Do I speak well?
5. Are the children playing?
6. Does George have the paper?
7. He is building a school, isn't he?
8. Does the mother punish the girl?
9. Why is he crying?
10. Are the women waiting?
11. She sang, didn't she?
12. Did the man sell the house?
13. You have finished, haven't you?
14. Didn't we close the door?
15. Have the boys eaten?

F. Answer in complete French sentences:

1. Aimez-vous les animaux?
2. Les enfants jouent-ils à la balle?
3. Est-ce que le bureau du professeur est devant la classe?
4. Neige-t-il en été ou en hiver?
5. Demeurons-nous aux États-Unis?
6. As-tu un stylo?
7. La France est-elle en Europe?
8. Est-ce que le professeur chante en français?
9. Vous êtes jeune, n'est-ce pas?
10. Les bons élèves étudient-ils bien?

5. AGREEMENT OF ADJECTIVES

FORMS

	MASCULINE	FEMININE	MASCULINE	FEMININE
SINGULAR	petit	petite	riche	riche
PLURAL	petits	petites	riches	riches
SINGULAR	gris	grise	heureux	heureuse
PLURAL	gris	grises	heureux	heureuses
SINGULAR	actif	active	cher	chère
PLURAL	actifs	actives	chers	chères

Note

1. The feminine singular of adjectives is regularly formed by adding **e** to the masculine singular. If the masculine already ends in mute **e,** the feminine is the same: **riche, riche.**

2. The plural is regularly formed by adding **s** to the masculine or feminine singular. If the masculine singular ends in **s** or **x,** the masculine plural is the same: **gris, gris; heureux, heureux.**

3. The feminine of adjectives ending in **x, f,** and **er** is formed by changing **x** to **se, f** to **ve,** and **er** to **ère: heureux, heureuse; actif, active; cher, chère.**

AGREEMENT

French adjectives agree in gender and number with the nouns or pronouns they modify.

La table est *petite.*	The table is small.
Sont-ils *riches?*	Are they rich?
Le cheval est *gris.*	The horse is gray.
Irène et sa sœur sont *heureuses.*	Irene and her sister are happy.
Les enfants sont *actifs.*	The children are active.
Est-ce que la robe est *chère?*	Is the dress dear?

An adjective modifying two or more nouns of *different* genders is in the masculine plural.

M. et Mme Lebrun sont *fatigués.*	Mr. and Mrs. Brown are tired.

SOME COMMON ADJECTIVES

like *petit:*

allemand, German	haut, high
américain, American	intelligent, intelligent
bleu, blue	intéressant, interesting
brun, brown	joli, pretty
commun, common	laid, ugly
content, glad	lourd, heavy
court, short	méchant, naughty, wicked
diligent, industrious	noir, black
espagnol, Spanish	plein, full
fatigué, tired	poli, polite
fort, strong	prochain, next
gai, gay	vert, green
grand, large, tall	vrai, true

like *riche:*

aimable, kind	jeune, young
autre, other	malade, sick
brave, brave	pauvre, poor
difficile, difficult	rouge, red
facile, easy	triste, sad
faible, weak	utile, useful
jaune, yellow	vide, empty

like *gris:*

anglais, English	mauvais, bad
français, French	

like *heureux:* malheureux, unhappy   paresseux, lazy

like *actif:* attentif, attentive   neuf, new

like *cher:*

dernier, last	léger, light (in weight)
étranger, foreign	premier, first
fier, proud	

EXERCISES

A. Write the feminine of the following adjectives:

1. commun
2. premier
3. gai
4. content
5. neuf

6. étranger
7. vide
8. malheureux
9. lourd
10. autre

B. Write the correct form of the adjective in parentheses:

1. (grand)   Le garçon est _____.
2. (mauvais)   Ils sont _____.
3. (laid)   Sont-elles _____?
4. (dernier)   Il est parti la semaine _____.
5. (bleu)   L'encre est _____.
6. (brun)   Georges a les cheveux _____.
7. (rouge)   Les roses sont _____.
8. (cher)   La viande est _____.
9. (attentif)   La jeune fille et son frère sont _____.
10. (prochain) Je vais en France le mois _____.
11. (joli)   Quel _____ jardin!
12. (anglais)   Elle étudie la langue _____.
13. (vrai)   Ces phrases sont _____.
14. (jeune)   Ma mère est encore _____.
15. (allemand) J'aime la musique et la littérature _____.

C. Rewrite each sentence, using the feminine equivalents of masculine words:

EXEMPLE: Le père est content.   La mère est contente.

1. Il est petit.
2. Les hommes sont actifs.
3. L'ami n'est pas malade.
4. L'oncle est-il fier?
5. Ils sont gris.
6. L'enfant est poli.
7. Les garçons sont malheureux.
8. Vous êtes intelligent.
9. Le frère est fatigué.
10. Le grand-père n'est-il pas riche?

D. Complete the French sentence by adding the appropriate form of the adjective which is the opposite of the one in italics:

1. Sa mère est *petite*, mais son père est _____.
2. Le jardin n'est pas *laid:* il est _____.
3. Elle est *faible*, mais nous sommes _____.
4. Je n'aime pas les souliers *lourds;* je préfère les souliers _____.
5. Êtes-vous *triste?* Non, je suis _____.
6. Ces leçons ne sont pas *difficiles;* elles sont _____.
7. C'est un *bon* livre; ce n'est pas un _____ livre.
8. Jean est *paresseux*, mais sa sœur est _____.
9. Il n'est pas *riche:* il est _____.
10. Est-il arrivé le *dernier?* Au contraire, il est arrivé le _____.

E. Change to the plural; then translate into English:

1. le gant jaune
2. la fille heureuse
3. le roman anglais
4. le mouchoir neuf
5. la plume noire

6. le cadeau utile
7. la mauvaise faute
8. la ville américaine
9. l'élève paresseux
10. le cahier gris

F. Complete each sentence by translating the adjective in italics:

1. *sad*   Voici des dames _ _ _ _ _ _.
2. *other*   Donnez-moi les _ _ _ _ _ livres.
3. *Spanish*   Il a un accent _ _ _ _ _ _.
4. *tall*   Ma tante et mes cousins sont _ _ _ _ _ _.
5. *active*   Sont-ils toujours _ _ _ _ _?
6. *kind*   Merci, vous êtes très _ _ _ _ _ _.
7. *blue*   Elle a les yeux _ _ _ _ _ _.
8. *strong*   C'est un homme _ _ _ _ _ _.
9. *full*   La tasse est _ _ _ _ _ de thé.
10. *French*   J'aime la langue _ _ _ _ _ _.

G. Translate into French:

1. The lesson is short.
2. Charles and George are always happy.
3. We are sick today.
4. Is the butter dear?
5. The hats aren't pretty.

6. He is very brave.
7. Are the exercises easy?
8. The newspaper is interesting.
9. Jack and Joan are naughty.
10. The leaves are green, aren't they?

6. IRREGULAR ADJECTIVES; POSITION OF ADJECTIVES

Certain adjectives double the final consonant before adding **e** to form the feminine.

SINGULAR		PLURAL		MEANING
MAS.	FEM.	MAS.	FEM.	
bas	bas**se**	bas	bas**ses**	low
bon	bon**ne**	bons	bon**nes**	good
cruel	cruel**le**	cruels	cruel**les**	cruel
européen	européen**ne**	européens	européen**nes**	European
gentil	gentil**le**	gentils	gentil**les**	nice, kind
gros	gros**se**	gros	gros**ses**	big, fat
italien	italien**ne**	italiens	italien**nes**	Italian
parisien	parisien**ne**	parisiens	parisien**nes**	Parisian
quel	quel**le**	quels	quel**les**	what? which? what a!

Other irregular adjectives:

MAS.	FEM.	MAS.	FEM.	
blanc	*blanche*	blancs	*blanches*	white
doux	*douce*	doux	*douces*	sweet, mild
faux	*fausse*	faux	*fausses*	false
favori	*favorite*	favoris	*favorites*	favorite
frais	*fraîche*	frais	*fraîches*	fresh, cool
long	*longue*	longs	*longues*	long
tout	toute	*tous*	toutes	all, whole, every
beau (*bel*)	*belle*	beaux	*belles*	beautiful, fine, handsome
nouveau (*nouvel*)	*nouvelle*	nouveaux	*nouvelles*	new
vieux (*vieil*)	*vieille*	vieux	*vieilles*	old

Note

The forms **bel, nouvel,** and **vieil** are used before a masculine singular noun beginning with a vowel or silent **h.**

un *vieil* arbre	an old tree
le *bel* homme	the handsome man

POSITION OF ADJECTIVES

Unlike English adjectives, most descriptive adjectives in French *follow* the noun they modify.

une femme *intelligente*	an intelligent woman
les exercices *faciles*	the easy exercises

The following are some common short adjectives that usually precede the noun:

autre	court	jeune	mauvais	vieux
beau	grand	joli	nouveau	
bon	gros	long	petit	

un *beau* jardin	a beautiful garden
les *jolies* images	the pretty pictures

The adjectives **chaque** (*each*) and **plusieurs** (*several*) have only one form.

chaque jour, *chaque* nuit	each day, each night
plusieurs jours, *plusieurs* nuits	several days, several nights

The adjective **tout** precedes the definite article.

tout l'argent	all the money
tout le livre	the whole book
tous les livres	every book

EXERCISES

A. Select the adjective that correctly completes the sentence:

1. (Quel, Quelle) âge avez-vous?
2. Albert et Catherine sont (gentils, gentilles).

3. C'est un (beau, bel, belle) arbre.
4. Elle a acheté une (nouvel, nouveau, nouvelle) robe.
5. Les châteaux sont (vieux, vieilles).

B. Complete each sentence or expression, using the words indicated, and make all necessary changes:

1. Le papier est blanc.
   La tasse _ _ _ _ _ _.
   Les papiers _ _ _ _ _ _.
   Les tasses _ _ _ _ _ _.

2. Le voyage est long.
   Les voyages _ _ _ _ _ _.
   La robe _ _ _ _ _ _.
   Les robes _ _ _ _ _ _.

3. Il aime le gâteau doux.
   _ _ _ _ _ les gâteaux _ _ _ _ _ _.
   _ _ _ _ _ la banane _ _ _ _ _ _.
   _ _ _ _ _ les bananes _ _ _ _ _ _.

4. Quel beau chapeau!
   _ _ _ _ _ homme!
   _ _ _ _ _ image!
   _ _ _ _ _ hommes!

5. Tout le livre est bon.
   _ _ _ _ _ les livres _ _ _ _ _ _.
   _ _ _ _ _ la page _ _ _ _ _ _.
   _ _ _ _ _ les pages _ _ _ _ _ _.

C. Complete each phrase in column *A* with the proper adjective chosen from column *B*:

COLUMN A	COLUMN B
1. un _ _ _ _ _ escalier	vieille
2. les bateaux _ _ _ _ _	petits
3. deux _ _ _ _ _ chiens	toute
4. _ _ _ _ _ les soirs	lourde
5. les fleurs _ _ _ _ _	blancs
6. une _ _ _ _ _ cravate	fraîches
7. la table _ _ _ _ _	parisien
8. _ _ _ _ _ la craie	longues
9. un parfum _ _ _ _ _	bel
10. deux _ _ _ _ _ oreilles	tous

D. Replace the masculine with the feminine:

1. un oncle favori _ _ _ _ _ tante _ _ _ _ _
2. le vieux père _ _ _ _ _ mère
3. quel élève? _ _ _ _ _ élève?
4. les voisins cruels _ _ _ _ _ voisines _ _ _ _ _
5. un mari gentil _ _ _ _ _ femme _ _ _ _ _

E. Replace the feminine with the masculine:

1. la reine italienne   _____ roi _____
2. une nouvelle amie   _____ ami
3. les belles femmes   _____ hommes
4. une bonne nièce   _____ neveu
5. toutes les sœurs   _____ frères

F. Supply the correct form of the adjective in parentheses:

1. (frais)   de l'eau _____; des vents _____
2. (parisien)   les théâtres _____; la vie _____
3. (premier)   la _____ fois; les _____ chansons
4. (faux)   les _____ amis; des phrases _____
5. (européen)   des journaux _____; une école _____

G. Complete the English sentences:

1. Le président demeure dans la Maison Blanche.   The president lives in the _____.
2. Avez-vous lu tout le livre?   Have you read _____?
3. Quel beau jour!   _____ day!
4. Ce monsieur est gros.   That gentleman is _____.
5. Elle m'a donné une fausse adresse.   She gave me a _____.
6. Garçon, apportez-moi une limonade fraîche.   Waiter, bring me a _____ lemonade.
7. Tu es toujours gentille, Anne.   You are always _____, Anna.
8. C'est un médecin fatigué.   He is a _____.
9. Toutes les chambres sont grandes.   _____ are large.
10. Je n'aime pas les plafonds bas.   I don't like _____ ceilings.

H. Put the correct form of the adjective in the proper place, either before or after the noun:

1. (bas)   Il a une _____ voix _____
2. (nouveau)   Voici les _____ maîtres _____
3. (doux)   Mai est un _____ mois _____
4. (français)   Aimez-vous les _____ vins _____
5. (bon)   L'automne est une _____ saison _____
6. (difficile)   J'étudie une _____ leçon _____
7. (long)   Il fait une _____ promenade _____
8. (intelligent)   Où sont les _____ enfants _____
9. (autre)   C'est une _____ page _____
10. (gros)   J'ai fait une _____ faute _____

I. Translate into French:

1. every day
2. the green grass
3. a beautiful hotel
4. which chairs?
5. a good question
6. the white box
7. all the classes
8. a short lesson
9. a cruel woman
10. the fine horses
11. the young doctor
12. a big apple
13. the whole family
14. the attentive pupils
15. an old animal

J. Answer in complete French sentences:

1. De quelle couleur est la neige?
2. Aimes-tu les films français?
3. Quel est votre fruit favori?
4. Est-ce que je suis un élève diligent?
5. Vos livres sont-ils lourds ou légers?
6. Est-ce que le sucre est doux?
7. Restez-vous à la maison quand vous êtes malade?
8. De quelle couleur sont les feuilles en été?
9. Êtes-vous fort(e) ou faible aujourd'hui?
10. Votre mère est-elle heureuse quand vous recevez une mauvaise note?

La Fayette

The Marquis de La Fayette, a young French nobleman, took up arms for American independence. He became a close friend of Washington and fought by his side for four years.

7. POSSESSIVE ADJECTIVES

SINGULAR		PLURAL	MEANING
MAS.	FEM.	MAS. & FEM.	
mon	ma	mes	my
ton	ta	tes	your (*fam.*)
son	sa	ses	his, her
notre	notre	nos	our
votre	votre	vos	your (*pol.*)
leur	leur	leurs	their

Note

1. Possessive adjectives, like other adjectives, agree in gender and number with the nouns they modify.

> *mes* cahiers   my notebooks
> *sa* plume   his (her) pen
> *leur* maison   their house

2. The forms **mon, ton,** and **son** are used instead of **ma, ta,** and **sa** before a feminine singular noun beginning with a vowel or silent **h.**

> *mon e*ncre, my ink
> *ton h*istoire, your story
> *son é*cole, his (her) school

3. The nouns **monsieur, madame,** and **mademoiselle,** originally composed of a possessive adjective and a noun, form their plural by changing each part to the plural.

> **messieurs, mesdames, mesdemoiselles**

EXERCISES

A. Complete each phrase with the correct form of the adjective used in the first phrase:

1. *votre* sac; _____ examens; _____ voix
2. *son* train; _____ fête; _____ chambres
3. *leur* valise; _____ montres; _____ jardin
4. *mon* stylo; _____ œufs; _____ amie
5. *notre* ascenseur; _____ dîner; _____ animaux

B. Complete each sentence with the possessive adjective corresponding to the subject:

EXEMPLE: *Nous* avons *notre* table.

1. Richard a perdu _____ chien.
2. Commencez-vous _____ leçons?
3. Je cherche _____ cartes.
4. Mange-t-elle _____ pain?
5. Tu n'étudies pas _____ grammaire.
6. Nous avons _____ opinion.
7. Les hommes parlent à _____ voisins.
8. N'écoutez-vous pas _____ professeur?
9. Je suis assis devant _____ bureau.
10. Nous n'avons pas reçu _____ lettres.
11. Lit-il _____ livres?
12. Je ne vois pas _____ craie.
13. Suzanne choisit _____ image.
14. Ont-elles _____ travail?
15. Il aime _____ famille.

C. Rewrite each sentence, replacing the masculine noun with the feminine equivalent and making all other necessary changes:

1. Son élève est intelligent.
2. Notre cousin chante bien.
3. Leur frère est content.
4. Son père est beau.
5. Mon ami travaille.

D. Translate the English words into French:

1. Prenez *your* place.
2. Il cherche *his* souliers.
3. As-tu *your* argent?
4. On a pris *our* chaises.
5. Ils montent dans *her* automobile.
6. Elle prépare *my* déjeuner.
7. Vous faites *your* devoirs.
8. Il attend *his* femme.
9. Répondez à *my* questions.
10. Elle raconte *her* histoire.
11. Nous obéissons à *our* docteur.
12. Les élèves oublient *their* papier.
13. Avez-vous *my* fleur?
14. *Our* ville est très grande.
15. Qui a emprunté *their* verres?

E. Write in the plural:

1. leur parapluie
2. ma tante
3. votre mouchoir
4. ton œil

5. mon enfant
6. madame
7. son journal

8. notre repas
9. sa robe
10. mademoiselle

F. Translate into French:

1. his armchair
2. your hats
3. their trees
4. my country
5. her exercise
6. our sons
7. my house

8. gentlemen
9. his church
10. your garden
11. our classroom
12. my daughters
13. his pocket
14. her gloves

15. their kitchen
16. my ink
17. your (fam.) pencils
18. her door
19. his birds
20. your street

G. Answer in complete French sentences, using a possessive adjective:

1. Vos voisins sont-ils gentils?
2. Quel est votre acteur favori?
3. Avez-vous mes clefs?
4. Y a-t-il une bibliothèque dans votre école?
5. Demeurez-vous près de vos amis, messieurs?

La Bastille

Once a royal prison fortress, the Bastille was stormed by the people of Paris on July 14, 1789, and was destroyed. The key to the Bastille, sent as a gift from La Fayette to George Washington, can be seen in Washington's home at Mount Vernon.

8. DEMONSTRATIVE ADJECTIVES

The demonstrative adjectives are **ce, cet, cette** (*this, that*) and **ces** (*these, those*).

ce	before a masculine singular noun beginning with a consonant	*ce* chien	this (that) dog
cet	before a masculine singular noun beginning with a vowel or silent **h**	*cet* arbre *cet* homme	this (that) tree this (that) man
cette	before a feminine singular noun	*cette* lampe	this (that) lamp
ces	before all plural nouns	*ces* chiens *ces* lampes	these (those) dogs these (those) lamps

If it is necessary to distinguish between *this* and *that*, and between *these* and *those*, **-ci** and **-là** are added by a hyphen to the nouns contrasted. To mean *this* and *these*, **-ci** is added; to mean *that* and *those*, **-là** is added.

ce chien-*ci* et ce chien-*là*	*this* dog and *that* dog
ces arbres-*là* ou ces arbres-*ci*	*those* trees or *these* trees

EXERCISES

A. Rewrite, replacing the definite article with the demonstrative adjective:

1. le pont
2. la vie
3. les poissons
4. la fenêtre
5. les plumes
6. l'hôtel
7. les dents
8. la salle
9. le livre
10. l'argent

B. Select the correct demonstrative adjective in parentheses:

1. (Ce, Cet) homme travaille beaucoup.
2. (Ce, Cette) neige est très belle.
3. Comment trouvez-vous (cette, ces) étoiles?
4. (Ce, Cet) boucher vend de bonne viande.
5. (Cet, Cette) examen n'est pas difficile.
6. Tournez (ce, cette) page, s'il vous plaît.
7. Qui a bâti (ce, cette) mur-là?
8. Quelle est (ce, cette) voix?
9. (Ces, Ce) tableaux-ci sont magnifiques.
10. Je l'ai vu (ce, cette) matin.

C. Write the demonstrative adjective before each of the following nouns and translate the phrase into English in *two* ways:

1. médecin
2. musées
3. dame
4. théâtres
5. église
6. château
7. yeux
8. arbre
9. règle
10. chaise

D. Change to the singular:

1. ces soldats
2. ces amis-ci
3. ces avocats
4. ces vaches
5. ces amies-là
6. ces murs
7. ces écoles-là
8. ces messieurs
9. ces escaliers
10. ces couleurs-ci

E. Complete each sentence with the correct demonstrative adjective:

1. _____ bonne travaille bien.
2. _____ cahiers sont à Jacques.
3. _____ animal est une vache.
4. Je n'aime pas _____ cravate.
5. _____ fleuve est long et beau.
6. Quels sont _____ mouchoirs?
7. Regardez _____ ciel.
8. La maison est derrière _____ gare.
9. Elle joue souvent avec _____ chats.
10. _____ encre est bleue.

F. Translate into French·

1. these leaves
2. that bird
3. this evening
4. those gardens
5. this world

6. this house and that house
7. those dresses and these dresses
8. that horse and this horse
9. these things and those things
10. this family and that family

G. Complete the English sentences:

1. Qu'avez-vous dans cette poche?   What do you have in _____?
2. Il n'aime pas ces souliers.   He doesn't like _____.
3. Passez-moi ce sucre, s'il vous plaît.   Please pass me _____.
4. Ce magasin-ci est plus grand que ce magasin-là.
   _____ is bigger than _____.
5. Ces acteurs jouent très bien.   _____ act very well.
6. Cette montagne est haute.   _____ is high.
7. Il va arriver cet après-midi.   He is going to arrive _____.
8. Ce parapluie-là est noir; ce parapluie-ci est bleu.
   _____ is black; _____ is blue.
9. Cette horloge ne marche pas.   _____ isn't working.
10. Ces pommes de terre sont délicieuses.   _____ are delicious.

H. Translate into French:

1. That woman is happy; this woman is sad.
2. Do you like that story?
3. These flowers are pretty, aren't they?
4. This pupil studies; that pupil doesn't study.
5. Which hat does he want, that hat or this hat?
6. That man is my father.
7. Have they seen those letters?
8. Who is helping this child?
9. Cut this bread; don't cut that bread.
10. These exercises are long, but those exercises are short.

9. COMPARISON OF ADJECTIVES

POSITIVE	COMPARATIVE	SUPERLATIVE
heureux, happy	*plus* heureux, happier	*le plus* heureux, the happiest
belle, beautiful	*plus* belle, more beautiful	*la plus* belle, the most beautiful
petits, small	*plus* petits, smaller	*les plus* petits, the smallest
jolies, pretty	*plus* jolies, prettier	*les plus* jolies, the prettiest

Note

1. The comparative of an adjective is formed by placing **plus** (*more*) before the adjective. The superlative is formed by placing the proper form of the definite article before the comparative.

2. Comparative and superlative adjectives agree with the noun modified in gender and number. The position of these adjectives, before or after the noun, is the same as in the positive.

une *jolie* femme	les hommes *intelligents*
une *plus jolie* femme	les hommes *plus intelligents*
la plus jolie femme	les hommes *les plus intelligents*

3. In the superlative, a possessive adjective may take the place of the definite article.

mon plus beau cheval	my finest horse
son amie la plus triste	her saddest friend

4. A few adjectives have irregular comparisons, such as:

bon, good mauvais, bad	*meilleur,* better plus mauvais ⎫ *pire* ⎭ worse	*le meilleur,* the best le plus mauvais ⎫ *le pire* ⎭ the worst

5. In addition to **plus,** two other words are used to form comparisons: **aussi** (*as*) and **moins** (*less, not so*). The word for *than* or *as* after the adjective is **que.**

Il est *plus* heureux *que* vous.   He is happier than you.

Il est *aussi* heureux *que* vous.   He is as happy as you.

Il est *moins* heureux *que* vous.   He is not so happy as you.

6. Before numerals, *than* is translated by **de.**

Elle porte plus *de* trois livres.   She is carrying more than three
<u>numeral</u>   books.

Cette plume coûte moins *de* cent   That pen costs less than 100 francs.
<u>numeral</u>
francs.

7. After a superlative, *in* is translated by **de.**

Jacques est <u>le plus grand</u> *du*   Jack is the tallest in the village.
superlative
village.

Ces montagnes sont <u>les plus hautes</u>   Those mountains are the highest
superlative   in Europe.
de l'Europe.

EXERCISES

A. Complete the French sentences by translating the words in parentheses:

1. (as . . . as)   Elle est _____ petite _____ moi.
2. (more . . . than)   Jeanne est _____ fatiguée _____ Marie.
3. (the most . . . in)   C'est le garçon _____ gros _____ l'école.
4. (lower)   Sa voix est _____ depuis sa maladie.
5. (less . . . than)   Ces livres-ci sont _____ intéressants _____ ces livres-là.
6. (worse)   Votre travail est mauvais mais son travail est _____.
7. (as . . . as)   Ces exercices-là sont _____ faciles _____ ces exercices-ci.
8. (the most . . . in)   C'est _____ belle cathédrale _____ la France.
9. (more . . . than)   Mlle Leblanc est _____ gentille _____ sa sœur.
10. (not so . . . as)   Nous sommes _____ contents _____ vous.

B. Supply the missing words to make good sense of the following:

1. La chaise est plus légère _____ la table.
2. Cette leçon est _____ de la grammaire.

3. Paris est _____ grand que New-York.
4. C'est la tour la plus haute _____ Paris.
5. Ces poires-ci sont bonnes, mais ces poires-là sont encore _____.
6. Elle a moins _____ dix livres.
7. Êtes-vous aussi aimable _____ votre mère?
8. C'est _____ plus heureuse des dames.
9. Le chien est moins doux _____ le mouton.
10. L'encre bleue est _____, mais cette encre noire est encore pire.

C. Complete the sentences with the correct superlative form of the adjective in italics:

1. *joli:* Ces images sont mes _____.
2. *court:* Quel mois est _____?
3. *brillant:* Cette étoile est _____ des cieux.
4. *bon:* C'est _____ magasin de Chicago.
5. *fier:* La princesse était la jeune fille _____ du royaume.
6. *haut:* Ce sont les montagnes _____ du monde.
7. *mauvais:* C'est _____ pluie de l'été.
8. *fort:* L'éléphant est _____ des animaux.
9. *nouveau:* Votre maison et ma maison sont _____ du quartier.
10. *riche:* Son oncle est l'homme _____ de la famille.

D. Translate into French the words in italics:

1. Henri est *naughtier than* Nanette.
2. J'ai choisi *the best* pommes.
3. C'est le pire *in the class.*
4. Voici les enfants *the most active* de la rue.
5. La sœur est *as ugly as* le frère.
6. Avez-vous *more than* deux journaux?
7. Ce verre est *not so full as* cette tasse.
8. Louise est *my best* voisine.
9. Les plumes sont *as useful as* les crayons.
10. Mon pardessus est *the heaviest* de mes vêtements.

E. Complete the English sentences:

1. Guillaume est plus brave que Marie.
   William is _____ Mary.
2. Vous avez fait plus de six fautes.
   You made _____ six errors.
3. Qui est le plus triste?
   Who is _____?

4. Nous sommes moins malades que vous.
   We are _____ as you.
5. C'est la plus belle statue de la ville.
   It is _____ statue in the city.
6. Sa femme est aussi malheureuse que lui.
   His wife is _____ he.
7. La Loire est le plus long fleuve du pays.
   The Loire is the longest river _____.
8. Votre montre est meilleure que ma montre.
   Your watch is _____ my watch.
9. Elle a les yeux les plus cruels du monde.
   She has _____ the world.
10. Notre cuisine est plus grande que notre salle de bains.
    Our kitchen is _____ our bathroom.

F. Translate into French:

1. Paul is not so attentive as Richard.
2. Who is the youngest in the school?
3. These exercises are longer than those exercises.
4. Here is our best wine.
5. Isn't the dress prettier than the hat?
6. Our desk is as large as your desk.
7. Are you the most polite pupil in the class?
8. Those eggs are not so fresh as these eggs.
9. That book is the smallest in the library.
10. French is as easy as Spanish.

G. Answer in complete French sentences:

1. Êtes-vous plus jeune que votre père?
2. Est-ce que le lait est plus cher ou moins cher que le champagne?
3. Quelle est la plus grande ville de la France?
4. Es-tu aussi diligent(e) que tes amis?
5. Avez-vous plus de dix dollars dans la banque?
6. Qui est l'élève le plus intelligent de votre classe de français?
7. Est-ce qu'un chat est aussi grand qu'un cheval?
8. Est-ce aujourd'hui le jour le plus chaud de l'année?
9. Quelle est la saison la plus froide?
10. Est-ce que votre cahier est le meilleur de la classe?

10. ADVERBS: FORMATION; COMPARISON; POSITION

FORMATION OF ADVERBS

Many French adverbs are formed from adjectives by adding **-ment**

a. to the masculine singular of the adjective, if it ends in a vowel.

ADJECTIVE	ADVERB
facile	facile*ment,* easily
poli	poli*ment,* politely
possible	possible*ment,* possibly
probable	probable*ment,* probably
rapide	rapide*ment,* rapidly, quickly
triste	triste*ment,* sadly
vrai	vrai*ment,* truly, really

b. to the feminine singular of the adjective, if the masculine ends in a consonant.

actif	acti*vement,* actively
attentif	attenti*vement,* attentively
certain	certaine*ment,* certainly
correct	correct*ement,* correctly
cruel	cruel*lement,* cruelly
distinct	distinct*ement,* distinctly
doux	dou*cement,* sweetly, mildly, gently
fier	fiè*rement,* proudly
général	général*ement,* generally
heureux	heureu*sement,* happily, fortunately
immédiat	immédiat*ement,* immediately
léger	légè*rement,* lightly
lent	lent*ement,* slowly
malheureux	malheureu*sement,* unfortunately
naturel	naturel*lement,* naturally
seul	seul*ement,* only

OTHER COMMON ADVERBS

alors, then	**longtemps,** a long time
assez, enough	**maintenant,** now
aujourd'hui, today	**mal,** badly
aussi, also, too	**moins,** less
beaucoup, much	**partout,** everywhere
bien, well	**peu,** little
bientôt, soon	**peut-être,** perhaps, maybe
déjà, already	**plus,** more
demain, tomorrow	**puis,** then
encore, still, yet, again	**quelquefois,** sometimes
ensemble, together	**souvent,** often
ensuite, next, afterwards	**toujours,** always
hier, yesterday	**très,** very
ici, here	**trop,** too, too much
là, there	**vite,** quickly

COMPARISON OF ADVERBS

Adverbs are compared like adjectives (see Grammar Lesson 9), except that the article in the superlative is always **le.**

POSITIVE	vite, quickly
COMPARATIVE	*plus* vite (que), more quickly (than) *moins* vite (que), less quickly (than), not so quickly (as) *aussi* vite (que), as quickly (as)
SUPERLATIVE	*le plus* vite, most quickly *le moins* vite, least quickly

A few adverbs have irregular comparisons.

bien, well	*mieux,* better	*le mieux,* the best
mal, badly	plus mal *pis* }worse	le plus mal *le pis* }the worst
beaucoup, much	*plus,* more	*le plus,* the most
peu, little	*moins,* less	*le moins,* the least

Note

Some English adverbs have the same form as the corresponding adjectives: *better, best, worse, worst, little,* etc. In translating into French, it is important to distinguish between the adjective and the adverb.

Ce livre-ci est *meilleur* que ce livre-là. 　　　　　　　adjective	This book is *better* than that book.
Vous dansez *mieux* que Michel. 　　　　adverb	You dance *better* than Michael.

POSITION OF ADVERBS

In a simple tense, the adverb is usually placed immediately after the verb it modifies. If the verb is negative, the adverb follows the complete negative.

Il lit *lentement* le livre.	He is reading the book slowly.
Elle **ne fait pas** *bien* ses devoirs.	She doesn't do her homework well.

In the **passé composé,** most adverbs follow the past participle, but a few common ones, such as **bien, mal, souvent, toujours, beaucoup, déjà,** and **encore,** usually precede the past participle.

Il **a lu** *lentement* le livre.	He read the book slowly.
Elle **n'a pas** *bien* **fait** ses devoirs.	She didn't do her homework well.

EXERCISES

A. Write the corresponding adverb for each French adjective; then translate the adverb into English:

1. rapide
2. heureux
3. bon
4. possible
5. doux

6. seul
7. vrai
8. mauvais
9. triste
10. petit

B. Translate into French:

1. much, more, most
2. easily, more easily, most easily
3. less easily than, least easily, not so easily as
4. as politely as, not so politely as, more politely than

5. now, still, together
6. too lightly, least lightly
7. less often than, as often as possible
8. as quickly as, less quickly than, most quickly
9. naturally, already, unfortunately, very well
10. slowly, more slowly than, most slowly

C. Select the form in parentheses that correctly completes the sentence:

1. Elle étudie (mieux, meilleure) que Jean.
2. C'est le (pis, pire) des voleurs.
3. Eugène écoute (peu, petit) en classe.
4. Qui lit (meilleur, mieux), Anne ou Raoul?
5. Il chante (plus mal, plus mauvais) que moi.
6. Donnez-moi un (petit, peu) verre de lait.
7. J'aime (mieux, meilleur) le chapeau que la robe.
8. Écrivez-vous (bien, bon) au crayon?
9. Avez-vous choisi (le mieux, le meilleur) conte?
10. Il explique (mal, mauvais) la leçon.

D. Translate the English words into French:

1. *Certainly*, je sais l'alphabet.
2. Il punit *cruelly* son fils.
3. Ils dansent *as badly as* nous.
4. *Sometimes* il gronde l'enfant.
5. Viens *here*, mon petit.
6. Il viendra *soon*.
7. Il a *perhaps* faim.
8. *Then* je l'ai vu.
9. Sylvie écoute *more attentively than* son frère.
10. Ils arriveront *probably tomorrow*.
11. Vous mangez *little*.
12. A midi il pleut et *afterwards* il neige.
13. Les jeunes filles jouent *less actively than* les garçons.
14. Elle est *there*, près de la porte.
15. Je déjeune *generally* vers une heure.

E. Rewrite the following sentences, adding the adverb in parentheses:

1. (probablement)   Sa mère est malade.
2. (longtemps)   J'ai attendu mon ami.
3. (immédiatement)   Nous n'allons pas à l'école.
4. (souvent)   Ils ont visité la France.
5. (fièrement)   Elles entrent dans le palais.
6. (déjà)   N'avez-vous pas vu le film?
7. (correctement)   Irène ne compte pas en français.
8. (ensemble)   Ils sont revenus.
9. (toujours)   J'obéis à ma mère.
10. (encore)   Nous n'avons pas commencé nos exercices.

F. Complete the English sentences:

1. Il y est resté longtemps.
   He stayed there _____.
2. Nous sortons aussi vite que possible.
   We go out _____ possible.
3. Je peux voir mieux que vous.
   I can see _____ you.
4. De tous mes amis, vous voyagez le moins.
   Of all my friends, you travel _____.
5. Anne parle moins distinctement que Marthe.
   Anna speaks _____ than Martha.
6. Elle pleure plus souvent qu'un enfant.
   She cries _____ a child.
7. J'ai seulement deux cahiers.
   I have _____ two notebooks.
8. De tous les garçons, Joseph étudie le plus.
   Of all the boys, Joseph studies _____.
9. On dit qu'elle fume peu.
   They say she smokes _____.
10. Elle mange beaucoup plus que lui.
    She eats _____ he.

G. Translate into French:

1. I sing well; she sings better; you sing best.
2. He closes the door quickly.
3. Are you still eating?
4. They speak as well as we.
5. She doesn't work enough.
6. We always play ball with the children.
7. Has he always been very polite?
8. You cry too much, Miss.
9. I read and write, too.
10. They spoke especially of that restaurant.

H. Answer in complete French sentences:

1. Comment allez-vous aujourd'hui?
2. Quel membre de votre famille danse le mieux?
3. Répondons-nous poliment à nos parents?
4. Est-ce qu'un bon élève lit peu ou beaucoup?
5. Étudiez-vous plus que votre meilleur(e) ami(e)?
6. Est-ce qu'on voyage plus vite en auto ou en avion?

7. Est-ce que je perds facilement mon argent?
8. Neige-t-il souvent en juin?
9. Qui parle le plus distinctement dans votre classe de français?
10. As-tu beaucoup travaillé hier?

Charlemagne

Conqueror, lawgiver, and lover of learning, Charlemagne encouraged education. As King of the Franks and later Emperor of the Holy Roman Empire, he had the welfare of his people at heart.

11. PARTITIVE; ADVERBS OF QUANTITY

THE PARTITIVE

The idea of *some* or *any* with a noun is expressed in French by:

de + *the definite article* of the noun	
du papier	some (any) paper
de la viande	some (any) meat
*de l'*encre rouge	some (any) red ink
des plumes	some (any) pens
de, *without the article*, after a negative	
Je **ne** vois **pas** *de* fleurs.	I don't see any flowers. (I see no flowers.)
Il **n'a pas** *d'*encre.	He hasn't any ink. (He has no ink.)
de, *without the article*, when an adjective precedes a plural noun	
de **bonnes** plumes	some good pens
de **vieux** livres	some old books
de, *with or without the article*, when an adjective precedes a singular noun	
du **bon** papier *de* **bon** papier	} some good paper

Note

The words *some* and *any* must be expressed in French, and before each noun, even though they are often omitted in English.

Avez-vous *du* pain?	Have you bread?
Non, mais j'ai *du* lait et *de la* viande.	No, but I have milk and meat.

111

ADVERBS OF QUANTITY

Certain adverbs expressing quantity are followed by **de (d')**, without the article, before a noun.

---

assez, enough	**peu,** little, few
autant, as much, as many	**plus,** more
beaucoup, much, many	**tant,** so much, so many
combien, how much, how many	**trop,** too much, too many
moins, less, fewer	

---

*Combien d'*enfants a-t-il?   How many children has he?

J'ai *beaucoup de* crayons et *de* plumes.   I have many pencils and pens.

EXERCISES

A. Write the French for *some* or *any* before each of the following nouns:

1. _____ élèves	8. _____ laine	15. _____ pain
2. _____ pluie	9. _____ soleil	16. _____ travail
3. _____ cravates	10. _____ rues	17. _____ crème
4. _____ poisson	11. _____ soie	18. _____ thé
5. _____ or	12. _____ sucre	19. _____ heures
6. _____ murs	13. _____ chevaux	20. _____ vin
7. _____ vent	14. _____ yeux	

B. Select the form in parentheses that correctly completes the sentence:

1. As-tu (de, du) lait?
2. Donnez-moi (des, de) pommes rouges, s'il vous plaît.
3. Elle a choisi (des, de) jolies robes pour le printemps.
4. Nous avons assez (de, du) café, n'est-ce pas?
5. Voici (d', de l') eau fraîche, Marcel.
6. Voulez-vous ouvrir (de, des) fenêtres?
7. Ne perdez pas (de, du) temps.
8. Combien (de, des) pages y a-t-il dans cette revue?
9. Je crois qu'il porte (de, des) beaux vêtements.
10. J'attends (d', des) enfants.

C. *Progressive Substitution.* This drill begins with a complete French sentence. Complete each of the following sentences, substituting the new word or words given and using as much of the preceding sentence as possible. For example:

	COMPLETED SENTENCES:
Il chante bien.	
_____ chantons _____.	*Nous* chantons *bien.*
_____ dansez _____.	*Vous* dansez *bien.*
Elles _____.	Elles *dansent bien.*

Il mange du fromage.

1. _____ ne mange pas _____.
2. _____ légumes.
3. _____ glace.
4. Elle a _____.
5. _____ belles images.

6. _____ images intéressantes.
7. _____ argent.
8. _____ beaucoup _____.
9. _____ peu _____.
10. _____ choses.

D. Write in the negative; then translate into English:

1. Nous avons de la craie.
2. Voyez-vous des chaises?
3. Elle entend du bruit.
4. J'ai fait des fautes.
5. Ils trouvent de l'argent.

E. Complete the sentences with the correct form of the partitive:

1. Je n'ai pas reçu _____ lettres aujourd'hui.
2. Elle ne veut pas _____ fleurs.
3. Y a-t-il _____ neige sur le toit?
4. Désirez-vous _____ jolies feuilles?
5. Voici _____ encre bleue et _____ plumes.
6. Chaque matin je mange _____ œufs.
7. Ces moutons donnent _____ belle laine.
8. Elle a _____ sœurs, mais elle n'a pas _____ frères.
9. Qui a perdu _____ clefs?
10. Montrez-moi _____ souliers noirs.
11. Le boulanger vend _____ bon pain dans la boulangerie.
12. Voici _____ jeunes oiseaux.
13. Voulez-vous acheter _____ chocolat?
14. Nous avons _____ nouveaux arbres dans notre jardin.
15. Avez-vous _____ craie? Non, mais j'ai _____ crayons.

F. Translate the italicized words into English:

1. *Combien de jours* y a-t-il dans une semaine?
2. Il donne *des réponses intéressantes.*
3. Je n'ai jamais vu *tant d'animaux!*
4. Il y a *d'autres écoles* dans ce quartier.
5. Elle veut regarder *des robes blanches.*
6. Vous avez *moins de travail* que moi.
7. Je sais qu'*elle n'a pas de famille.*
8. Il a reçu *de bonnes notes.*
9. J'ai *plus de plantes* que vous.
10. Avez-vous *des musées* dans votre ville?

G. Write the correct form of **de (d'), du, de la, de l', des:**

1. Pauvre petit! Il n'a pas _____ mère.
2. Elle commande _____ vin blanc et _____ fruits.
3. Combien _____ cravates avez-vous?
4. Y a-t-il _____ pommes de terre dans le panier?
5. Il a peu _____ ennemis mais beaucoup _____ amis.
6. Je mange _____ beurre mais je ne mange pas _____ fromage.
7. Nous avons _____ bons gants.
8. Ils savent autant _____ langues que nous.
9. Voulez-vous _____ bois sec pour le feu?
10. Il a mis trop _____ sucre dans son thé.

H. Translate into French:

1. some books; any books
2. few books; fewer books
3. some difficult books
4. some short books
5. enough books; how many books?
6. I have books.
7. I haven't any books.
8. I have no books.
9. Do you want water?
10. No, give me milk.
11. I have no milk.
12. some good milk; some fresh milk
13. much milk; little milk
14. too much milk; as much milk
15. how much milk? so much milk

I. Answer in complete French sentences, using the partitive or an adverb of quantity in each answer:

1. Faites-vous peu de fautes dans votre cahier?
2. Qui raconte de bonnes histoires?
3. Avez-vous vu des étoiles hier soir?
4. Y a-t-il assez de chaises dans cette salle?
5. Mangez-vous des légumes tous les jours?

6. Que vend le boucher?
7. Votre père prend-il du café noir ou du café au lait pour le petit déjeuner?
8. Y a-t-il du papier sur le plancher?
9. Est-ce qu'on porte de gros livres à l'école?
10. Y a-t-il des élèves intelligents dans votre classe?

Street Scene in Montmartre

The hill of Montmartre, topped by the white domes of the Sacré-Cœur, is threaded with narrow streets. Here artists come to paint and sketch the old-world charms of the quarter.

12. PERSONAL PRONOUNS

je (j')	I	**nous**	we
tu	you (*fam.*)	**vous**	you
il	he, it	**ils**	they (*m.*)
elle	she, it	**elles**	they (*f.*)
	on	one, we, you, they, people	

Note

The subject pronoun **on** refers to an *indefinite* person or persons and always takes a third person singular verb. It has several possible translations.

Aux États-Unis *on parle* anglais.

In the United States
{
we speak English.
you speak English.
they speak English.
people speak English.
one speaks English.
English *is spoken*.
}

PRACTICE EXERCISE 1

Translate the English expressions into French, using **on**:

1. *One can* oublier, n'est-ce pas?
2. *They say* qu'elle est très malade.
3. Ici *French is spoken.*
4. *They eat* bien en France.
5. On sait les réponses si *you study.*
6. En Europe *people travel* beaucoup.
7. A l'école *we obey* aux professeurs.
8. Comment *do you say* cela en français?
9. Dans la bibliothèque *books are read.*
10. D'ordinaire, *we leave* à trois heures.

116

DIRECT OBJECT PRONOUNS

me (m')	me	nous	us
te (t')	you (*fam.*)	vous	you
le (l')	him, it	les	them
la (l')	her, it		

Note

1. The direct object pronoun is placed directly before the verb of which it is the object.

Je *l'*étudie.	I study it.
Nous ne *la* voyons pas.	We do not see her.
Elle va *les* finir.	She is going to finish them.
Ne *l'*a-t-il pas lu?	Hasn't he read it?

2. The verbs **écouter** (*listen to*), **regarder** (*look at*), **chercher** (*look for*), **attendre** (*wait for*), and **demander** (*ask for*) take a direct object in French.

Je *les* écoute.	I'm listening to them.
On *la* cherche.	They are looking for her.

PRACTICE EXERCISE 2

Rewrite the following sentences, translating the English words into French and placing them in their correct positions:

1. J'ai (*them*).
2. Cherchent-ils (*me*)?
3. Ils ne regardent pas (*us*).
4. Est-ce que ta mère gronde (*you*)?
5. Henri choisit (*her*).
6. Le professeur explique (*it, mas.*).
7. Il va compter (*them*).
8. Qui écoute (*you*)?
9. Comprenez-vous (*him*)?
10. Ne fermez-vous pas (*it, fem.*)?

INDIRECT OBJECT PRONOUNS

me (m')	me, to me	nous	us, to us
te (t')	you, to you (*fam.*)	vous	you, to you
lui	him, to him	leur	them, to them
lui	her, to her		

Note

1. The indirect object pronoun is placed directly before the verb of which it is the object.

Nous parlez-vous?	Are you talking to us?
Il *m'*a donné la clef.	He gave me the key.
Je ne *lui* vends pas la maison.	I'm not selling the house to him.

2. The verbs **répondre** (*answer*) and **obéir** (*obey*) take an indirect object in French.

Il *lui* répond.	He answers her.
Nous *leur* obéissons.	We obey them.

PRACTICE EXERCISE 3

Rewrite the following sentences, translating the English words into French and placing them in their correct positions:

1. Le boulanger montre le pain (*to us*).
2. Donne-t-elle une fleur (*to you*)?
3. J'obéis (*him*).
4. On ne lit pas le journal (*to her*).
5. Ne répondez-vous pas (*them*)?
6. Il dit son nom (*to me*).
7. Apportez-vous les livres (*to them*)?
8. Guillaume n'écrit pas souvent (*to you, fam.*).
9. Je rends le stylo (*to him*).
10. Qui veut parler (*to me*)?

EXERCISES

A. Write each sentence in the negative; then translate it into English:

1. Il leur dit la vérité.
2. Les regardez-vous?
3. Pierre nous a parlé.
4. Nous lui obéissons.
5. Je l'ai ouvert.

B. Complete each sentence by translating the pronoun in parentheses:

1. (to her)   Il ne _____ téléphone pas.
2. (them)   Nous _____ aidons.
3. (Me)   _____ écoutez-vous?
4. (to us)   Il _____ montre les fruits.

5. (It) Voici une plume. _ _ _ _ _ est jaune.
6. (to them) Ne _ _ _ _ _ lit-il pas le conte?
7. (you) Je ne peux pas _ _ _ _ _ voir.
8. (her) Vous _ _ _ _ _ voyez, n'est-ce pas?
9. (it) Où est le journal? Je _ _ _ _ _ ai donné
à Charles.
10. (They) Où sont les cahiers? _ _ _ _ _ sont dans
le tiroir.

C. Rewrite each sentence, substituting a personal pronoun for the italicized words:

EXEMPLE: Aide-t-il *la mère?* *L'*aide-t-il?

1. Il a bâti *un musée.*
2. Cherchez-vous *la femme?*
3. *Jeanne* n'a pas parlé *à son frère.*
4. Il reçoit *les lettres.*
5. Nous allons prendre *le train.*
6. Je ne réponds pas *à Marie.*
7. *Le monsieur* entend *son voisin.*
8. Ne défendez-vous pas *la patrie?*
9. J'explique la question *aux élèves.*
10. Où met-elle *les crayons?*

D. Rewrite each sentence, inserting the italicized pronoun in its proper place:

1. *le* Vous ne savez pas.
2. *nous* Elle a emprunté du sucre.
3. *leur* Il désire écrire une lettre.
4. *les* Ne finit-elle pas?
5. *lui* Je n'ai pas donné le billet.

E. Complete the English sentences:

1. Nous parlez-vous? Are you speaking _ _ _ _ _?
2. Le soir on danse. In the evening _ _ _ _ _.
3. Voilà Marguerite. Ne lui parlez pas. There's Margaret. Don't _ _ _ _ _.
4. Tout le monde l'écoute. Everyone is _ _ _ _ _.
5. On l'appelle Jean. _ _ _ _ _ John.
6. Vendez-vous la maison? Oui, je la vends. Are you selling the house?
Yes, I _ _ _ _ _.
7. Ne lui prêtez pas votre cravate. Don't _ _ _ _ _ your tie.
8. Je t'attends. I _ _ _ _ _.
9. On travaille bien dans cette classe. _ _ _ _ _ well in this class.
10. Elle me rend mon argent. She _ _ _ _ _ my money.
11. Quand on est jeune, on va à l'école. When _ _ _ _ _ young, _ _ _ _ _ to school.
12. Il leur a raconté l'histoire. He told _ _ _ _ _ the story.
13. Nous allons vous attendre demain. We are going _ _ _ _ _ tomorrow.
14. On ne sait jamais. _ _ _ _ _ never _ _ _ _ _.
15. Je t'explique le problème. I am explaining the problem _ _ _ _ _.

F. In the answer to each question, supply the missing pronoun:

1. Entendez-vous les oiseaux? Non, je ne _____ entends pas.
2. Pouvez-vous m'aider, madame? Certainement, je peux _____ aider.
3. Est-ce que ces hommes cherchent la maison? Oui, messieurs, ils _____ cherchent.
4. Qui vous a grondé, Paul? Mon grand frère _____ a grondé.
5. A-t-il parlé à Georges et à Henriette? Oui, il _____ a parlé.
6. Vous obéissez à votre mère? Naturellement, je _____ obéis toujours.
7. Qui sonne la cloche? Ce monsieur _____ sonne.
8. Peux-tu me prêter de l'argent? Oui, je peux _____ prêter vingt francs.
9. Le médecin guérit-il l'artiste malade? Oui, il _____ guérit.
10. Qu'est-ce que Pierre vous rend? Il _____ rend mon cahier.

G. Translate into French:

1. He sees them.
2. He speaks to them.
3. I see him.
4. I speak to him.
5. You see her.
6. You speak to her.
7. Does she see us?
8. She doesn't see us.
9. Doesn't she see us?
10. They spoke to me.
11. They didn't speak to me.
12. Didn't they speak to me?
13. We see you.
14. We don't see you.
15. Do you see me?
16. I ask for it.
17. I don't ask for it.
18. Does he ask for them?
19. Doesn't he ask for them?
20. I didn't do it.

H. Answer in complete French sentences, using an object pronoun:

1. Écrivez-vous à vos amis?
2. Est-ce qu'on comprend le français ici?
3. Aimes-tu l'école?
4. Me punissez-vous?
5. Qui vous a parlé hier?
6. Avez-vous votre stylo aujourd'hui?
7. Le malade a-t-il obéi au médecin?
8. Voyons-nous leurs gants?
9. Voulez-vous vendre votre montre?
10. A quelle heure prennent-ils le déjeuner?

13. OBJECT PRONOUNS WITH THE IMPERATIVE

AFFIRMATIVE IMPERATIVE

Parlez-*moi*.	Speak to me.
Finissez-*le*.	Finish it.
Vendons-*les*.	Let us sell them.
Répondons-*lui*.	Let us answer him.

NEGATIVE IMPERATIVE

Ne *me* parlez pas.	Do not speak to me.
Ne *le* finissez pas.	Don't finish it.
Ne *les* vendons pas.	Let us not sell them.
Ne *lui* répondons pas.	Let us not answer him.

Note

1. In an *affirmative command* (affirmative imperative), the object pronoun is placed *directly after* the verb and is linked to it by a hyphen. The pronoun **me** is changed to **moi** after the verb.

2. In a *negative command* (negative imperative), the object pronoun is placed *directly before* the verb.

EXERCISES

A. Change to the affirmative:

1. Ne me donnez pas le cadeau.
2. Ne la finissons pas.
3. Ne leur rendez pas l'encre.
4. Ne lui apportez pas son repas.
5. Ne le prends pas.
6. Ne nous passez pas les serviettes.
7. Ne lui donnons pas de papier.
8. Ne m'écrivez pas les nouvelles.
9. Ne les lavez pas.
10. Ne le coupons pas maintenant.

B. Change to the negative:

1. Écoutons-le.
2. Commencez-les.
3. Attendez-moi.
4. Remplissez-la.
5. Chantez-lui une chanson.
6. Mange-la, mon enfant.
7. Aidez-nous.
8. Choisissons-les.
9. Expliquez-moi la question.
10. Écrivons-leur une lettre.

C. Make a complete sentence of each of the following incomplete sentences by adding the French equivalent of the English pronoun in parentheses:

1. (us)   Ne punissez pas.
2. (it)   N'acceptez pas.
3. (them)   Oubliez.
4. (him)   Écrivons une carte.
5. (me)   Racontez l'histoire.
6. (to them)   Lisons cette page.
7. (them)   Ne vendez pas à Yvette.
8. (it)   Portons à l'homme.
9. (him)   Regardez.
10. (her)   N'obéissons pas.

D. Rewrite, substituting an object pronoun for the italicized words:

1. Comptez *les feuilles*.
2. N'ouvrez pas *la porte*.
3. Ne montrez pas la robe *à Jeanne*.
4. Faisons *nos devoirs*.
5. Dites bonjour *aux femmes*.
6. Ne mangez pas *ces pêches vertes*.
7. Étudiez *le premier exercice*.
8. Parlez *à M. Fontaine*.
9. Ne voyons pas *ce film*.
10. Prenons *la voiture*.

E. Complete the sentence by adding the appropriate French pronoun, which should refer to the noun or pronoun in italics:

1. Votre *enfant* est si charmant. Ne _____ grondez pas.
2. *Philippe* ne sait pas la réponse. Aidez-_____.
3. *Je* te parle, Émilie. Écoute-_____.
4. Les *femmes* sont en danger. Défendez-_____.
5. Voici ma *bicyclette*. Ne _____ perdez pas.
6. Il n'y a pas de lait dans ces *verres*. Remplissons-_____.
7. Votre *mère* vous parle. Répondez-_____.
8. Ces *garçons* sont méchants. Ne _____ parlez pas.
9. Cette *maison* est trop vieille. Vendons-_____.
10. Vous avez perdu votre *chapeau?* Eh bien, cherchez-_____.

F. Complete the English sentences:

1. Ne lui prêtez pas la plume.   _ _ _ _ the pen.
2. Voici les gants; essayez-les.   Here are the gloves; _ _ _ _ _.
3. Guérissez-moi, docteur.   _ _ _ _ _, doctor.
4. Ne le laissons pas ici.   _ _ _ _ here.
5. Faites-le pour nous.   _ _ _ _ for us.
6. Ne m'attends pas ce soir.   _ _ _ _ tonight.
7. Lisez-leur votre réponse.   _ _ _ _ your answer.
8. Ne lui dites pas votre nom.   _ _ _ _ your name.
9. Ne leur parlez pas, s'il vous plaît. _ _ _ _ _, please.
10. Demandons-lui pourquoi elle est venue. _ _ _ _ why she came.

G. Translate into French the words in italics:

1. *Let us give him* le prix.
2. *Give us* du chocolat.
3. *Let's not give her* la bourse.
4. *Show me* la belle forêt.
5. *Do not show me* vos erreurs.
6. *Tell them* qui je suis.
7. Vendez la maison; *sell it.*
8. *Do not sell it* tout de suite.
9. *Let us sell it* le mois prochain.
10. *Listen to them* quand ils parlent.

Marie Antoinette

Through her extravagance and opposition to reform, the Austrian-born queen made herself unpopular with the French people. She urged her husband, Louis XVI, to resist the Revolution. She was guillotined along with the rest of her family.

14. PRONOUNS *Y* AND *EN*

USES OF Y

Va-t-il à l'école? Oui, il *y* va.
  Does he go to school? Yes, he does (go there).
Répondez aux questions. Répondez-*y*.
  Answer the questions. Answer them.
Est-elle dans la boîte? Oui, elle *y* est.
  Is it in the box? Yes, it is (in it).
Ils sont sur la table. Ils *y* sont.
  They are on the table. They are on it.

Note

1. The pronoun **y** always refers to things or places.

2. It usually replaces **à** + noun, but may also replace other prepositions, such as **dans, sur,** or **chez** + noun.

3. It is most commonly translated into English by: *to it* (*them*), *in it* (*them*), *on it* (*them*), *there* (when the place is already mentioned).

USES OF EN

J'ai du café. Il *en* a aussi.
  I have coffee. He has some, too.
Prenez de la viande. Prenez-*en*.
  Take some meat. Take some.
Avez-vous des livres? Non, je n'*en* ai pas.
  Have you any books? No, I haven't any (I have none).
Combien de plumes a-t-il? Il *en* a une.
  How many pens has he? He has one (of them).
J'*en* ai beaucoup.
  I have many (of them).
Vient-il de France? Oui, il *en* vient.
  Does he come from France? Yes, he comes from there.

Note

1. The pronoun **en** replaces **de** + noun, and generally refers to things.

2. It is usually translated into English by: *some, any, of it (them), from it (them, there)*.

3. **En** must always be expressed in French, even though it may not be expressed in English.

POSITION OF **Y** AND **EN**

Like personal object pronouns, **y** and **en** regularly precede the verb, except in the affirmative imperative, where they follow it.

N'*y* allez pas. Allez-*y*.	Do not go there. Go there.
Elle *en* mange. Mangez-*en*.	She eats some. Eat some.

EXERCISES

A. Change to the imperative:

1. Vous en apportez.
2. Vous n'en choisissez pas.
3. Nous y allons de bonne heure.
4. Tu en finis.
5. Vous n'y restez pas longtemps.

B. Rewrite the following sentences, replacing the words in italics by **y** or **en**:

1. Je donne *de l'argent* aux pauvres.
2. Elle va *chez Michel*.
3. Cherchez *des fleurs*.
4. Mettez-vous l'auto *dans le garage?*
5. Le cahier est *sur la table*.
6. N'achetez pas *de viande*.
7. Elles reviennent *de l'école*.
8. Il fait beau *en France*.
9. Il n'a pas *de chapeaux*.
10. Restez *à la maison*.
11. Nous voulons aller *au cinéma*.
12. La femme sort *de l'hôpital*.

C. Translate into English:

1. En voulez-vous?
2. J'en ai trop.
3. Ils en parlent.
4. Donnez-en à vos amis.
5. Il y a attendu.
6. Combien en veut-elle?
7. Elles y arrivent ce soir.
8. Nous en avons trouvé quatre.
9. Allons-y.
10. Il en a vu.

D. Complete the following sentences by adding **y** or **en**:

1. Sortez-vous de la maison? Oui, j'_____ sors.
2. Combien de mouchoirs a-t-elle? Elle _____ a cent.
3. J'ai des cousins à New-York. _____ allez-vous?
4. Frappe-t-on à la porte? Oui, on _____ frappe.
5. Prend-elle du thé? Non, elle n'_____ prend pas.
6. Voulez-vous aller à la gare? Oui, nous voulons _____ aller.
7. Est-ce que la lampe est sur le bureau? Oui, elle _____ est.
8. Avez-vous lu des romans? J'_____ ai lu vingt.
9. Quand est-elle arrivée au musée? Elle _____ est arrivée à onze heures.
10. Parlent-ils de la musique? Ils _____ parlent souvent.

E. Change to the negative; then translate into English:

1. Demandez-en.
2. Y entrent-ils?
3. Allez-y.
4. Prenons-en.
5. En avez-vous vendu?

F. Translate into French:

1. We are speaking of it.
2. Speak of it.
3. Do not speak of it.
4. Are you going home? I'm not going there.
5. Do you want some?
6. I haven't any.
7. They have none.
8. Take some.
9. Has he many ties? He has too many.
10. Does he live in the city? Yes, he lives there.
11. Give some to your mother.
12. Let's not give any to the men.

G. Answer in complete French sentences, using **y** or **en** in each answer:

1. Passez-vous les vacances à la campagne?
2. Combien de langues parlez-vous?
3. Votre professeur pose-t-il des questions?
4. Sommes-nous dans la rue maintenant?
5. Répondez-vous aux lettres que vous recevez?
6. Est-ce que j'ai assez d'argent?
7. Allez-vous à l'école tous les jours?
8. Demeure-t-elle à Paris?
9. Faites-vous souvent des promenades?
10. Les élèves préparent-ils des exercices?

15. CARDINAL AND ORDINAL NUMBERS

CARDINAL NUMBERS

1	un, une	50	cinquante
2	deux	51	cinquante et un
3	trois	57	cinquante-sept
4	quatre	60	soixante
5	cinq	61	soixante et un
6	six	63	soixante-trois
7	sept	70	soixante-dix
8	huit	71	soixante et onze
9	neuf	72	soixante-douze
10	dix	75	soixante-quinze
11	onze	77	soixante-dix-sept
12	douze	78	soixante-dix-huit
13	treize	80	quatre-vingts
14	quatorze	81	quatre-vingt-un
15	quinze	86	quatre-vingt-six
16	seize	90	quatre-vingt-dix
17	dix-sept	91	quatre-vingt-onze
18	dix-huit	93	quatre-vingt-treize
19	dix-neuf	99	quatre-vingt-dix-neuf
20	vingt	100	cent
21	vingt et un	101	cent un
22	vingt-deux	200	deux cents
23	vingt-trois	205	deux cent cinq
30	trente	300	trois cents
31	trente et un	338	trois cent trente-huit
34	trente-quatre	1,000	mille
40	quarante	1,001	mille un
41	quarante et un	2,000	deux mille
45	quarante-cinq	1,000,000	un million

Note

1. The word **et** replaces the hyphen in 21, 31, 41, 51, 61, 71.

2. In all other compound numbers below 100, the hyphen is used.

3. **Quatre-vingts** and the plural of **cent** drop the **s** before another number.

quatre-*vingts* minutes	eighty minutes
quatre-*vingt*-**trois** minutes	eighty-three minutes
cinq *cents* dollars	five hundred dollars
cinq *cent* **trois** dollars	five hundred three dollars

4. **Cent** and **mille** are never preceded by the indefinite article.

cent chapeaux	a (one) hundred hats
mille femmes	a (one) thousand women

5. **Mille** does not change in the plural.

six *mille* livres	six thousand books

6. **Million** is a noun and must be followed by **de** if another noun follows it.

un *million de* francs	a (one) million francs

7. Arithmetic operations:

deux et trois font cinq	$2 + 3 = 5$
deux fois trois font six	$2 \times 3 = 6$
dix moins deux font huit	$10 - 2 = 8$

ORDINAL NUMBERS

1st	premier, première	9th	neuvième
2nd {	deuxième	10th	dixième
	second, seconde	11th	onzième
3rd	troisième	13th	treizième
4th	quatrième	18th	dix-huitième
5th	cinquième	20th	vingtième
6th	sixième	21st	vingt et unième
7th	septième	100th	centième
8th	huitième		

Note

1. Except for **premier** and **second,** the ordinal numbers are formed by the addition of -**ième** to the cardinal numbers.

2. Silent **e** is dropped before -**ième**: **quatre, quatrième.**

3. Observe the **u** in **cinquième** and the **v** in **neuvième.**

4. **Second** generally refers to the second of a series of only two; **deuxième,** to the second of more than two.

5. Ordinal numbers are adjectives and agree with the noun they modify.

les *premiers* oiseaux the first birds

la *seconde* moitié the second half

EXERCISES

A. Write the French words for the following numbers:

1. 51	**6.** 46	**11.** 27	**16.** 64
2. 99	**7.** 72	**12.** 290	**17.** 33
3. 35	**8.** 1,000,000	**13.** 6,018	**18.** 95
4. 517	**9.** 19	**14.** 101	**19.** 8,123
5. 2,000	**10.** 161	**15.** 88	**20.** 982

B. Write the French ordinal number formed from each cardinal number:

1. 12	**3.** 15	**5.** 17
2. 8	**4.** 30	**6.** 41

C. Write as a number:

1. mille cent	**8.** cinq mille cinquante-huit
2. cent mille	**9.** soixante-six
3. soixante et onze	**10.** cent trente-sept
4. quatre-vingt-treize	**11.** quarante-neuf
5. huit cents	**12.** un million quatre mille
6. sept mille cinq	**13.** quatre-vingt-cinq
7. neuf cent quatre-vingt-douze	**14.** neuf mille soixante-quatorze

D. Translate into English:

1. à la page soixante-seize	**4.** la seconde voix
2. le centième garçon	**5.** sept cents dollars
3. il a trente-huit ans	**6.** son vingt et unième anniversaire

7. un million de boîtes
8. la première fois

9. à la page quatre-vingt-dix
10. le onzième examen

E. Complete each sentence in French:

1. Deux fois huit font _____.
2. Il y a _____ heures dans un jour.
3. Quarante et quarante et un font _____.
4. Mai est le _____ mois de l'année.
5. Trois fois cinq font _____.
6. D'ordinaire, le mois de février a _____ jours.
7. Six et cinq font _____.
8. Dix fois dix font _____.
9. Il y a _____ jours dans une année.
10. Vingt et trente font _____.

F. Write in French:

1. one hundred francs
2. one thousand francs
3. one million francs
4. the first houses
5. $6 \times 14 = 84$
6. seventy-five minutes
7. the ninth hour
8. six hundred men
9. three thousand men
10. the fourth book
11. twenty-five feet
12. $21 + 70 = 91$
13. the tenth window
14. eighty schools
15. the fourteenth city
16. ninety-eight boys
17. the second day of the week
18. $100 - 6 = 94$
19. four hundred children
20. the sixteenth pupil
21. nine hundred forty-two pages
22. fifty-four names
23. the twentieth soldier
24. sixty-nine girls
25. the thirteenth lesson

G. Answer in complete French sentences:

1. Combien de jours y a-t-il en décembre?
2. Combien font neuf et treize?
3. Combien de minutes y a-t-il dans une heure?
4. Quel est le premier mois de l'année?
5. Combien font trois fois quatre?
6. Combien de jours y a-t-il dans une semaine?
7. Quel âge avez-vous?
8. Combien d'élèves y a-t-il dans votre classe de français?
9. Combien de lettres y a-t-il dans l'alphabet?
10. Combien de semaines y a-t-il dans une année?

16. DAYS, MONTHS, SEASONS, DATES

LES JOURS DE LA SEMAINE,
THE DAYS OF THE WEEK

lundi, Monday	**vendredi,** Friday
mardi, Tuesday	**samedi,** Saturday
mercredi, Wednesday	**dimanche,** Sunday
jeudi, Thursday	

Quel jour de la semaine est-ce aujourd'hui?	What day of the week is it today?
C'est aujourd'hui jeudi.	Today is Thursday.

LES MOIS DE L'ANNÉE,
THE MONTHS OF THE YEAR

janvier, January	**mai,** May	**septembre,** September
février, February	**juin,** June	**octobre,** October
mars, March	**juillet,** July	**novembre,** November
avril, April	**août,** August	**décembre,** December

To express *in* with months: **en** janvier, **en** novembre.

LES SAISONS DE L'ANNÉE,
THE SEASONS OF THE YEAR

le printemps, spring	**l'automne,** autumn
l'été, summer	**l'hiver,** winter

To express *in* with seasons: **au** printemps, **en** été, **en** automne, **en** hiver.

Note

1. Days, months, and seasons are all masculine.

2. In French, the days and months are written with small letters.

DATES

Quel jour (du mois) est-ce aujourd'hui?

Quel jour (du mois) sommes-nous aujourd'hui?
What is today's date?

C'est aujourd'hui le premier mars.
Today is March 1st (the first of March).

Il va partir le deux juin.
He is going to leave on June 2nd (on the second of June).

Ils sont arrivés le vingt-cinq août.
They arrived on August 25th (on the twenty-fifth of August).

Note

1. In dates, **le premier** is used for the first day of the month. For all other days, cardinal numbers are used.

2. The English words *on* and *of* are omitted in French dates.

EXERCISES

A. Express the *date* in French:

1. January 16th
2. the twelfth of October
3. June 30th
4. November 1st
5. the twenty-first of May
6. September 15th
7. March 2nd
8. August 24th
9. the third of December
10. April 19th

B. Write in French the *day of the week* described:

1. "fish day"
2. Thanksgiving
3. "Father's day of rest"
4. Labor Day
5. the first day of the weekend
6. Election Day

C. Write in French the *month* described:

1. le premier mois de l'année
2. le mois où commence l'automne
3. le troisième mois de l'année
4. le plus court mois
5. le dernier mois de l'année

D. Write in French the *date* described:

1. l'anniversaire de naissance de George Washington
2. la fête nationale des États-Unis
3. votre anniversaire de naissance
4. la fête de Noël
5. l'anniversaire de naissance d'Abraham Lincoln

E. Translate into English the words in italics:

1. Je l'ai vu *mercredi dernier*.
2. Elle est née *le premier novembre*.
3. Nous allons à la campagne *en été*.
4. Ils désirent partir *le treize décembre*.
5. Va-t-elle étudier *samedi?*

6. Il préfère *le printemps à l'hiver*.
7. Où avez-vous été *le vingt avril?*
8. *En août* je vais à la plage.
9. Daniel m'a aidé *jeudi*.
10. Il est mort *le huit mars*.

F. Complete the French sentences by translating the words in italics:

1. *Today is* Monday. _____ lundi.
2. *In the spring* the birds sing. _____ les oiseaux chantent.
3. Come to see me *Friday*. Venez me voir _____.
4. I wear woolen clothing *in November*. Je porte des vêtements de laine _____.
5. He arrived *on the tenth of September*. Il est arrivé _____.
6. *Autumn* is a beautiful season. _____ est une belle saison.
7. I wrote him *Tuesday*. Je lui ai écrit _____.
8. Walter left *on the first of June*. Gautier est parti _____.
9. We like *the summer*. Nous aimons _____.
10. It rained *on the thirty-first of January*. Il a plu _____.

G. Translate into English:

1. C'est aujourd'hui le sept mai.
2. Il neige beaucoup en hiver.
3. Quel jour sommes-nous aujourd'hui?
4. J'aime les mois d'été.
5. Est-ce aujourd'hui mardi?

H. Complete the sentence in French:

1. Le mois de _____ a vingt-huit jours.
2. Nous n'allons pas à l'école le samedi et le _____.
3. _____ est le cinquième mois de l'année.
4. La saison qui commence le vingt et un mars est _____.
5. Il y a trente et un jours dans les mois de janvier, mars, mai, juillet, _____, _____, et décembre.

I. Answer in complete French sentences:

1. Quel jour de la semaine est-ce aujourd'hui?
2. Quel jour du mois est-ce aujourd'hui?
3. En quelle saison est-ce que les feuilles tombent?
4. Quel est le premier jour de l'été?
5. Quel mois vient après mars?
6. Quelle est la saison la plus froide de l'année?
7. Quelle saison aimez-vous le mieux?
8. Quel jour vient après mardi?
9. En quelle saison fait-il chaud?
10. Quelle est la date de la fête nationale de la France?

French Alps

Fine resorts for vacationing, mountain climbing, and winter sports are found in the lofty Alps. Here green valleys lie surrounded by glaciers and snow-capped peaks.

17. TELLING TIME

Quelle heure est-il?	What time is it?
Il est une heure.	It is one o'clock.
Il est deux heures cinq.	It is five after two.
Il est trois heures vingt-cinq.	It is twenty-five after three.
Il est cinq heures et quart.	It is a quarter past five.
Il est quatre heures et demie.	It is half past four.
Il est six heures moins vingt.	It is twenty to six.
Il est neuf heures moins trois.	It is three minutes to nine.
Il est sept heures moins un quart.	It is a quarter to seven.
Il est midi.	It is twelve o'clock (noon).
Il est minuit.	It is twelve o'clock (midnight).
Il est midi (minuit) ét demi.	It is twelve thirty.

Note

1. To express time *after* the hour, the number of minutes is added. The word **et** is used only with **quart** and **demi(e)**.

2. To express time *before* the hour, **moins** is used.

3. **Midi** and **minuit** are masculine.

4. After a masculine noun, the form **demi** is used; after a feminine noun, it becomes **demie**.

Il est une heure dix.

Il est midi moins cinq.

Il est six heures et quart.

Il est neuf heures et demie.

OTHER TIME EXPRESSIONS

à quelle heure?	at what time?
à midi précis	at noon sharp
à une heure précise	at one o'clock sharp
à neuf heures précises	at nine o'clock sharp
trois heures du matin	three o'clock in the morning, 3:00 A.M.
trois heures de l'après-midi	three o'clock in the afternoon, 3:00 P.M.
neuf heures du soir	nine o'clock in the evening, 9:00 P.M.
un quart d'heure	a quarter hour
une demi-heure	a half hour
<u>invariable</u>	

Note

1. The adjective **précis** must agree with the noun it modifies.

2. In expressions of time of day, *A.M.* is translated by **du matin,** and *P.M.* by **de l'après-midi** or **du soir.**

3. The word **demi** is invariable (does not change) when used before a noun and is connected to it with a hyphen.

EXERCISES

A. Give the French for the time indicated on each of the following clocks:

B. Write the *time* in French:

1. 2:04
2. 8:30
3. 6:00 sharp
4. 4:55
5. 5:00 A.M.
6. a quarter to eleven
7. ten minutes after one
8. 3:20 P.M.
9. 2:50
10. half past three
11. 4:27
12. five minutes to nine
13. 10:17
14. a quarter past six
15. 7:10

C. Translate into English:

1. Il est neuf heures moins un quart.
2. Il est deux heures précises.
3. Il est cinq heures et demie.
4. Il est midi et quart.
5. Il est six heures du soir.
6. Il est huit heures vingt-neuf.
7. Il est deux heures de l'après-midi.
8. Il est dix heures moins dix.
9. Il est quatre heures du matin.
10. Il est minuit moins deux.
11. Il a attendu une demi-heure.
12. Il est onze heures cinq.

D. Translate into French the words in italics:

1. Il est minuit *half past*.
2. Il est deux heures *in the afternoon*.
3. Il est une heure *sharp*.
4. Il est neuf heures *a quarter to*.
5. J'ai étudié *a half hour*.
6. Il est huit heures *in the evening*.
7. Il est onze heures *half past*.
8. Il commence à *noon sharp*.
9. Il est trois heures *a quarter after*.
10. Il est sept heures *in the morning*.

E. Complete the French sentences:

1. What time is it?
2. It is half past seven.
3. At what time did she finish?
4. She finished at midnight.
5. Is it 1:00 A.M.?
6. No, it is 1:00 P.M.
7. The bell rings at three o'clock sharp.
8. I spent a quarter hour with him.
9. He takes a bath at 10:00 P.M.
10. They close the museum at 5:20.
11. Come at five to six.
12. We leave at a quarter to four.
13. The train arrives at 12:10 P.M.
14. They begin at a quarter after nine.
15. I saw him at ten after eleven.

_ _ _ _ _ est-il?
Il est _ _ _ _ _ _.
_ _ _ _ _ a-t-elle fini?
Elle a fini _ _ _ _ _ _.
Est-il _ _ _ _ _?
Non, il est _ _ _ _ _ _.
La cloche sonne à _ _ _ _ _ _.
J'ai passé _ _ _ _ _ avec lui.
Il prend un bain à _ _ _ _ _ _.
On ferme le musée à _ _ _ _ _ _.
Venez à _ _ _ _ _ _.
Nous partons _ _ _ _ _ _.
Le train arrive à _ _ _ _ _ _.
Ils commencent à _ _ _ _ _ _.
Je l'ai vu à _ _ _ _ _ _.

F. Answer in complete French sentences:

1. A quelle heure prenez-vous le petit déjeuner?
2. A quelle heure du matin sort-elle de la maison?
3. Quand arrives-tu à l'école?
4. A quelle heure est-ce que les classes commencent?
5. A quelle heure prenez-vous le déjeuner?
6. Quand sortez-vous de l'école?
7. A quelle heure prenons-nous notre dîner?
8. A quelle heure est-ce que je commence mes devoirs?
9. A quelle heure avez-vous sommeil?
10. A quelle heure finissez-vous les devoirs?

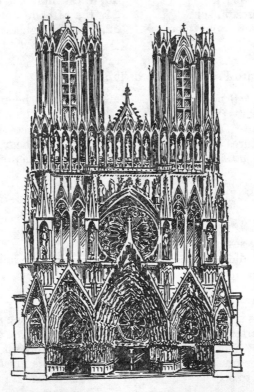

Cathedral of Reims

This delicately chiseled masterpiece of Gothic architecture was the coronation place of the kings of France.

RELATIVE PRONOUNS

Relative pronouns refer back to nouns previously mentioned. The two most frequent relative pronouns in French are:

qui, *who, which, that:* subject of a verb; used for both persons and things

> Voilà un <u>homme</u> *qui* danse bien.
> <u>   person subject</u>
>
> There is a man who dances well.

> Regardez la <u>lampe</u> *qui* est sur la
>   <u>thing subject</u>
> table.
>
> Look at the lamp that is on the
> table.

que (qu'), *whom, which, that:* direct object of a verb; used for both persons and things

> Le <u>chapeau</u> *qu'*elle porte est joli.
>   <u>thing</u> <u>object</u>
>
> The hat (that) she is wearing is
> pretty.

> Je n'aime pas les <u>amis</u> *que* Jean
>   <u>person object</u>
> choisit.
>
> I don't like the friends (that) John
> chooses.

Note

1. Since **qui** is a subject pronoun, it is followed by a verb. **Que (Qu')** is followed by a subject noun or pronoun.

2. The **e** of **que** is dropped before a word beginning with a vowel; the **i** of **qui** is never dropped.

3. The relative pronoun must always be expressed in French. In English, it is sometimes omitted.

INTERROGATIVE PRONOUNS

Interrogative pronouns introduce questions. Some frequently used French interrogatives are:

qui, *who, whom:* used as both subject and direct object of a verb for persons

> *Qui* sait la réponse?
> <u>subject</u>
>
> Who knows the answer?

> *Qui* ont-ils rencontré?
> <u>object</u>
>
> Whom did they meet?

qu'est-ce qui, *what:* used as subject of a verb for things

   Qu'est-ce qui est dans la bouteille?   What is in the bottle?

que (qu')
qu'est-ce que (qu') } *what:* used as direct object of a verb for things

   Que faites-vous?
   Qu'est-ce que vous faites? }   What are you doing?

Note

After **que,** inverted word order is used; after **qu'est-ce que,** the word order is regular.

   *Qu'*apporte-t-il?
   *Qu'est-ce qu'*il apporte? }   What is he bringing?

EXERCISES

A. Choose the pronoun in parentheses that completes the sentence:

1. (Qui, Qu'est-ce qui) attendez-vous?
2. Montrez-nous le cadeau (qui, que) est arrivé.
3. (Que, Qu'est-ce que) Frédéric désire?
4. Le monsieur (qui, qu') elle a vu est mon oncle.
5. (Qu'est-ce qui, Qui) a répondu à la lettre?
6. (Qu'est-ce que, Que) vend-on?
7. Le chocolat (que, qui) nous mangeons est excellent.
8. (Qu', Qu'est-ce qu') ont-elles?
9. Voyez-vous la dame (que, qui) sort?
10. (Qu'est-ce qui, Qu'est-ce qu') est sous le fauteuil?

B. Fill in the missing pronoun:

1. Où est la maison _____ on bâtit?
2. _____ a perdu des gants?
3. Regardez cette enfant _____ pleure.
4. _____ Jean a perdu?
5. Je vais laver la pomme _____ est tombée.
6. _____ vous a-t-il dit?
7. C'est un beau chien _____ tu as acheté.
8. _____ punit-elle?
9. _____ est dans le tiroir?
10. _____ avez-vous fait?

C. Join the two sentences using a relative pronoun:

EXEMPLE: Prenez la fleur. La fleur est blanche.

Prenez la fleur qui est blanche.

1. Donnez-moi la craie. Elle est sur le bureau.
2. Voici l'auto. Il va l'acheter.
3. Entendez-vous les oiseaux? Les oiseaux chantent.
4. C'est mon père. Il arrive.
5. J'ai lu le journal. Vous avez le journal à la main.
6. Regardez les feuilles. Elles sont tombées.
7. Cherchons le stylo. Elle l'a perdu.
8. Il ne comprend pas le poème. J'ai écrit le poème.
9. Voilà un exercice. Il est facile.
10. C'est la maison. Nous l'achetons.

D. Give the question for each of the following answers, replacing the expression in italics with an interrogative pronoun:

EXEMPLE: Nous cherchons *Marie.*   Qui cherchez-vous?

1. *Thérèse* sait la réponse.
2. Nous finissons *nos devoirs.*
3. *La chaise* est à gauche.
4. Elle gronde *Bernard.*
5. Il ouvre *la porte.*
6. *La petite fille* pleure.
7. *Mon chapeau* est tombé.
8. Je compte *les cartes.*
9. Ils ont rencontré *un fermier.*
10. Elle a reçu *deux lettres.*

E. Translate into French:

1. Who are you?
2. Whom do you like?
3. What do you like?
4. What is near the piano?
5. Who is near the piano?
6. What is he doing?
7. Here is a pupil who studies.
8. Lend me the watch that you have.
9. Where is the child she scolded?
10. I choose books that are interesting.

Grammar Lesson 19—OTHER PRONOUNS

CECI, CELA

The pronouns **ceci** (*this*) and **cela** (*that*) are indefinite. They refer to unnamed objects or ideas.

Qui a écrit *ceci?*	Who wrote this?
Apportez-moi *cela* (*ça*).	Bring that to me.
Il travaille bien. *Cela* me plaît.	He works well. That pleases me.

Note: The form **ça** often replaces **cela** in conversation.

DISJUNCTIVE PRONOUNS

moi, I, me	**nous,** we, us
toi, you (*fam.*)	**vous,** you
lui, he, him	**eux,** they, them (*m.*)
elle, she, her	**elles,** they, them (*f.*)

Some of the more common uses of the disjunctive pronouns are:

a. After a preposition.

Voulez-vous danser **avec** *moi?* prep.	Do you want to dance with me?
Ils vont **chez** *eux.* prep.	They are going home.

b. After forms of **être à** (*to belong to*).

A qui sont ces cravates? Elles sont à *nous.*	Whose ties are these? They are ours. (They belong to us.)

c. In a compound subject.

Lui et ses sœurs ont faim.	He and his sisters are hungry.
Toi et *moi,* nous parlons bien français.	You and I speak French well.

EXERCISES

A. Complete each sentence with the correct pronoun:

1. Parlez-vous de nous? Oui, je parle de _ _ _ _ _ _.
2. Madeleine et _ _ _ _ _, nous allons faire une promenade.

142

3. Qui se trouve devant les élèves? Le professeur se trouve devant _____.
4. Allez-vous chez votre ami? Non, je ne vais pas chez _____.
5. Allez-vous chez vous? Oui, nous allons chez _____.
6. As-tu besoin de moi, maman? Oui, j'ai besoin de _____, Yvette.
7. Est-elle sortie sans ses filles? Oui, elle est sortie sans _____.
8. Ces mouchoirs sont-ils à Jeanne? Non, ils ne sont pas à _____.
9. Est-elle assise derrière toi? Oui, elle est assise derrière _____.
10. Prenez ceci et donnez-moi _____.

B. Complete the sentences by translating into French the words in parentheses:

1. (He)   _____ et Guillaume sont déjà partis.
2. (them)   Elles vont chanter. Voulez-vous chanter avec _____?
3. (us)   Ce film est à _____.
4. (that)   Qu'est-ce que _____ veut dire?
5. (her)   Faites-le pour _____.
6. (You and I) _____, nous travaillons tous les jours.
7. (you)   Puis-je étudier avec _____, Paul?
8. (this)   Regardez _____.
9. (them)   Voilà mes voisins. Je suis descendu après _____.
10. (me)   Ils demeurent près de _____.

C. Give the French equivalent for each of the following sentences:

1. Come with me.
2. Go with him.
3. The dress is hers.
4. The dresses are theirs.
5. Does this key belong to you?
6. Yes, it belongs to us.
7. I'm going home.
8. Do not leave without them.
9. Who said that?
10. Do you like this?

20. MASTERY EXERCISES

A. Choose the answer in parentheses that best completes the sentence:

1. (Son, Sa, Ses) père chante mal.
2. Les feuilles (du, de l', des) arbre sont belles.
3. C'est une robe (cher, chère).
4. Il désire (un, une) bon repas.
5. Il n'a pas (de, des) clefs.
6. (Lui, La, Elle) regardez-vous?
7. Sont-ils dans la poche? Oui, ils (en, là, y) sont.
8. Trois (cent, cents) feuilles sont tombées.
9. Où sont (l', la, les) écoles?
10. Mes voisins sont (heureux, heureuses, heureuse).
11. Regardez (ce, cet, cette) image.
12. (Votre, Vos) cousins sont partis.
13. Cela coûte plus (de, que) mille francs.
14. J'ai (tant, trop, autant) de papier que Louis.
15. Donnez-moi (de, des, en) légumes.
16. (On, Ils, Je) dit qu'elle pleure souvent.
17. Cette année elle a écrit (quatre-vingt, quatre-vingts) lettres.
18. Elle parle (à, à la, aux) femmes.
19. Cette phrase est (faux, fausse).
20. Hélène est (m', ma, mon) amie.
21. Joseph travaille (petit, peu).
22. Elle (me, m', moi) rend les billets.
23. Il est deux heures et (cinq, demi, quart).
24. Elle écrit (mieux, meilleur, meilleure) que vous.
25. Voici du potage. Prenez-(du, y, en).
26. Rendez-moi l'argent (qui, que) je vous ai prêté.
27. Ils sont partis sans (le, lui, la).
28. (Qui, Qu'est-ce qui) a apporté ces fleurs?
29. (Que, Qu'est-ce que) Louise va faire?
30. Qui est cet homme (qui, qu') aide l'avocat?

B. Translate into French the words in italics:

1. Maintenant il a *few friends*.
2. Ils ont deux *horses*.
3. *The mother and child* voyagent en France.
4. Vous allez chanter *the first song* ce soir.
5. *What fine animals!*
6. *Those windows* sont propres.

7. Nous sommes *as tall as* vous.
8. Allons *quickly* à l'école.
9. Il a *some* pommes rouges.
10. *To them* vend-il les vêtements?
11. Ici *French is spoken.*
12. *The boy's tie* est bleue.
13. J'ai *seventy-two* dollars sur moi.
14. Entrez dans la *third* maison.
15. Elle est partie *Wednesday.*
16. Je l'ai pris *on December 13th.*
17. Il est neuf heures *sharp.*
18. Donnez-lui *a pen and pencil.*
19. La serviette est-elle dans le tiroir? Oui, *it is.*
20. *Those active children* sont mes neveux.
21. Il a visité *every store.*
22. Victor est *the most handsome boy* de la classe.
23. Nous écoutons *more attentively than* les autres.
24. Désirent-ils *any* viande?
25. *Show them* à votre voisin.
26. Vient-il de Lyon? Oui, il *from there* vient.
27. Il y avait *ten thousand* livres dans la bibliothèque.
28. Septembre est le *ninth* mois de l'année.
29. Il est *3:00 A.M.*
30. *The French language* est très belle.
31. Je choisis *my hats.*
32. Elle est *not so happy* que sa sœur.
33. J'aime bien cette maison. *Do not sell it.*
34. C'est le *twentieth* nom de la classe.
35. Votre père est un *handsome man.*
36. Vous chantez *better than* moi.
37. *In the autumn* la forêt est magnifique.
38. Elles sont revenues *on the tenth of June.*
39. *Is the lady eating* la brioche?
40. Il est onze heures *a quarter past.*

C. Supply the missing words:

1. Henri va _____ magasin.
2. Il a réussi, n'est-_____ pas?
3. Cette chaise n'est pas lourde; elle est _____.
4. Guillaume est le plus petit _____ la classe.
5. Il y a _____ papier sur le bureau.
6. Il vous parle. Répondez-_____.
7. Trente-deux moins trois font _____.

8. Trente minutes font une _____-heure.
9. _____ hiver il neige beaucoup.
10. Il est deux heures _____ un quart.
11. Où sont l'oncle et la tante? _____ sont dans le salon.
12. Voici la tasse, _____ assiette, et le verre.
13. Qui est gentil? Jeanne est _____.
14. L'horloge sonne douze fois à _____.
15. Où est la chambre _____ Philippe?
16. Elle obéit _____ ses parents.
17. Le fils et la fille de M. Cartier sont-_____ intelligents?
18. Ces leçons ne sont pas courtes; elles sont _____.
19. L'enfant est aussi poli _____ son père.
20. Combien _____ roses voulez-vous?
21. Lavez-vous les fenêtres? Oui, je _____ lave.
22. A-t-il du gâteau? Oui, il _____ a.
23. Cinq poires et dix poires font _____ poires.
24. Il fait doux _____ printemps.
25. _____ jour du mois sommes-nous?
26. Il est dix heures _____ demie.
27. Nommez les mois _____ année.
28. Cet hôtel-ci est plus grand que _____ hôtel-_____.
29. Il met trop _____ sucre dans son café.
30. Voici le pain. Coupons-_____.
31. Va-t-il au musée? Oui, il _____ va.
32. Il y avait _____ million _____ soldats dans l'armée.
33. _____ aujourd'hui lundi.
34. Deux fois vingt font _____.
35. Répondez _____ ma question.
36. Les cahiers _____ élèves sont fermés.
37. Nous _____ avons trouvé cinq.
38. Il est six heures _____ soir.
39. _____ est le septième mois de l'année.
40. Quelle heure est-_____?

D. Translate into English the words in italics:

1. Je n'ai pas *assez d'argent*.
2. *L'oncle de Pierre* est avocat.
3. Elle étudie bien, *n'est-ce pas?*
4. Voilà *un homme fort!*
5. *Toute la maison* est blanche.
6. J'ai trouvé *ces fleurs-là* dans le jardin.
7. Elle danse *pis que* vous.
8. Fermez *les yeux*.

9. Nous *les écoutons.*
10. Allez dans votre chambre et *restez-y.*
11. Il y a *mille cent* personnes dans ce quartier.
12. Ils l'ont fini *mardi.*
13. Il est *minuit cinq.*
14. J'ai reçu *des cadeaux.*
15. Comment trouvez-vous *mes gants jaunes?*
16. Le temps est *doux.*
17. C'est *mon meilleur ami.*
18. Il va neiger *bientôt.*
19. Avez-vous fait *des fautes?*
20. *On l'appelle* "chéri."
21. Avez-vous des timbres? Non, *je n'en ai pas.*
22. Nous l'avons commencé *le vingt et un août.*
23. Aimez-vous *la voix de mon père?*
24. *Quelle famille fière!*
25. Il joue du piano *tous les jours.*
26. Les garçons sont *plus actifs que* les jeunes filles.
27. Je ne sais pas *vraiment* la réponse.
28. Où est Louise? Jean *lui* parle.
29. Elle *en a assez.*
30. Novembre est *le onzième* mois de l'année.
31. *Leur encre* est verte.
32. *Faites-le* tout de suite.
33. *Les pays du monde* sont-ils unis?
34. C'est un *gros livre.*
35. Elle a *quatre-vingt-treize* francs.
36. *Qu'est-ce qui* est tombé?
37. Ce parapluie *est à lui.*
38. Qu'est-ce que c'est que *cela?*
39. Nous allons *chez eux.*
40. *Lui et moi, nous jouons* à la balle.

E. Complete the French sentences by translating the English words in parentheses:

1. (This) _____ livre est bon.
2. (too much) Avez-vous _____ pain?
3. (A, a) _____ arbre est tombé sur _____ maison.
4. (birds) J'aime les _____.
5. (to the) Ne parlez pas _____ homme.
6. (glad) Nous sommes _____ de vous voir.
7. (an old friend) C'est _____ de Georges.
8. (our) Où sont _____ souliers?

9. (her prettiest)   Elle porte _____ chapeau.
10. (reads slowly)   Il _____ la lettre.
11. (as politely as)   Parlez _____ possible.
12. (many)   Nous portons _____ livres.
13. (any)   Ont-ils _____ lait?
14. (to me)   Elle _____ lit le journal.
15. (People)   _____ l'aime.
16. (Let us give them) _____ les bonbons.
17. (two hundred)   Nous avons vu _____ animaux dans les champs.
18. (first)   Voici les _____ fleurs du printemps.
19. (February)   Neige-t-il en _____?
20. (ten minutes to)   Il est midi _____.
21. (Some)   _____ prêtez-vous à Élisabeth?
22. (not so well as)   Vous l'expliquez _____ mon professeur.
23. (the)   Voilà _____ étoiles dans _____ ciel.
24. (longer)   Les jours sont _____ en été.
25. (Mary's)   C'est l'encre _____.
26. (that)   Qui est _____ homme?
27. (richer than)   M. Laporte est _____ son frère.
28. (have already eaten) Ils _____ le dessert.
29. (some)   Je vois _____ petits enfants.
30. (Tell me)   _____ la vérité.
31. (there)   Est-elle dans la cuisine? Oui, elle _____ est.
32. (ninety)   Il y a _____ crayons dans la boîte.
33. (Thursday)   Nous allons partir _____.
34. (half past)   Il est cinq heures _____.
35. (better)   Ces chaises-ci sont _____ que ces chaises-là.
36. (yesterday)   Elle est tombée _____.
37. (Summer)   _____ est une saison délicieuse.
38. (Don't show any)   _____ à cette dame.
39. (fourth)   C'est la _____ fois qu'il l'a fait.
40. (English tea)   Aimez-vous le _____?

Part III—*Idioms*

1. IDIOMS WITH *AVOIR*

1. **avoir . . . ans,** to be . . . years old

    Quel âge avez-vous? J'*ai* quatorze *ans.*
    How old are you? I'm fourteen years old.

2. **avoir besoin de,** to need

    Elle *a besoin d'*encre.
    She needs ink.

3. **avoir chaud,** to be warm (of persons)

    Il *a* bien *chaud.*
    He is very warm.

4. **avoir faim,** to be hungry

    Avez-vous *faim* maintenant?
    Are you hungry now?

5. **avoir froid,** to be cold (of persons)

    Cet enfant *a* toujours *froid.*
    This child is always cold.

6. **avoir honte (de),** to be ashamed (of)

    Je n'*ai* pas *honte d'*elle.
    I'm not ashamed of her.

7. **avoir mal à,** to have an ache in

    Il *a mal aux* dents.
    He has a toothache.

    Qu'avez-vous? J'*ai mal à* la tête.
    What is the matter with you? My head aches.

8. **avoir peur (de),** to be afraid (of)

    Nous n'*avons* pas *peur du* chien.
    We are not afraid of the dog.

9. **avoir raison,** to be right

    Vous savez que j'*ai raison.*
    You know I'm right.

149

10. **avoir soif,** to be thirsty

> Donnez-lui du lait; il *a soif*.
> Give him some milk; he is thirsty.

11. **avoir sommeil,** to be sleepy

> Le soir j'*ai sommeil*.
> In the evening I am sleepy.

12. **avoir tort,** to be wrong

> Elle dit que j'*ai tort*.
> She says that I am wrong.

13. **il y a . . . , . . .** ago

> Je l'ai vu *il y a* huit jours.
> I saw him a week ago.

14. **il n'y a pas de quoi,** you're welcome, don't mention it

> Merci bien, Jacques. *Il n'y a pas de quoi,* monsieur.
> Thank you very much, Jack. You're welcome, sir.

EXERCISES

A. Add the missing part of the French idiom to make the sentence complete:

1. Elle mange beaucoup quand elle a _____.
2. Je désire acheter une robe mais j'ai _____ d'argent.
3. Mettez des vêtements de laine si vous avez _____.
4. Merci bien. Il n'y a pas _____.
5. C'est aujourd'hui son anniversaire de naissance. Quel âge _____-elle?
6. En été, quand nous avons _____, nous allons au bord de la mer.
7. Je n'ai pas _____ de cet animal; il est très doux.
8. Vous avez _____, mais elle a tort.
9. Donnez-moi un verre d'eau, s'il vous plaît. J'ai bien _____.
10. Le pauvre garçon a _____ aux dents.

B. Translate into English:

1. Je n'ai pas peur du dentiste.
2. Qu'avez-vous? Vous marchez comme si vous avez mal au pied.
3. Naturellement je n'ai pas toujours raison.
4. La cloche a sonné il y a dix minutes.
5. Couchez-vous si vous avez sommeil.
6. Je vais mettre mes gants parce que j'ai froid.
7. Son fils est très jeune; il a huit ans.

8. Je ne vais pas dîner ce soir; je n'ai pas faim.
9. Nous n'avons pas besoin de café pour vivre.
10. Je pense que vous avez tort.

C. Answer in complete French sentences:

1. Avez-vous mal à la tête?
2. Que fait-on quand on a faim?
3. De quoi avez-vous besoin?
4. Avez-vous peur des chats?
5. Quel âge avez-vous?

D. Translate into French:

1. Her head aches.
2. Don't you feel warm?
3. No, I'm cold.
4. Is the child sleepy?
5. No, he's thirsty.

6. Thank you. Don't mention it.
7. He left an hour ago.
8. You know that I'm right.
9. Does the teacher need chalk?
10. She is ashamed of her mistakes.

Stuffing Snails

The preparation of food is considered a fine art in France.

2. OTHER VERBAL IDIOMS

1. **aller,** to feel, be (of health)

   > Comment *allez*-vous? Je *vais* bien, merci.
   > How are you? I'm fine, thanks.

2. **aller à pied,** to walk, go on foot

   > Il y est *allé à pied*.
   > He walked there.

3. **aller à la pêche,** to go fishing

   > Charles *va* souvent *à la pêche*.
   > Charles goes fishing often.

4. **apprendre par cœur,** to memorize

   > J'ai *appris* le poème *par cœur*.
   > I memorized the poem.

5. **être à,** to belong to

   > *A* qui *est* cette montre? Elle *est à* Paul.
   > Whose watch is this? It belongs to Paul.

6. **faire** (used with il in expressions of weather):

Quel temps fait-il?	How is the weather?
Il fait beau aujourd'hui.	The weather is fine today.
Il fait mauvais.	The weather is bad.
Il fait froid en hiver.	It is cold in winter.
Il fait chaud en été.	The weather is warm in summer.
Il fait frais.	It is cool.
Il fait du vent.	It is windy.
Il fait du soleil.	It is sunny.

7. **faire attention (à),** to pay attention (to)

   > Elle *fait attention à* la leçon.
   > She pays attention to the lesson.

8. **faire des emplettes,** to go shopping

   > Ils ont déjà *fait des emplettes*.
   > They have already gone shopping.

9. **faire une promenade,** to take a walk

> Je vais *faire une promenade* ce soir.
> I'm going to take a walk tonight.

10. **faire une promenade en auto (à bicyclette),** to take an automobile (a bicycle) ride

> Hier nous avons *fait une promenade en auto.*
> Yesterday we took an automobile ride.

11. **faire une question,** to ask a question

> Vous avez *fait une* bonne *question.*
> You asked a good question.

12. **faire un voyage (en bateau, en avion),** to take a trip (by boat, by plane)

> Voulez-vous *faire un voyage en avion* ou *en bateau?*
> Do you want to take a trip by plane or by boat?

13. **jouer à,** to play (a game)

> Nous aimons *jouer à* la balle (*au* tennis, *aux* cartes).
> We like to play ball (tennis, cards).

14. **jouer de,** to play (a musical instrument)

> Mon frère *joue* bien *du* piano.
> My brother plays the piano well.

15. **vouloir dire,** to mean

> Que *veut dire* ce mot?
> What does this word mean?

EXERCISES

A. Translate into English:

1. Il fait du vent en mars.
2. Nous avons appris la fable par cœur.
3. Elle fait une promenade tous les jours.
4. Comment Georges va-t-il?
5. Il fait très beau ce soir.
6. Ce musicien joue du violon.
7. Nous faisons attention au professeur.
8. Fait-il du soleil?
9. Je vais faire une promenade à bicyclette.
10. Ils ont fait un voyage en bateau.

B. Use each idiom in a complete French sentence and translate the sentence into English:

1. être à
2. vouloir dire
3. faire chaud
4. jouer à
5. faire une promenade

C. Translate the English words into French:

1. Elle *feels* mieux aujourd'hui.
2. Ces crayons *belong to* moi.
3. Mon frère *is playing* la balle.
4. *She asked* une question excellente.
5. Il veut *to take an automobile ride*.

D. Complete the French sentences:

1. She walked downtown.   Elle est _____ en ville _____.
2. Whose book is this?   _____ ce livre?
3. What do you mean?   Que _____?
4. Memorize this sentence.   _____ cette phrase _____.
5. Have you taken a walk this morning?   Avez-vous _____ ce matin?

E. Answer in French in complete sentences:

1. Quel temps fait-il aujourd'hui?
2. Désirez-vous faire un voyage en avion?
3. Votre père aime-t-il aller à la pêche?
4. Restez-vous à la maison quand il fait mauvais?
5. Joues-tu du piano?
6. Allez-vous chez vous à pied?
7. Savez-vous jouer au tennis?
8. Faisons-nous attention en classe?
9. Fait-il froid en hiver ou en été?
10. Votre mère fait-elle souvent des emplettes?

3. IDIOMS WITH *à*

1. **à bientôt,** see you soon, so long

   Je pars maintenant. *A bientôt.*
   I'm leaving now. So long.

2. **à cheval,** on horseback

   Nous avons vu l'agent de police *à cheval.*
   We saw the policeman on horseback.

3. **à côté de,** beside, next to

   Asseyez-vous *à côté de* moi.
   Sit down next to me.

4. **à demain,** see you tomorrow

   Je vais prendre des billets maintenant. *A demain.*
   I'm going to buy tickets now. See you tomorrow.

5. **à droite,** on (to) the right

   La chaise est *à droite.*
   The chair is on the right.

6. **à gauche,** on (to) the left

   Il est allé *à gauche.*
   He went to the left.

7. **à haute voix,** aloud, out loud

   Lisez la lettre *à haute voix,* Maurice.
   Read the letter out loud, Maurice.

8. **à voix basse,** in a low voice

   Il parle toujours *à voix basse.*
   He always speaks in a low voice.

9. **à la campagne,** in (to) the country

   J'ai passé les vacances *à la campagne.*
   I spent the vacation in the country.

10. **à la fin,** finally

    A la fin il est arrivé.
    Finally he arrived.

155

11. **à la main,** in one's hand

> J'ai un crayon *à la main.*
> I have a pencil in my hand.

12. **à la maison,** at home, home

> Est-il *à la maison?*
> Is he at home?

> Ils vont *à la maison.*
> They are going home.

13. **à la page . . . ,** on page . . .

> Étudions les exercices *à la page* cent.
> Let's study the exercises on page 100.

14. **à l'école,** in (to) school

> Nous allons rester *à l'école* cet après-midi.
> We are going to stay in school this afternoon.

15. **à l'heure,** on time

> L'avion est arrivé *à l'heure.*
> The plane arrived on time.

16. **au bas de,** at the bottom of

> Le vocabulaire est *au bas de* la page.
> The vocabulary is at the bottom of the page.

17. **au contraire,** on the contrary

> Est-il paresseux? *Au contraire,* il est très diligent.
> Is he lazy? On the contrary, he is very industrious.

18. **au haut de,** at the top of

> Écrivez votre nom *au haut de* la feuille.
> Write your name at the top of the sheet.

19. **au milieu de,** in the middle of

> *Au milieu de* la nuit j'ai entendu le taxi.
> In the middle of the night I heard the taxi.

20. **au moins,** at least

> Nous apportons *au moins* cinq livres chaque jour.
> We bring at least five books each day.

21. **au revoir,** goodbye, see you again

> Je dois partir. *Au revoir.*
> I must leave. Goodbye.

EXERCISES

A. Translate the French words into English:

1. Goodbye, Frank. *A demain.*
2. He read the story *à haute voix.*
3. Walk *à droite*, please.
4. Enjoy yourself *à la campagne.*
5. Write your name *au bas de* the letter.

B. Complete the French sentences:

1. It is good to come on time.   Il est bon d'arriver _ _ _ _ _ _.
2. I'm going out. See you soon.   Je sors. _ _ _ _ _ _.
3. Open the book to page fifteen.   Ouvrez le livre _ _ _ _ _ _.
4. Can't you speak in a low voice?   Ne pouvez-vous pas parler _ _ _ _ _?
5. There is some fruit next to you.   Il y a des fruits _ _ _ _ _ _.

C. Translate the English words into French:

1. Va-t-il *home?*
2. Je vais partir. *See you tomorrow.*
3. Elle a *at least* dix robes.
4. Restez ici *beside* votre sœur.
5. Les femmes disent *goodbye.*
6. Prenez la rue *to the right.*
7. *In the country* je nage tous les jours.
8. Lisez le passage *out loud.*
9. Où sont les mots? *At the bottom of* la page.
10. La table se trouve *on the left.*

D. Translate into English:

1. Où est Charles? Il est à l'école.
2. Le "cowboy" est venu à cheval.
3. Je vais à la maison. A bientôt.
4. Parlez-moi à voix basse.
5. A la fin ils ont réussi.
6. A gauche il y a une lampe.
7. Il a écrit la date au haut de la lettre.
8. Il a au moins un million de dollars.
9. Vous lisez peu? Au contraire, je lis beaucoup.
10. Ne jouez pas au milieu de la rue.

E. Answer in a complete French sentence, using an idiomatic expression:

1. Allez-vous à la campagne en été?
2. Que dites-vous à vos amis quand vous partez?
3. Montons-nous souvent à cheval?
4. A quelle page écrivez-vous maintenant?
5. Le bureau du professeur est-il au milieu de la salle?
6. Arrivent-elles à l'école à l'heure?
7. As-tu un crayon ou un stylo à la main?
8. Qui est assis à côté de vous en classe?
9. Restez-vous à la maison le samedi?
10. Lisez-vous le français à haute voix?

Notre-Dame de Paris

This Gothic cathedral, begun in 1163 on the banks of the Seine, is one of the most imposing monuments of the art of the Middle Ages. Victor Hugo made it the setting for one of his celebrated novels.

4. OTHER PREPOSITIONAL IDIOMS

1. **autour de,** around

    Nous avons marché *autour de* la maison.
    We walked around the house.

2. **chez** (+ person), to (at) the house (place) of (the person)

    Venez *chez moi*. Merci, nous allons *chez Jean*.
    Come to my house. No thanks, we are going to John's.

3. **d'abord,** first, at first

    D'abord j'ai écrit la lettre.
    First I wrote the letter.

4. **de bonne heure,** early

    Il part toujours *de bonne heure*.
    He always leaves early.

5. **de l'autre côté de,** on the other side of

    Il y a une voiture *de l'autre côté de* la rue.
    There is a car on the other side of the street.

6. **de nouveau,** again

    Allez-vous le faire *de nouveau?*
    Are you going to do it again?

7. **de quelle couleur . . . ?** what color . . . ?

    De quelle couleur est le ruban que vous cherchez?
    What color is the ribbon you are looking for?

8. **de rien,** you're welcome, don't mention it

    Merci du livre. *De rien.*
    Thanks for the book. You're welcome.

9. **en anglais** (or other language), in (into) English

    Répondez *en anglais* à la question.
    Answer the question in English.

10. **en bas,** downstairs

    J'ai laissé mon sac *en bas*.
    I left my bag downstairs.

11. **en haut,** upstairs

> Où est Daniel? Il est **en haut.**
> Where is Daniel? He is upstairs.

12. **en retard,** late (= not on time)

> Le train est arrivé **en retard.**
> The train arrived late.

13. **en ville,** downtown

> Je vais **en ville** acheter des souliers.
> I'm going downtown to buy shoes.

14. **peu à peu,** little by little, gradually

> **Peu à peu** on apprend à écrire.
> Little by little we learn to write.

15. **quelque chose de joli (bon, nouveau,** etc.**),** something pretty (good, new, etc.)

> Elle a reçu **quelque chose de joli.**
> She received something pretty.

EXERCISES

A. Translate into English:

1. Nous allons en ville ce soir.
2. La terre tourne autour du soleil.
3. Le médecin le guérit peu à peu.
4. Voulez-vous les compter de nouveau?
5. Allez-vous chez le boucher? Non, je vais chez moi.
6. Vous portez quelque chose de joli.
7. Est-il arrivé de bonne heure ou en retard?
8. D'abord je lis tout le paragraphe; ensuite je le traduis.
9. Merci, monsieur, de ce beau cadeau. De rien, mon enfant.
10. On bâtit une église de l'autre côté du fleuve.

B. Translate the English words into idiomatic French:

1. Elle a commencé à travailler *again.*
2. Il va *downtown* faire des emplettes.
3. Nous allons *to our uncle's* (*house*).
4. *First* je désire lui téléphoner.
5. On joue aux cartes *upstairs.*

C. Supply the missing French word:

1. Répondez _____ espagnol à ces questions.
2. Nous réussissons peu à _____.
3. Elle est arrivée de bonne _____.
4. L'ascenseur est _____ bas.
5. Il y a une vallée de l'autre _____ des montagnes.

D. Answer in complete French sentences:

1. Y a-t-il des arbres autour de votre école?
2. De quelle couleur sont les étoiles du drapeau américain?
3. Est-ce que le professeur vous gronde quand vous arrivez en retard?
4. Allez-vous chez le médecin ou chez le dentiste quand vous avez mal aux dents?
5. Est-ce qu'on apprend une langue étrangère immédiatement ou peu à peu?

E. Translate into French, using idiomatic expressions:

1. Let's go to George's house.
2. Tell me something interesting.
3. Did the train leave early?
4. Louis arrived late.
5. They live on the other side of the park.
6. What color is your automobile?
7. He spoke to me in English.
8. I answered him in French.
9. Gradually he is losing his money.
10. Louise is downstairs with her mother.

Madame Curie

Marie Curie, with her husband, Pierre Curie, received the Nobel prize in science for the discovery of radium.

5. MISCELLANEOUS IDIOMS AND EXPRESSIONS

1. **demain matin,** tomorrow morning

> Elle va le faire *demain matin.*
> She is going to do it tomorrow morning.

2. **encore une fois,** again, once more

> Lisez-moi l'histoire *encore une fois.*
> Read me the story again.

3. **hier soir,** last night

> Où êtes-vous allé *hier soir?*
> Where did you go last night?

4. **le matin (le soir, l'après-midi),** in the morning (in the evening, in the afternoon)

> *Le matin* je vais à l'école; *le soir* je fais mes devoirs.
> In the morning I go to school; in the evening I do my homework.

5. **ne . . . jamais,** never

> Il *ne* reçoit *jamais* de lettres.
> He never receives any letters.

6. **ne . . . personne,** no one, nobody

> Nous *ne* voyons *personne. Personne ne* nous voit.
> We see no one. Nobody sees us.

7. **ne . . . plus,** no longer, no more

> Il *ne* pleut *plus.*
> It isn't raining any more.

8. **ne . . . rien,** nothing

> Elle *ne* fait *rien.*
> She is doing nothing.

9. **pas du tout,** not at all

> Aimez-vous l'hiver? *Pas du tout.*
> Do you like winter? Not at all.

10. **pour** (+ infinitive), to, in order to

> Nous étudions *pour* apprendre.
> We study (in order) to learn.

11. **s'il vous plaît,** please

> Passez-moi le sucre, *s'il vous plaît.*
> Please pass me the sugar.

12. **tous les deux,** both

> Voilà Claude et son frère. *Tous les deux* sont intelligents.
> There are Claude and his brother. Both are intelligent.

13. **tout à coup,** suddenly

> *Tout à coup* la cloche a sonné.
> Suddenly the bell rang.

14. **tout de suite,** immediately, at once

> Elles sont sorties *tout de suite.*
> They left immediately.

15. **tout le monde,** everybody

> *Tout le monde* apprend le français.
> Everybody is learning French.

Other common expressions:

Asseyez-vous.   **Levez-vous.**
  Sit down.   Get up.

Comment vous appelez-vous? Je m'appelle Pierre.
  What is your name? My name is Peter.

Comment vous portez-vous? Je me porte très bien, merci.
  How do you feel? I am very well, thank you.

Qu'est-ce que c'est? C'est un couteau.
  What is it? It is a knife.

Cela est égal. Cela ne fait rien.
  That's all the same. That makes no difference.

Qu'il est beau!
  How handsome he is!

EXERCISES

A. Translate into English:

1. Elle ne prête rien, n'est-ce pas?
2. Il est mort tout à coup.

3. Levez-vous, Eugène. Donnez votre place à cette dame.
4. Personne ne danse avec moi.
5. Savez-vous nager? Pas du tout.
6. Qu'est-ce que c'est? C'est un oiseau.
7. Faites-le tout de suite.
8. Ne m'écoutez-vous jamais?
9. Tout le monde aime la musique.
10. Le matin j'attends mes amis.
11. Je l'ai vu hier soir.
12. Richard ne pleure plus.
13. Je ne me porte pas bien aujourd'hui.
14. Demain matin nous allons voir le Louvre.
15. Chantez cette chanson encore une fois.

B. Supply the missing word:

1. Qu'est-ce _____ c'est?
2. Voici une chaise. _____-vous.
3. Il a perdu son cahier _____ une fois.
4. Fermez la porte _____ de suite.
5. Tout à _____ il a commencé à pleuvoir.
6. Avez-vous soif? Pas du _____.
7. Je _____ fume jamais.
8. Il voyage _____ voir les autres pays du monde.
9. Voyez-vous quelque chose? Non, je ne vois _____.
10. Tout _____ monde est déjà arrivé.

C. Translate into French:

1. That makes no difference.
2. They never travel.
3. Sit down, please.
4. You know nothing.
5. Suddenly she spoke.
6. That man helps no one.
7. Begin at once!
8. In the evening we take a walk.
9. We no longer work.
10. Everybody is happy.
11. How small he is!
12. Both were born in France.

D. Answer in complete French sentences:

1. Que faisons-nous l'après-midi?
2. Comment vous appelez-vous?
3. Est-ce que tout le monde étudie beaucoup?
4. Où sont-ils allés hier soir?
5. Comment vous portez-vous aujourd'hui?

6. MASTERY EXERCISES

A. Write an expression in French that is the equivalent of the expression in italics:

1. Merci. *De rien.*
2. *Comment vous portez-vous?*
3. Elle va *chez elle.*
4. Nous l'avons lu *de nouveau.*
5. Vous partez? *A bientôt.*
6. *Je vais bien* ce soir.
7. Il est assis *près de* moi.

B. Complete the sentence:

1. Il est arrivé _____ l'heure!
2. Ils sont venus _____ cheval.
3. _____ vous appelez-vous?
4. J'ai répondu _____ français.
5. Elle _____ vingt ans.
6. J'y vais _____ pied.
7. Elle veut quelque chose _____ beau.
8. Parlez plus lentement, _____ vous plaît.
9. Ils font une promenade _____ auto.
10. Nous jouons _____ cartes.

C. Match each translation in column *A* with the corresponding idiom in column *B*:

COLUMN A	COLUMN B
1. in a low voice	*a.* le soir
2. at first	*b.* de bonne heure
3. early	*c.* à la campagne
4. tomorrow morning	*d.* tout à coup
5. not at all	*e.* à voix basse
6. in the country	*f.* en ville
7. suddenly	*g.* pas du tout
8. immediately	*h.* d'abord
9. in the evening	*i.* tout de suite
10. downtown	*j.* demain matin

D. Translate into English:

1. Quel âge avez-vous?
2. Le jardin est de l'autre côté de la maison.
3. Qu'est-ce que c'est?
4. Voici quelque chose d'intéressant.
5. Nous avons besoin d'air pour vivre.
6. Quel temps fait-il?
7. Allez-vous faire une promenade?
8. Il y a beaucoup d'arbres autour de l'école.
9. De quelle couleur est l'image?
10. Il fait frais à la campagne.

E. Write the opposite of the expression in italics:

1. *Il fait beau* ce matin.
2. Robert *a raison*.
3. L'ascenseur est *en bas*.
4. Ils *ont chaud*.
5. La cuisine est *à droite*.
6. *Asseyez-vous*, Vincent.
7. Il y a un numéro *au haut de* la page.
8. *Le soir* je lis des livres.

F. Select the word or phrase which best completes the sentence:

1. Je porte un pardessus quand il fait _____.
   a. beau   *b.* chaud   *c.* froid   *d.* un voyage
2. Une femme qui a faim désire _____.
   a. travailler   *b.* manger   *c.* réussir   *d.* chanter
3. Il n'aime pas votre chien parce qu'il a _____ des animaux.
   a. peur   *b.* besoin   *c.* sommeil   *d.* mal
4. Qui avez-vous rencontré _____?
   a. demain matin   *b.* par cœur   *c.* hier soir   *d.* tout le monde
5. Elle a chaud aujourd'hui parce qu'il fait _____.
   a. mauvais   *b.* du vent   *c.* frais   *d.* du soleil
6. Pourquoi ne _____-ils pas attention en classe?
   a. sont   *b.* font   *c.* jouent   *d.* vont
7. En quittant ses amis, il a dit "_____."
   a. à demain   *b.* tout à coup   *c.* au moins   *d.* d'abord
8. Quand on a mal aux dents, on va chez le _____.
   a. boucher   *b.* voisin   *c.* boulanger   *d.* dentiste
9. Est-ce votre chapeau? Non, ce chapeau _____ Philippe.
   a. est de   *b.* fait   *c.* est à   *d.* a besoin de
10. J'aime cette chanson. Je vais l'apprendre _____.
    a. de rien   *b.* par cœur   *c.* il y a   *d.* tout à coup

11. Il ne sort pas quand _ _ _ _ _ _.

    a. il fait du vent   *b.* il fait des emplettes   *c.* il va à la   *d.* il va bien
                                                                pêche

12. Jean joue bien _ _ _ _ _ piano.

    a. en   *b.* du   *c.* au   *d.* sur

13. Quand il ne comprend pas la leçon, il _ _ _ _ _ des questions.

    a. apprend   *b.* demande   *c.* appelle   *d.* fait

14. Je bois de l'eau quand j'ai _ _ _ _ _ _.

    a. soif   *b.* raison   *c.* sommeil   *d.* faim

15. Notre mère nous gronde quand nous arrivons _ _ _ _ _ _.

    a. à l'heure   *b.* en ville   *c.* en retard   *d.* à bientôt

G. Complete the French sentences:

1. My name is Joan.   _ _ _ _ _ Jeanne.

2. I finished two hours ago.   J'ai fini _ _ _ _ _ deux heures.

3. The exercise is on page ten.   L'exercice est _ _ _ _ _ dix.

4. These shoes belong to Jack.   Ces souliers _ _ _ _ _ Jacques.

5. Are you sleepy, children?   _ _ _ _ _, mes enfants?

6. They are taking a trip by plane. Ils font un voyage _ _ _ _ _ _.

7. He is going home.   Il va _ _ _ _ _ _.

8. Everybody can hear you.   _ _ _ _ _ peut vous entendre.

9. She is standing beside her mother. Elle est debout _ _ _ _ _ sa mère.

10. There is a lake in the middle of the park. Il y a un lac _ _ _ _ _ parc.

H. Express in a French sentence that you:

1. read aloud

2. want nothing

3. go fishing

4. see at least two windows

5. play ball

6. no longer carry the umbrella

7. take a bicycle ride

8. have a newspaper in your hand

9. learn gradually

10. scold nobody

11. arrive in school on time

12. go shopping

13. take a boat trip

14. never lose your books

15. need paper

7. SOME COMMON PROVERBS

A bon chat, bon rat.
Tit for tat.

A chacun son goût.
Everyone to his own taste.

Aide-toi, le ciel t'aidera.
Heaven helps those who help themselves.

Après la pluie, le beau temps.
Every cloud has a silver lining.

C'est le premier pas qui coûte.
It's the first step that counts.

Il fait d'une pierre deux coups.
He kills two birds with one stone.

Il n'y a pas de roses sans épines.
There is no rose without thorns.

La parole est d'argent; le silence est d'or.
Speech is silver but silence is golden.

Loin des yeux, loin du cœur.
Out of sight, out of mind.

Mieux vaut tard que jamais.
Better late than never.

Nécessité n'a pas de loi.
Necessity knows no law.

Pas de nouvelles, bonnes nouvelles.
No news is good news.

Petit à petit l'oiseau fait son nid.
Rome was not built in a day.

Qui ne dit mot, consent.
Silence gives consent.

Qui s'excuse, s'accuse.
He who excuses himself, accuses himself.

Qui vivra, verra.
Time will tell.

Rira bien qui rira le dernier.
He who laughs last laughs best.

Tel père, tel fils.
Like father, like son.

Tout ce qui brille n'est pas or.
All that glitters is not gold.

Tout est bien qui finit bien.
All's well that ends well.

Tout nouveau, tout beau.
A new broom sweeps clean.

Vouloir, c'est pouvoir.
Where there's a will, there's a way.

EXERCISES

A. Complete the following French proverbs:

1. Mieux vaut tard _ _ _ _ _
2. Après la pluie, _ _ _ _ _
3. Vouloir, c'est _ _ _ _ _
4. Il n'y a pas de roses _ _ _ _ _
5. Qui vivra, _ _ _ _ _
6. Tout nouveau, _ _ _ _ _
7. Qui ne dit mot, _ _ _ _ _
8. A bon chat, _ _ _ _ _
9. Loin des yeux, _ _ _ _ _
10. Rira bien qui _ _ _ _ _

B. Write the proverb a Frenchman would use if he wanted to tell someone that:

1. It is silly to argue about individual tastes.
2. What you do at the beginning is very important.
3. It is often better to listen than to talk.
4. You cannot judge a book by its cover.
5. He should wait to see what happens.
6. We cannot accomplish great tasks overnight.
7. It is better to do a thing late than not to do it at all.
8. If we really try, we can do it.
9. Things will get better after all this trouble.
10. He shouldn't keep making excuses.

C. Supply the missing words:

1. Tel père, tel _____.
2. Aide-toi, le _____ t'aidera.
3. Qui s'excuse, _____.
4. Nécessité n'a pas de _____.
5. Pas de nouvelles, _____ nouvelles.
6. C'est le premier _____ qui coûte.
7. Tout ce qui _____ n'est pas or.
8. Petit à petit _____ fait son nid.
9. Tout est bien qui _____ bien.
10. La parole est _____; le _____ est d'or.

D. Give the equivalent English proverb:

1. Qui vivra, verra.
2. A bon chat, bon rat.
3. Rira bien qui rira le dernier.
4. Pas de nouvelles, bonnes nouvelles.
5. Vouloir, c'est pouvoir.
6. A chacun son goût.
7. Loin des yeux, loin du cœur.
8. Qui ne dit mot, consent.
9. Tout nouveau, tout beau.
10. Il fait d'une pierre deux coups.

E. Give the French proverb that each situation brings to mind:

1. He thought that when he left for the army his sweetheart would forget him.
2. His father was an excellent student and Bill is, too.
3. Needing the exercise, he went for a walk and, at the same time, mailed the letter that had been lying on his desk.
4. The man who complained about his poverty remained poor; the one who worked diligently because of his poverty acquired wealth.
5. Caught in the rain, he used the newspaper he had not yet read to cover his new hat.
6. She thought she could learn to speak French in a week. What nonsense!
7. George punched Fred, and Fred punched him back.
8. He sent his family to the country. When he received no telephone call that night, he knew that things must be going smoothly.
9. The new maid did an excellent job the first few days. Then she began to neglect her chores.
10. His wife thought the hat was beautiful; he thought it was horrid.

Part IV—*Vocabulary*

1. OPPOSITES I

absent, absent	**présent,** present
accepter, to accept	**refuser,** to refuse
acheter, to buy	**vendre,** to sell
aller, to go	**venir,** to come
l'ami (*m.*), friend	**l'ennemi** (*m.*), enemy
arriver, to arrive	**partir,** to leave
aujourd'hui, today	{ **hier,** yesterday { **demain,** tomorrow
l'automne (*m.*), autumn	le **printemps,** spring
avant, before	**après,** after
avec, with	**sans,** without
bas, low	**haut,** high, loud
beau, beautiful, handsome	**laid,** ugly
beaucoup, much	**peu,** little
bien, well	**mal,** badly
blanc, white	**noir,** black
bon, good	{ **mauvais,** bad { **méchant,** naughty, wicked
le **bruit,** noise	le **silence,** silence
chaud, hot	**froid,** cold
cher, dear	**bon marché,** cheap
le **commencement,** beginning	la **fin,** end
commencer, to begin	**finir,** to finish
court, short	**long,** long
debout, standing	**assis(e),** sitting, seated
demander, to ask	**répondre,** to answer
devant, in front of	**derrière,** in back of, behind
donner, to give	{ **prendre,** to take { **recevoir,** to receive
droit, right	**gauche,** left
emprunter, to borrow	**prêter,** to lend
enfin, finally	**d'abord,** first, at first
entrer, to come in	**sortir,** to go out
l'été (*m.*), summer	**l'hiver** (*m.*), winter
facile, easy	**difficile,** difficult

fermer, to close	ouvrir, to open
le fils, son	la fille, daughter
fort, strong	faible, weak
le frère, brother	la sœur, sister
le garçon, boy	la jeune fille, girl
grand, tall, big	petit, small
le grand-père, grandfather	la grand-mère, grandmother
la guerre, war	la paix, peace
heureux, happy	⎰malheureux, unhappy ⎱triste, sad
l'homme (*m.*), man	la femme, woman
ici, here	là, there

EXERCISES

A. Select the opposite of the italicized word:

1. *fin:*	bon	commencement	bas
2. *assis:*	debout	lever	trop
3. *demander:*	poser	répondre	prier
4. *avec:*	derrière	après	sans
5. *guerre:*	beaucoup	petit	paix
6. *beau:*	joli	laid	malheureux
7. *donner:*	recevoir	finir	venir
8. *ici:*	voici	dans	là
9. *triste:*	heureux	noir	faible
10. *hiver:*	jour	été	automne

B. Write the feminine of each of the following:

1. le frère   **2.** l'homme   **3.** le garçon   **4.** le grand-père   **5.** le fils

C. Match each word in column *A* with the antonym in column *B*:

COLUMN A	COLUMN B
1. prendre	*a.* demain
2. méchant	*b.* noir
3. aller	*c.* ennemi
4. printemps	*d.* bon
5. blanc	*e.* d'abord
6. ami	*f.* bon marché
7. enfin	*g.* venir
8. aujourd'hui	*h.* malheureux
9. heureux	*i.* donner
10. cher	*j.* automne

D. Write the opposite of the italicized word:

1. *Ouvrez*-le, s'il vous plaît.
2. Hélène est *absente* aujourd'hui.
3. Il parle *peu.*
4. C'est une *mauvaise* plume.
5. J'étudie *après* les classes.
6. Elle *accepte* votre invitation.
7. *Commencez* les devoirs.
8. Étienne est plus *grand* que son frère.
9. A quelle heure êtes-vous *arrivé?*
10. C'est un homme *fort!*
11. On dit qu'elle chante *bien.*
12. Il est *entré* à une heure.
13. La corde est trop *longue.*
14. Levez la main *droite.*
15. Je n'aime pas le *silence.*
16. Ce mur n'est pas *haut.*
17. Le professeur est *derrière* le bureau.
18. Ils vont *acheter* la belle maison.
19. Cette assiette est *chaude.*
20. La leçon n'est pas *facile.*

E. Translate into French:

1. to borrow, to lend
2. hot, cold
3. before, after
4. to open, to close
5. low, loud
6. to buy, to sell
7. tomorrow, today
8. with, without
9. to come, to go
10. strong, weak

2. OPPOSITES II

jouer, to play	travailler, to work
le jour, day	la nuit, night
léger, light	lourd, heavy
le mari, husband	la femme, wife
le matin, morning	⎰ le soir, evening ⎱ l'après-midi (*m.*), afternoon
la mère, mother	le père, father
midi, noon	minuit, midnight
monsieur, sir, Mr.	⎰ madame, madam, Mrs. ⎱ mademoiselle, Miss
monter, to go up	descendre, to go down
né, born	mort, died
le neveu, nephew	la nièce, niece
le nord, north	le sud, south
obéir, to obey	désobéir, to disobey
l'oncle (*m.*), uncle	la tante, aunt
ôter, to take off, remove	mettre, to put on
l'ouest (*m.*), west	l'est (*m.*), east
oui, yes	non, no
paresseux, lazy	diligent, industrious
pauvre, poor	riche, rich
perdre, to lose	⎰ trouver, to find ⎱ gagner, to win
le plancher, floor	le plafond, ceiling
plein, full	vide, empty
pleurer, to cry	rire, to laugh
plus, more	moins, less
possible, possible	impossible, impossible
premier, first	dernier, last
près de, near	loin de, far from
propre, clean	sale, dirty
quelque chose, something	rien, nothing
quelqu'un, someone	personne, no one
la question, question	la réponse, answer
le roi, king	la reine, queen
le soleil, sun	la lune, moon
souvent, often	rarement, seldom
sur, on (top of)	sous, under
la terre, land, earth	⎰ la mer, sea ⎱ le ciel, heaven
utile, useful	inutile, useless
la vie, life	la mort, death

vieux, old

{ jeune, young
neuf, new
nouveau, new

la **ville**, city
vite, quickly
vivre, to live
voici, here is, here are
vrai, true

la **campagne**, country
lentement, slowly
mourir, to die
voilà, there is, there are
faux, false

EXERCISES

A. Translate into English:

1. la vie et la mort
2. vrai ou faux
3. le plancher et le plafond
4. rire et pleurer
5. la terre et la mer

B. Match each word in column *A* with the antonym in column *B*:

COLUMN A	COLUMN B
1. vivre	*a.* lentement
2. nouveau	*b.* femme
3. vite	*c.* mourir
4. mademoiselle	*d.* terre
5. matin	*e.* impossible
6. campagne	*f.* monsieur
7. mari	*g.* vieux
8. utile	*h.* après-midi
9. possible	*i.* inutile
10. ciel	*j.* ville

C. Write the opposite of the italicized words:

1. Elle *obéit* à son frère.
2. *Voilà* le journal que vous cherchez.
3. La valise n'est pas *légère*.
4. Nous avons *trouvé* de l'argent.
5. Demeurez-vous *près de* l'école?
6. Il est *mort* en France.
7. *Descendez* tout de suite.
8. Le bateau va vers *l'ouest*.
9. Quelle heure est-il? Il est *minuit*.
10. Je vais *mettre* mon costume.

D. Write the masculine of each of the following:

1. madame   2. la nièce   3. la mère   4. la tante   5. la reine

E. Select the opposite of the italicized word:

1. *pauvre:*   léger   vide   riche
2. *nord:*   sud   terre   campagne
3. *sale:*   paresseux   lourd   propre
4. *plafond:*   réponse   plancher   ciel
5. *souvent:*   toujours   rarement   beaucoup
6. *gagner:*   perdre   vivre   trouver
7. *travailler:* descendre   jouer   penser
8. *neuf:*   jeune   diligent   vieux
9. *rire:*   ôter   pleurer   mourir
10. *premier:*   dernier   plein   possible

F. Complete the sentence by writing the opposite of the expression in italics:

1. Il étudie *jour* et _____.
2. Est-ce que *quelqu'un* m'appelle? Non, _____.
3. Votre *question* est meilleure que sa _____.
4. André n'est pas *diligent;* il est _____.
5. Le verre est-il *vide* ou _____?
6. Ne marchez pas si *lentement;* marchons _____.
7. Je sais nager, *plus* ou _____.
8. Cette femme chante du *matin* au _____.
9. Est-ce *vrai?* Non, c'est _____.
10. La corbeille est *sous* le bureau; l'encre'est _____ le bureau.
11. A-t-il raison, *oui* ou _____?
12. Voulez-vous *quelque chose?* Non, _____.

G. Translate into French:

1. to win, to lose
2. Mr. and Mrs. Lanson
3. to put on, to take off
4. dirty, clean
5. often, seldom
6. young, old
7. something, nothing
8. first, last
9. to go down, to go up
10. full, empty

3. SYNONYMS; SCHOOL TERMS

SYNONYMS	MEANINGS
car, parce que	for, because
certain, sûr	certain, sure
le chemin, la route	road
la faute, l'erreur (f.)	mistake
la figure, le visage	face
finir, terminer	to finish
habiter, demeurer	to live, dwell
heureux, content	happy, pleased
l'image (f.), le tableau	picture
le maître, le professeur	teacher
le médecin, le docteur	doctor
le milieu, le centre	middle
préférer, aimer mieux	to prefer
puis, ensuite, après	then, afterwards
quelquefois, parfois	sometimes
rompre, casser	to break
le sud, le midi	south
triste, malheureux	sad, unhappy
les vêtements (m.), les habits (m.)	clothes
vite, rapidement	quickly
vouloir, désirer	to wish, want

SCHOOL TERMS

l'école (f.), school	la plume, pen
le lycée, secondary school	le stylo, fountain pen
la classe, class	la carte, map
la salle de classe, classroom	la chose, thing
le pupitre, (pupil's) desk	l'élève (m. and f.), pupil
le bureau, (teacher's) desk	le garçon, boy
le banc, seat, bench	la jeune fille, girl
le tableau noir, blackboard	le livre, book
la cloche, bell	le cahier, notebook
l'horloge (f.), clock	la page, page
la cour, courtyard, playground	la leçon, lesson
la craie, chalk	l'exercice (m.), exercise
l'encre (f.), ink	les devoirs (m.), homework
le papier, paper	l'examen (m.), examination
le crayon, pencil	la règle, rule, ruler

la **phrase**, sentence
le **mot**, word
le **travail**, work
la **lecture**, reading

l'**histoire** (*f.*), story
le **vocabulaire**, vocabulary
la **question**, question
la **réponse**, answer

EXERCISES

A. Write a synonym of the italicized word:

1. Il porte de beaux *habits*.
2. J'en suis *certain*.
3. Corrigez vos *erreurs*.
4. Nous avons un *maître* excellent.
5. Êtes-vous *malheureux?*
6. Allons chercher un *docteur*.
7. Ils ont *terminé* le travail.
8. Que *désirez*-vous écrire?
9. Où *habite*-t-il?
10. Ne parlez pas si *rapidement*.

B. Select the *two* words in each group which mean the same, or almost the same:

1. voiture   figure   visage   fauteuil
2. image   bois   tableau   bouche
3. intéressant   malheureux   content   triste
4. route   train   poste   chemin
5. puis   souvent   ensuite   ensemble
6. laisser   pleurer   rompre   casser
7. nouveau   heureux   paresseux   content
8. million   repas   milieu   centre
9. sud   midi   soie   santé
10. raconter   vouloir   désirer   recevoir

C. Give *two* French translations for the English word:

1. to prefer   3. to break   5. sometimes
2. road   4. face   6. for (because)

D. If the statement is true, write *vrai;* if it is false, write *faux:*

1. Il y a des mots dans une phrase.
2. Tout le monde aime les examens.
3. Nous allons à l'école tous les jours.
4. Nous écrivons nos devoirs dans un cahier.
5. Le bureau est pour l'élève et le pupitre est pour le professeur.

E. Match each word in column *A* with the English equivalent in column *B*:

COLUMN A	COLUMN B
1. lecture	*a.* ruler
2. salle de classe	*b.* answer
3. réponse	*c.* courtyard
4. travail	*d.* chalk
5. règle	*e.* reading
6. chose	*f.* work
7. craie	*g.* map
8. carte	*h.* word
9. cour	*i.* classroom
10. mot	*j.* thing

F. Find the word that does *not* belong in each group:

1. crayon, plume, question, stylo

2. pupitre, banc, bureau, vocabulaire

3. élève, garçon, jeune fille, papier

4. exercices, leçons, encres, devoirs

G. Select the word or phrase in parentheses that best completes the meaning of each sentence:

1. Quand je désire savoir l'heure, je regarde (l'horloge, le professeur, le lycée, la craie).

2. Tous les livres ont des (règles, cartes, pages, réponses).

3. Racontez-nous (les habits, la carte, l'histoire, le stylo) de Jeanne d'Arc.

4. A la fin des classes (la lecture, la cloche, le chemin, le banc) sonne.

5. En classe les élèves écrivent des exercices (sous le pupitre, sur le plancher, au milieu du lycée, au tableau noir).

Gargoyle

The stone gargoyles of Notre-Dame cathedral are typical of the grotesque carvings used to decorate waterspouts on Gothic churches.

4. PERSONAL VOCABULARY

PARTS OF THE BODY

le **corps**, body
la **tête**, head
la **figure** ⎱ face
le **visage** ⎰
les **cheveux** (*m.*), hair
l'**œil** (*m.*), eye
les **yeux**, eyes
l'**oreille** (*f.*), ear
le **nez**, nose
la **bouche**, mouth
la **langue**, tongue

la **dent**, tooth
le **bras**, arm
la **main**, hand
le **doigt**, finger
la **jambe**, leg
le **pied**, foot
le **cou**, neck
le **cœur**, heart
le **dos**, back
le **sang**, blood

CLOTHING

les **vêtements** (*m.*) ⎱ clothes
les **habits** (*m.*) ⎰
le **costume**, costume
le **complet**, suit
la **chemise**, shirt
la **cravate**, tie
le **pardessus**, overcoat
le **pantalon**, trousers
la **chaussette**, sock
le **mouchoir**, handkerchief
la **poche**, pocket
la **montre**, watch

la **robe**, dress
la **blouse**, blouse
le **manteau**, cape, wrap
le **sac**, bag
le **chapeau**, hat
le **gant**, glove
le **soulier**, shoe
le **bas**, stocking
le **ruban**, ribbon
le **parapluie**, umbrella
le **prix**, price

COLORS

la **couleur**, color
blanc, white
noir, black
gris, gray
brun, brown

jaune, yellow
bleu, blue
vert, green
rouge, red
rose, pink

OCCUPATIONS

l'avocat (*m.*), lawyer
la bonne, maid
le boucher, butcher
le boulanger, baker
le coiffeur, barber
le cuisinier, cook
le dentiste, dentist
l'épicier (*m.*), grocer
le fermier, farmer
le garçon, waiter
le médecin, doctor

le paysan, peasant
le peintre, painter
le président, president
le professeur ⎱ teacher
le maître ⎰
la reine, queen
le roi, king
le soldat, soldier
le tailleur, tailor
l'agent (*m.*), (de police), policeman

EXERCISES

A. Match each word in column *A* with the French equivalent in column *B*:

COLUMN A	COLUMN B
1. waiter	*a.* gris
2. nose	*b.* cœur
3. gray	*c.* bas
4. clothes	*d.* bonne
5. maid	*e.* épicier
6. trousers	*f.* nez
7. green	*g.* pantalon
8. heart	*h.* vêtements
9. grocer	*i.* garçon
10. stocking	*j.* vert

B. Find the word that does *not* belong in each group:

1. chapeau, œil, oreille, nez
2. chaussette, bas, roi, gant
3. maître, médecin, peintre, costume
4. cou, bouche, cheveux, sac
5. bleu, rose, sang, blanc
6. bras, blouse, jambe, tête
7. boulanger, soulier, épicier, boucher
8. agent, pantalon, pardessus, complet

C. Match each word in column *A* with the English equivalent in column *B:*

COLUMN A	COLUMN B
1. avocat	*a.* red
2. dos	*b.* lawyer
3. noir	*c.* shirt
4. visage	*d.* king
5. cuisinier	*e.* sock
6. chaussette	*f.* cook
7. cravate	*g.* black
8. roi	*h.* shoe
9. manteau	*i.* face
10. œil	*j.* back
11. soulier	*k.* clothes
12. chemise	*l.* tie
13. cou	*m.* eye
14. rouge	*n.* wrap
15. habits	*o.* neck

D. Select the word or phrase in parentheses that best completes the meaning of each sentence:

1. On ne peut pas vivre sans (montre, reine, sang, habits).
2. La main a cinq (doigts, feuilles, yeux, dents).
3. Quand je désire acheter de la viande, je vais chez (la bonne, l'agent de police, le président, le boucher).
4. Le pied est attaché à la (jambe, tête, bouche, figure).
5. Vous avez les cheveux trop longs. Allez chez le (coiffeur, paysan, professeur, dentiste).
6. Les dents et la langue sont dans (le nez, le dos, la bouche, le manteau).
7. Quand il fait froid, on porte (une cravate, un pardessus, un parapluie, une poche).
8. Le boulanger vend (du pain, des légumes, de la viande, des robes).
9. Quelle heure est-il? Je ne sais pas. Je n'ai pas de (dos, prix, mouchoir, montre).
10. La tête et le bras sont des parties du (cœur, corps, cou, complet).

E. Translate into English:

1. Quelle jolie figure!
2. Le paysan a les cheveux bruns.
3. Mettez le mouchoir dans votre poche.
4. Le fermier a mal à l'oreille.
5. Elle aime les robes jaunes.

6. Quel est le prix de ce sac?
7. La reine a les yeux bleus.
8. Son tailleur fait de beaux complets.
9. De quelle couleur est le ruban que vous cherchez?
10. Les soldats ne portent pas de gants.

Louis XIV

The absolute monarchy of France reached its height during the brilliant and extravagant reign of Louis XIV, the "Sun-King." Through his patronage, literature, science, and the arts flourished. Louisiana received its name in his honor.

5. HOUSEHOLD VOCABULARY

FAMILY

la **famille,** family
le **père,** father
la **mère,** mother
le **fils,** son
la **fille,** daughter
l'**enfant** (*m.* and *f.*), child
le **frère,** brother
la **sœur,** sister
le **grand-père,** grandfather
la **grand-mère,** grandmother
le **cousin** ⎫
la **cousine** ⎭ cousin

l'**oncle** (*m.*), uncle
la **tante,** aunt
le **neveu,** nephew
la **nièce,** niece
le **mari,** husband
l'**homme** (*m.*), man
la **femme,** wife, woman
la **dame,** lady
la **personne,** person
le **nom,** name
l'**amour** (*m.*), love

HOME

la **maison,** house
le **salon,** living room
la **chambre à coucher,** bedroom
la **salle à manger,** dining room
la **salle de bains,** bathroom
la **cuisine,** kitchen
la **pièce,** room
le **toit,** roof
le **plafond,** ceiling
le **plancher,** floor
l'**étage** (*m.*), story, floor

la **porte,** door
la **fenêtre,** window
le **mur,** wall
le **coin,** corner
la **cheminée,** chimney, fireplace,
  mantelpiece
l'**escalier** (*m.*), staircase
la **clef,** key
le **jardin,** garden
le **garage,** garage
l'**ascenseur** (*m.*), elevator

FURNITURE

les **meubles** (*m.*), furniture
la **table,** table
la **chaise,** chair
le **fauteuil,** armchair
le **lit,** bed
le **piano,** piano
le **tiroir,** drawer
le **tapis,** rug

le **rideau,** curtain
la **lampe,** lamp
l'**image** (*f.*) ⎫
le **tableau** ⎭ picture
la **glace,** mirror
la **boîte,** box
la **pendule,** clock

MEALS

le **repas,** meal
le **petit déjeuner,** breakfast
le **déjeuner,** lunch
le **dîner,** dinner
l'**assiette** (*f*.), plate
le **verre,** glass
la **tasse,** cup

le **couteau,** knife
la **fourchette,** fork
la **cuiller,** spoon
la **nappe,** tablecloth
la **serviette,** napkin
la **bouteille,** bottle

FOODS

le **pain,** bread
la **viande,** meat
l'**œuf** (*m*.), egg
le **poisson,** fish
le **fromage,** cheese
le **poulet,** chicken
le **bœuf,** beef
le **veau,** veal
le **potage**⎫ soup
la **soupe** ⎭
le **légume,** vegetable
la **pomme de terre,** potato
l'**eau** (*f*.), water

le **lait,** milk
le **café,** coffee
le **thé,** tea
la **crème,** cream
le **chocolat,** chocolate
le **vin,** wine
le **gâteau,** cake
la **salade,** salad
le **sucre,** sugar
le **sel,** salt
le **beurre,** butter
la **glace,** ice cream
le **dessert,** dessert

EXERCISES

A. If the statement is true, write *vrai;* if it is false, write *faux:*

1. Le sucre est doux.
2. Un tapis couvre un plafond.
3. Le frère de ma mère est mon oncle.
4. Les enfants aiment le chocolat.
5. On mange du gâteau au commencement d'un repas.
6. Le lait est rouge.
7. Le fauteuil et le lit sont des meubles.
8. Les vins français sont célèbres.
9. On met du beurre sur son pain avec une cuiller.
10. La pomme de terre est un légume.

B. Match each word in column *A* with the English equivalent in column *B:*

COLUMN A	COLUMN B
1. amour	*a.* roof
2. mari	*b.* chicken
3. fromage	*c.* daughter
4. image	*d.* lunch
5. nom	*e.* clock
6. fille	*f.* lady
7. glace	*g.* husband
8. boîte	*h.* name
9. dame	*i.* mirror
10. pendule	*j.* picture
11. déjeuner	*k.* box
12. mur	*l.* love
13. jardin	*m.* cheese
14. toit	*n.* garden
15. poulet	*o.* wall

C. Translate into English:

1. Mettez cette chaise devant les rideaux.
2. La femme de Paul est ma sœur.
3. Que voulez-vous, des œufs ou du poisson?
4. Il y a un piano au coin du salon.
5. Combien de pendules y a-t-il dans votre maison?

D. Find the word that does *not* belong in each group:

1. toit, cheminée, fenêtre, père
2. fourchette, cuiller, garage, couteau
3. thé, crème, homme, lait
4. tiroir, salon, cuisine, salle à manger
5. homme, fauteuil, femme, dame
6. pendule, neveu, lampe, tapis
7. poulet, personne, bœuf, veau
8. dîner, cousine, nièce, grand-père
9. dessert, famille, glace, gâteau
10. plafond, mur, bouteille, plancher

E. Select the word or phrase in parentheses that best completes the meaning of each sentence:

1. On prépare les repas dans (le salon, la cuisine, le garage, l'ascenseur).
2. Le bœuf est (un dessert, un légume, un potage, une viande).
3. Ils ont une maison de six (pièces, toits, tiroirs, coins).
4. Je mets du (sucre, sel, verre, papier) sur ma viande quand je la mange.
5. Le fils de ma tante est mon (neveu, oncle, frère, cousin).
6. Elle demeure au premier (mur, fauteuil, plafond, étage).
7. Donnez-moi (une tasse, un couteau, une serviette, une assiette) de café.
8. J'ai un lit dans ma (salle de bains, cheminée, chambre à coucher, soupe).
9. Il a soif? Donnez-lui (du gâteau, un verre d'eau, une serviette, une boîte de craie).
10. Pour monter au sixième étage, je prends (l'ascenseur, le tableau, le tiroir, l'assiette).
11. La table est complètement couverte d'une (cuiller, serviette, fourchette, nappe).
12. A huit heures du matin, il prend le (dîner, petit déjeuner, déjeuner, plancher).
13. Il a mangé un sandwich de (gâteau, veau, potage, lait).
14. Pour ouvrir la porte, je prends ma (pendule, poche, clef, glace).
15. Nous coupons la viande avec (une cuiller, un couteau, un verre, un fauteuil).

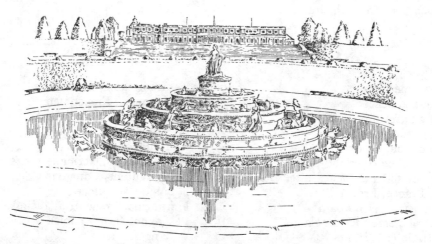

Palace and Gardens of Versailles

The palace of Versailles, with its magnificent gardens, is an example of the lavishness of the monarchy during the reign of Louis XIV.

6. CITY AND NATION

CITY

la **ville**, city
le **village**, village
la **rue**, street
l'**avenue** (*f.*), avenue
le **boulevard**, boulevard
le **trottoir**, sidewalk
le **parc**, park
le **pont**, bridge
la **gare**, railroad station
le **bâtiment**, building
l'**hôtel** (*m.*), hotel
la **bibliothèque**, library
le **musée**, museum
l'**hôpital** (*m.*), hospital
la **cathédrale**, cathedral

l'**église** (*f.*), church
la **poste**, post office
le **magasin**, store
la **boutique**, shop
la **boucherie**, butcher shop
la **boulangerie**, bakery
l'**épicerie** (*f.*), grocery store
le **marché**, market
le **restaurant**, restaurant
l'**addition** (*f.*), check
le **pourboire**, tip
la **carte**, menu
le **journal**, newspaper
le **bruit**, noise
la **voix**, voice

NATIONS, INHABITANTS, LANGUAGES

le **drapeau**, flag
la **paix**, peace
la **guerre**, war
le **pays**, country
la **nation**, nation
la **patrie**, fatherland
les **États-Unis** (*m.*), United States
la **France**, France
l'**Espagne** (*f.*), Spain
l'**Angleterre** (*f.*), England
l'**Italie** (*f.*), Italy
l'**Allemagne** (*f.*), Germany
le **Canada**, Canada
le **Mexique**, Mexico
l'**habitant** (*m.*), inhabitant

les **Américains**, Americans
les **Français**, Frenchmen
les **Espagnols**, Spaniards
les **Anglais**, Englishmen
les **Italiens**, Italians
les **Allemands**, Germans
les **Canadiens**, Canadians
la **langue**, language
le **français**, French (language)
l'**espagnol** (*m.*), Spanish
  (language)
l'**anglais** (*m.*), English (language)
l'**italien** (*m.*), Italian (language)
l'**allemand** (*m.*), German
  (language)

TRAVEL

le **chemin**⎫ road
la **route** ⎭

la **promenade,** walk, ride
le **voyage,** trip
la **voiture,** car, carriage
l'**automobile** (*f.*), automobile
le **train,** train
le **chemin de fer,** railroad

le **bateau,** boat
l'**avion** (*m.*), airplane
l'**autobus** (*m.*), bus
le **taxi,** taxi
le **tramway,** streetcar
le **métro,** subway
la **bicyclette,** bicycle

LEISURE, RECREATION, CELEBRATIONS

les **vacances** (*f.*), vacation
le **jour de congé,** day off
la **fête,** holiday, festival
le **plaisir,** pleasure
l'**anniversaire** (*m.*) **de naissance,**
  birthday
le **cadeau,** gift
le **cinéma,** movies
le **théâtre,** theatre
l'**opéra** (*m.*), opera
la **T.S.F.,** radio
la **télévision,** television
la **musique,** music
la **chanson,** song
les **cartes** (*f.*), cards

le **billet,** ticket
la **lettre,** letter
le **sport,** sport
la **pêche,** fishing
la **balle,** ball
la **poupée,** doll
le **canif,** penknife
l'**ami** (*m.*)⎫ friend
l'**amie** (*f.*)⎭

le **voisin** ⎫ neighbor
la **voisine** ⎭

la **santé,** health
Noël, Christmas
Pâques, Easter

EXERCISES

A. Find the word that does *not* belong in each group:

1. chemin de fer, ami, avion, métro
2. cinéma, opéra, théâtre, lettre
3. magasin, poupée, balle, canif
4. addition, carte, pont, pourboire
5. rues, boulevards, cartes, avenues
6. États-Unis, Canadiens, Italiens, Allemands
7. hôtel, musée, bâtiment, chanson
8. télévision, gare, musique, T.S.F.

B. Supply the missing words in the following chart:

COUNTRY	INHABITANTS	LANGUAGE
les États-Unis	- - - - -	- - - - -
- - - - -	les Français	- - - - -
- - - - -	- - - - -	l'italien
- - - - -	les Anglais	- - - - -
l'Espagne	- - - - -	- - - - -
- - - - -	les Allemands	- - - - -

C. Match each word in column *A* with the English equivalent in column *B:*

COLUMN A	COLUMN B
1. boutique	*a.* noise
2. T.S.F.	*b.* day off
3. trottoir	*c.* shop
4. rue	*d.* neighbor
5. paix	*e.* gift
6. jour de congé	*f.* war
7. bruit	*g.* radio
8. chemin	*h.* tip
9. patrie	*i.* subway
10. anniversaire de naissance	*j.* street
11. voisine	*k.* peace
12. pourboire	*l.* fatherland
13. guerre	*m.* birthday
14. cadeau	*n.* sidewalk
15. métro	*o.* road

D. If the statement is true, write *vrai;* if it is false, write *faux:*

1. Chicago est un village.
2. Le drapeau français est bleu, blanc, et rouge.
3. La pêche est un sport.

4. Une bicyclette peut marcher plus vite qu'une automobile.
5. Au Mexique on parle espagnol.
6. Le 25 décembre est la fête de Noël.
7. Une épicerie est un magasin.
8. En général les femmes ont la voix plus douce que les hommes.
9. Tout le monde aime faire des voyages en avion.
10. Notre-Dame de Paris est le nom d'une cathédrale.

E. Select the word or phrase in parentheses that best completes the meaning of each sentence:

1. Pour traverser le fleuve, il a marché sur le (drapeau, bruit, pourboire, pont).
2. Nous aimons le (pain, vin, bœuf, chemin) qu'on vend dans cette boulangerie.
3. Le train est arrivé à la (voix, guerre, paix, gare).
4. Le Louvre est (un journal, un musée, une langue, une fête) célèbre.
5. Après avoir écrit la lettre, il la met à la (route, carte, poste, mode).
6. Les enfants vont à la campagne et au camp pendant les (villes, boulevards, vacances, hôtels).
7. Quand elle désire lire des livres, elle va (à l'épicerie, à la bibliothèque, à la guerre, au cinéma).
8. A la fin du repas, le garçon m'a donné (l'addition, un pourboire, la carte, le restaurant).
9. Le Canada est (un chemin de fer, une langue, un pays, un habitant).
10. Noël et Pâques sont des (églises, promenades, nations, fêtes) religieuses.
11. Il est trop malade pour rester à la maison. Il va (au parc, à l'opéra, à l'hôpital, dans la rue).
12. Le garçon coupe la branche de l'arbre avec son (bruit, canif, plaisir, tramway).
13. Une église est (un bâtiment, une boutique, un marché, un boulevard).
14. Pour voyager sur le lac, il a pris (un taxi, un autobus, un bateau, une voiture).
15. Quand nous avons faim, nous allons (à la poste, au théâtre, en Angleterre, au restaurant).
16. Le français et l'anglais sont des (habitants, langues, nations, routes).
17. Je lis les nouvelles du jour dans (le journal, le billet, la poupée, le canif).
18. On vend beaucoup de bonnes choses (dans cette bibliothèque, en français, dans ce marché, au tableau noir).
19. Je vais bien. Je suis en bonne (avenue, voiture, carte, santé).
20. Il a acheté (un cadeau, un billet, un voisin, un chemin) pour entrer au théâtre.

F. Translate into English:

1. Aux États-Unis le samedi est un jour de congé.
2. Marie et ses amies jouent avec leurs poupées.
3. Entendez-vous le bruit du chemin de fer?
4. J'ai choisi un hôtel près de la gare.
5. Si vous voulez faire une promenade en voiture, prenez ce chemin-là.

French Riviera

The Côte d'Azur, the sunny vacationland along the Mediterranean Sea, is lined with famous resorts, beaches, and small mountain towns. The Riviera supplies the flowers used in the making of perfumes.

7. RURAL VOCABULARY

NATURE

le **monde**, world
la **terre**, earth
le **ciel**, sky
le **soleil**, sun
la **lune**, moon
l'**étoile** (*f.*), star
la **mer**, sea
l'**océan** (*m.*), ocean
le **désert**, desert
la **campagne**, country
la **montagne**, mountain
le **fleuve**, river
la **rivière**, river, stream
le **lac**, lake
le **bois**, wood, forest

la **forêt**, forest
l'**île** (*f.*), island
la **plage**, beach
le **champ**, field
la **pluie**, rain
la **neige**, snow
la **glace**, ice
le **vent**, wind
l'**arbre** (*m.*), tree
la **feuille**, leaf
l'**herbe** (*f.*), grass
la **plante**, plant
la **fleur**, flower
la **rose**, rose

ANIMALS

l'**animal** (*m.*), animal
le **chien**, dog
le **chat**, cat
le **cheval**, horse
la **vache**, cow
l'**oiseau** (*m.*), bird

le **mouton**, sheep
le **cochon**, pig
le **lion**, lion
le **tigre**, tiger
l'**éléphant** (*m.*), elephant
l'**âne** (*m.*), donkey

FRUITS

le **fruit**, fruit
la **banane**, banana
la **cerise**, cherry
le **citron**, lemon
l'**orange** (*f.*), orange

la **pêche**, peach
la **poire**, pear
la **pomme**, apple
la **prune**, plum

MATERIALS

l'**argent** (*m.*), silver, money
le **charbon**, coal
le **fer**, iron
la **laine**, wool

le **métal**, metal
l'**or** (*m.*), gold
la **pierre**, stone
la **soie**, silk

TIME

la **seconde,** second	le **mois,** month
la **minute,** minute	l'**an** (*m.*) ⎱ year
l'**heure** (*f.*), hour	l'**année** (*f.*) ⎰
le **jour,** day	la **saison,** season
la **nuit,** night	le **siècle,** century
le **matin,** morning	le **moment,** moment
l'**après-midi** (*m.*), afternoon	la **date,** date
le **soir,** evening	la **fois,** time
la **semaine,** week	

EXERCISES

A. If the statement is true, write *vrai;* if it is false, write *faux:*

1. Il y a quarante-huit étoiles dans le drapeau américain.
2. Nous vivons au vingtième siècle.
3. Les vaches donnent du beurre.
4. La pomme et la poire sont des fruits.
5. Jeudi est un jour de la semaine.
6. La France est une île.
7. La terre est ronde.
8. En automne les feuilles des arbres changent de couleur.
9. Un océan sépare l'Europe des États-Unis.
10. L'or est plus précieux que le charbon.

B. Match each word in column *A* with the English equivalent in column *B:*

COLUMN A	COLUMN B
1. prune	*a.* country
2. fleuve	*b.* sun
3. matin	*c.* horse
4. monde	*d.* year
5. cheval	*e.* world
6. campagne	*f.* plum
7. fleur	*g.* bird
8. argent	*h.* wood
9. soleil	*i.* river
10. bois	*j.* peach
11. pierre	*k.* morning
12. oiseau	*l.* donkey
13. pêche	*m.* money
14. an	*n.* stone
15. âne	*o.* flower

C. Translate into English:

1. En été nous allons souvent à la plage.
2. Elle porte des bas de soie.
3. Est-ce que l'herbe des champs est verte?
4. Je vais acheter un panier de fruits.
5. Ma mère n'aime pas la neige et la pluie.

D. Find the word that does *not* belong in each group:

1. fer, or, date, argent
2. tigre, terre, chien, mouton
3. fois, feuille, rose, plante
4. après-midi, nuit, heure, soir
5. rivière, lac, fleuve, chat

6. seconde, minute, moment, laine
7. campagne, neige, glace, pluie
8. semaine, vent, an, mois
9. soleil, montagne, lune, étoile
10. orange, banane, désert, pomme

E. Select the word or phrase in parentheses that best completes the meaning of each sentence:

1. Le plus fort des animaux est (l'âne, le chat, le cochon, l'éléphant).
2. Il est tombé sur le trottoir à cause de la (seconde, glace, plage, forêt).
3. Il y a cent ans dans (une minute, un siècle, un mois, une semaine).
4. Le (mouton, chat, cheval, lion) nous donne de la laine.
5. Le printemps est (un mois, une semaine, une saison, un jour) de l'année.
6. On met du (charbon, citron, bois, soleil) dans une tasse de thé.
7. (Le fer, La soie, Le champ, La vache) est un métal.
8. Il y a beaucoup d'eau dans (la pierre, l'argent, le désert, la mer).
9. La nuit on peut voir les étoiles dans (le vent, le ciel, la lune, l'herbe).
10. Regardez ces (fois, montagnes, cerises, cochons) sur les branches de l'arbre.

8. MASTERY EXERCISES

A. Write, with the definite article, the French words for:

1. three beverages
2. three eating utensils
3. four pieces of furniture
4. four bodies of water
5. four materials
6. four rooms of a house
7. four articles used in writing
8. five colors
9. five foods
10. five means of transportation
11. five buildings found in a city
12. five animals
13. five parts of the body
14. five articles of clothing
15. five members of the family

B. If the statement is true, write *vrai;* if it is false, write *faux:*

1. On porte des chaussettes sur les pieds.
2. On peut aller de New-York à Londres en voiture.
3. On parle avec les oreilles.
4. Les citrons sont jaunes.
5. Un village est plus grand qu'une ville.
6. Le trottoir est pour les automobiles.
7. Décembre est le dernier mois de l'année.
8. Le chat est un animal domestique.
9. On dîne dans la salle de bains.
10. Les cerises sont souvent rouges.
11. Il y a huit mots dans cette phrase.
12. Marseille est près de San Francisco.
13. Quand il fait chaud, on porte un parapluie.
14. Le nez est une partie de la figure.
15. Les jeunes filles portent des cravates.

C. Give the missing French word to complete the sentence:

1. On porte un chapeau sur la _____.
2. Au Mexique on parle _____.
3. La neige est blanche; le charbon est _____.
4. Le coiffeur me coupe les _____.
5. A la fin de la classe, la _____ sonne.
6. Il est maintenant deux heures moins un quart. Nous allons partir à deux heures cinq. Nous avons encore _____ minutes.
7. La fille de mon frère est ma _____.
8. On voit avec les _____.
9. Je lis les nouvelles du jour dans le _____.
10. Quand on a mal aux dents, on va chez le _____.

D. Select the English word that translates the French:

1. hier — yesterday, today, here, tomorrow
2. gagner — find, lose, win, hold
3. banc — bank, seat, bone, band
4. rompre — play, romp, break, fall
5. bon marché — cheap, clever, market, sharpshooter
6. cour — cure, short, race, courtyard
7. plancher — plank, floor, plant, ceiling
8. œil — eye, ear, egg, odor
9. faible — fable, weak, deed, anger
10. cuisine — cook, copper, cousin, kitchen
11. quelqu'un — something, nobody, nothing, someone
12. rideau — curtain, rider, ruler, cotton
13. cou — collar, neck, corner, nose
14. né — never, neither, born, dead
15. chose — thing, cause, choice, hunt
16. travailler — travel, work, cut, unravel
17. drapeau — flag, drape, cloth, sheet
18. règle — queen, king, rule, rug
19. léger — heavy, bright, light, loose
20. mourir — die, moo, blush, run
21. pierre — silver, rock, stone, coal
22. sud — soap, soup, bubble, south
23. utile — useful, useless, used, worn out
24. dos — twice, back, money, doubt
25. chemise — slip, hat, coat, shirt
26. vache — sheep, pig, cow, donkey
27. repas — meal, rest, review, answer
28. étage — coach, story, beginning, stair
29. bruit — noise, street, voice, brute
30. bois — bird, wood, box, cold
31. poche — park, pig, dog, pocket
32. champ — boxer, field, winner, camp
33. assiette — plate, lunch, plenty, seat
34. mur — painting, height, mill, wall
35. agent — policeman, actor, gentleman, gender
36. addition — menu, tip, check, dessert
37. tapis — curtain, lamp, rug, tapestry
38. amour — friendship, humor, love, death
39. poulet — chicken, veal, beef, fish
40. tiroir — table, desk, drawer, tire

E. Give *two* translations in English for:

1. la langue   3. le garçon   5. la pêche
2. la femme   4. la carte   6. la glace

F. Each of the following items consists of a pair of related words followed by the first word of the second pair, *related in the same way*. Complete each of the second pairs by supplying the suitable French word:

    EXEMPLE—petit : grand :: bon : mauvais

1. absent : présent :: bas : _____
2. silence : bruit :: paix : _____
3. malheureux : triste :: certain : _____
4. ami : amie :: enfant : _____
5. acheter : vendre :: commencer : _____
6. droit : gauche :: voici : _____
7. faute : erreur :: visage : _____
8. rose : fleur :: chien : _____
9. complet : robe :: chaussette : _____
10. demander : répondre :: ouvrir : _____
11. beaucoup : peu :: devant : _____
12. finir : terminer :: habiter : _____
13. pied : jambe :: main : _____
14. maison : personne :: jardin : _____
15. chaud : froid :: avec : _____
16. papier : crayon :: tableau noir : _____
17. frère : sœur :: père : _____
18. centre : milieu :: maître : _____
19. gant : main :: soulier : _____
20. heureux : triste :: court : _____
21. aimer mieux : préférer :: vouloir : _____

22. boulanger : boulangerie :: épicier : _____
23. midi : sud :: route : _____
24. fils : fille :: garçon : _____
25. plus : moins :: bien : _____
26. lit : chambre à coucher :: piano : _____
27. lait : verre :: café : _____
28. quelquefois : parfois :: rapidement : _____
29. prune : fruit :: pomme de terre : _____
30. pleurer : rire :: monter : _____
31. tante : oncle :: madame : _____
32. gâteau : fourchette :: potage : _____
33. forêt : arbre :: bibliothèque : _____
34. emprunter : prêter :: trouver : _____
35. propre : sale :: jeune : _____
36. les Français : le français :: habitants : _____
37. plein : vide :: premier : _____
38. avion : air :: bateau : _____
39. l'Angleterre : l'anglais :: l'Allemagne : _____
40. herbe : terre :: étoile : _____

G. Select the French word that translates the English:

1. naughty   gris, méchant, gros, sec
2. borrow   prêter, gronder, expliquer, emprunter

3. life   vie, ville, vivre, vite
4. husband   homme, ruban, mari, tableau
5. under   sou, sur, sous, sûr
6. clock   horloge, cloche, montre, cuisinier
7. nothing   personne, jamais, plus, rien
8. heart   difficile, cou, cœur, entendre
9. picture   prix, image, soie, âne
10. railroad station   pont, chemin de fer, guerre, gare
11. world   mer, monde, ciel, vent
12. lady   dame, femme, madame, mademoiselle
13. beach   île, lac, plage, rivière
14. store   poste, marché, magasin, oiseau
15. box   boîte, pendule, bout, or
16. salt   laine, sel, fois, sucre
17. dear   bleu, cher, brillant, dur
18. key   quai, qui, clef, chant
19. maid   fait, bon, mai, bonne
20. knife   couteau, cuiller, bouteille, nappe

H. Match each definition in column *A* with the word in column *B* that is being described:

COLUMN A	COLUMN B
1. argent qu'on donne au garçon à la fin du repas	*a.* paresseux
2. chemin de fer souterrain	*b.* hiver
3. le magasin où on vend du pain	*c.* an
4. partie qui couvre la maison	*d.* riche
5. qui n'aime pas travailler	*e.* pourboire
6. saison après l'automne	*f.* lion
7. homme qui vend de la viande	*g.* toit
8. partie du jour entre minuit et midi	*h.* reine
9. qui a beaucoup d'argent	*i.* boucher
10. femme du roi	*j.* Noël
11. homme qui guérit les malades	*k.* métro
12. douze mois	*l.* pantalon
13. action de lire ou chose qu'on lit	*m.* pluie
14. vêtement d'homme qui couvre les jambes	*n.* matin
15. homme de la campagne	*o.* médecin
16. père du père ou de la mère	*p.* petit déjeuner
17. premier repas du jour	*q.* boulangerie
18. fête du vingt-cinq décembre	*r.* grand-père
19. eau qui tombe du ciel	*s.* lecture
20. roi des animaux	*t.* paysan

I. In each of the following sentences, one French word has been used. Show that you understand its meaning by choosing the correct word or phrase in parentheses to complete the sentence:

1. The book was so *lourd* that she had trouble in (reading, carrying, seeing, finding) it.
2. You would expect a *plafond* to be located (on the stage, in the park, on a staircase, in a room).
3. The *lune* is usually visible (at night, in the south, at home, at noon).
4. A *doigt* is most often found on a (mantelpiece, bookshelf, hand, watch).
5. He was *debout* because there was no (food, chair, heat, movie).
6. A *voix* is used for (speaking, drinking, writing, walking).
7. I knew he was *fort* because he had (dirty nails, a red nose, flat feet, big muscles).
8. A *siècle* contains many (years, pictures, pages, streets).
9. He carried a *mouchoir* (in case of hunger, to tell the time, to blow his nose, to trim his mustache).
10. You would expect to (read, hear, eat, sing) a *lecture*.
11. Since he was an *avocat*, he knew (all about pears, how to cook, the law, how to paint).
12. When I saw the *sang*, I knew (it had rained, the radio was playing, spring was coming, someone was bleeding).
13. We took the *ascenseur* to (cross the river, go upstairs, mix the drinks, keep our place in the book).
14. Do not give him any *fromage* since he may not have (fruits, meats, sweets, milk products).
15. He chose a *fauteuil* to (rest his arms, rake the leaves, polish his shoes, wear with his new suit).
16. This *poisson* must have been caught by a skilled (baseball player, hunter, fisherman, policeman).
17. I gave the child a *serviette* to (wipe his mouth, feed the horse, serve the chocolates in, brush his teeth).
18. A *fleuve* is always (green, wet, flying, stuffed).
19. She used the *pommes* to make a (bracelet, lamp, pie, rug).
20. I was not surprised to see so many *œufs*, since we were (on a farm, in a museum, in the subway, on a bridge).

Part V—*Civilization*

1. GEOGRAPHY OF FRANCE

SIZE, POPULATION, BOUNDARIES

A country of contrasts and variety in climate, scenery, industry, and products, France is called "la belle France" and "la douce France."

With an area of 210,000 square miles, France is smaller than the state of Texas. It has a population of about 50,000,000.

Shaped like a hexagon, France has water on three sides: on the north, the English Channel **(la Manche)**; on the west, the Atlantic Ocean **(l'océan Atlantique)**; on the south, the Mediterranean Sea **(la mer Méditerranée)**. This geographical position gives the country an extensive coastline.

The surrounding waters and the Gulf Stream make the climate essentially temperate. In most of France, there is abundant rainfall.

Land boundaries are Belgium **(la Belgique)** and Luxembourg **(le Luxembourg)** on the northeast; Germany **(l'Allemagne)**, Switzerland **(la Suisse)**, and Italy **(l'Italie)** on the east; Spain **(l'Espagne)** on the south.

PRINCIPAL MOUNTAIN RANGES

1. The Alps **(les Alpes)** form the frontier with Italy. This highest French range includes **Mont Blanc** (15,780 feet), the tallest peak in western Europe.

2. The Pyrenees **(les Pyrénées)** are a natural barrier separating France from Spain. This second highest range in France has numerous steep, jagged peaks.

3. The Vosges **(les Vosges),** located in Alsace, near Germany, are an age-worn range of rounded mountains.

4. The Jura **(le Jura),** in the east, forms the principal frontier with Switzerland.

5. The Central Plateau **(le Massif Central),** in the south-central part of the country, comprises the oldest French mountains, formed of extinct volcanoes. The **Cévennes** are part of this range.

PRINCIPAL RIVERS (FLEUVES)

1. The Seine **(la Seine)** is the most navigable and most important river flowing from central France up through Paris and Normandy and emptying into the English Channel near Le Havre.

2. The Loire **(la Loire),** the longest river, rising in the Massif Central and flowing into the Atlantic, is famous for the magnificent châteaux that dot its banks.

3. The Garonne **(la Garonne)** rises in the Pyrenees and flows through Bordeaux to the Atlantic, where it meets an arm of the ocean, **la Gironde.**

4. The Rhône **(le Rhône)** is a swift-flowing source of waterpower, with many hydroelectric dams. Rising in Switzerland, it joins the Saône River **(la Saône)** at Lyon. Then it flows south and empties into the Mediterranean near Marseille, forming a large delta.

5. The Rhine **(le Rhin)** is a border river between France and Germany.

France possesses an elaborate system of canals, several linking the rivers. The best known is the **Canal du Midi,** which connects the Mediterranean with the Garonne River, and thus with the Atlantic.

EXERCISES

A. Identifiez les montagnes et les fleuves en écrivant le numéro correspondant de la carte:

1. la Seine
2. la Loire
3. la Garonne
4. le Rhône
5. le Rhin

6. les Alpes
7. les Pyrénées
8. les Vosges
9. le Jura
10. le Massif Central

B. Identifiez les frontières de la France en écrivant la lettre correspondante de la carte:

1. l'océan Atlantique
2. la Belgique
3. la Manche

4. l'Allemagne
5. l'Italie
6. la mer Méditerranée

7. l'Espagne
8. la Suisse

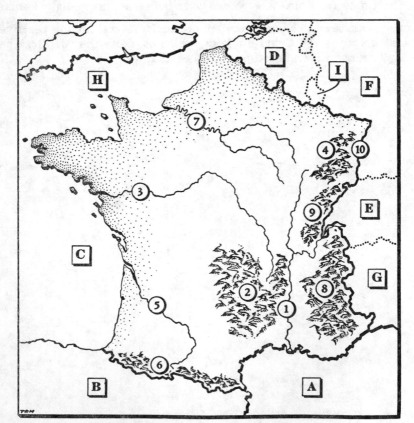

C. Écrivez la lettre de la seconde colonne devant l'explication convenable de la première colonne:

1. montagnes les plus hautes de France	*a.* le Jura
2. superficie (area: square miles)	*b.* la Loire
3. fleuve le plus navigable	*c.* le Mont Blanc
4. le plus haut sommet (peak) des Alpes	*d.* 50,000,000
5. fleuve le plus long	*e.* le Rhône
6. population de la France	*f.* le Massif Central
7. fleuve qui descend des Pyrénées	*g.* 210,000
8. frontière principale entre la France et la Suisse	*h.* la Seine
9. fleuve qui forme un delta	*i.* les Alpes
10. montagnes les plus anciennes	*j.* la Garonne

D. Complétez en français:

1. Les montagnes qui séparent la France de l'Italie sont _ _ _ _ _ _.
2. Le fleuve de Paris est _ _ _ _ _ _.
3. En parlant de la France, on emploie souvent les adjectifs "belle" et _ _ _ _ _ _.
4. _ _ _ _ _ _ est une chaîne de montagnes d'origine volcanique.
5. Le fleuve connu pour ses beaux châteaux est _ _ _ _ _ _.
6. Le Canal du Midi et la Garonne relient (connect) l'océan _ _ _ _ _ à la mer _ _ _ _ _ _.
7. Les montagnes qu'on trouve en Alsace, près de l'Allemagne, sont _ _ _ _ _ _.
8. La Seine se jette (empties) dans _ _ _ _ _ près de la ville du _ _ _ _ _ _.
9. Le fleuve le plus important pour la production d'énergie hydro-électrique est _ _ _ _ _ _.
10. Le _ _ _ _ _ est le courant d'eau chaude qui contribue au climat tempéré de la France.
11. La Loire prend sa source dans le Massif Central et se jette dans _ _ _ _ _ _.
12. Le fleuve qui passe par Bordeaux est _ _ _ _ _ _.
13. Les Pyrénées séparent la France de _ _ _ _ _ _.
14. La Saône se jette dans le Rhône à la ville de _ _ _ _ _ _.
15. Le _ _ _ _ _, un fleuve de frontière, sépare la France de _ _ _ _ _ _.

2. PARIS

Paris, formerly called **Lutèce,** received its name from the Parisii, the tribe that founded the city over 2,000 years ago on the present **Ile de la Cité,** "the cradle of Paris." With a population of about three million, Paris is not only the political and economic capital of France, but also the center of French cultural and intellectual life—"la Ville Lumière."

The Seine River divides the city into two banks: **la Rive Droite** and **la Rive Gauche. Montmartre,** with its Bohemian atmosphere, is located on the Right Bank; the **Quartier Latin,** the old student quarter, on the Left Bank. The **Pont Neuf** is the oldest bridge in Paris.

Paris is a city of magnificent monuments, museums, churches, and parks. Some highlights are:

MUSEUMS

1. The **Musée du Louvre,** a former palace of the kings, is now one of the richest museums in the world, housing such art treasures as the *Mona Lisa* of DaVinci, the *Vénus de Milo*, and the *Winged Victory of Samothrace.*

2. The **Hôtel des Invalides** contains the red marble tomb of Napoleon and a military museum.

3. The **Panthéon,** a monument built originally as a church in honor of Sainte Geneviève, patron saint of Paris, is now used as a burial place for illustrious Frenchmen: Voltaire, Rousseau, Hugo, Zola. Over the entrance are inscribed the words: "Aux grands hommes la patrie reconnaissante." The Panthéon is often called "the Westminster Abbey of France."

CHURCHES

1. **Notre-Dame de Paris,** on the Ile de la Cité, is the majestic Gothic cathedral begun in the 12th century.

2. The **Madeleine** is a fashionable church, built in the form of a Greek temple.

3. The white, mosque-like **Sacré-Cœur,** in Montmartre, overlooks the whole city.

4. The **Sainte-Chapelle,** the jewel of Gothic architecture, is famed for its beautiful stained-glass windows. It was built by Saint Louis (Louis IX).

SQUARES

1. The **Place de la Concorde** is the largest and most beautiful square in **Paris**, with its fountains, Egyptian obelisk, and statues representing important cities of France. Here hundreds of Frenchmen were guillotined during the Revolution.

2. The **Place Charles de Gaulle** was formerly called the *Place de l'Étoile* because twelve avenues form a star as they radiate in all directions from the **Arc de Triomphe.** Under this arch, begun by order of Napoleon to commemorate his victories, is the *Tomb of the Unknown Soldier* of World War I, lighted by the eternal flame.

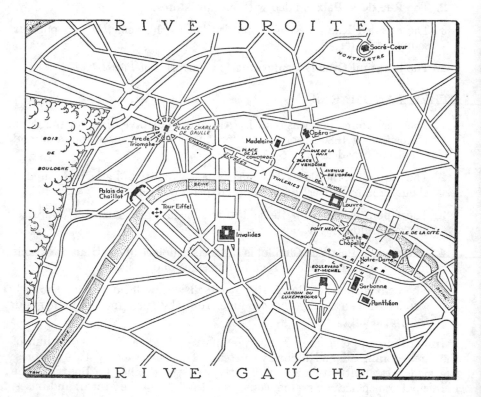

PARKS

1. The **Bois de Boulogne,** formerly a forest, is the largest park, situated at the western end of Paris.

2. The **Jardin des Tuileries** was once the private garden of the kings of France. It is located between the Louvre and the Place de la Concorde.

3. The **Jardin du Luxembourg** is on the Left Bank.

STREETS

1. The wide, tree-lined **Avenue des Champs-Élysées** extends from the Place de la Concorde to the Place de l'Étoile.

2. The **Rue de la Paix** is filled with elegant stores.

3. The arcaded **Rue de Rivoli** runs parallel to the Seine. It is a popular shopping center.

4. The beautiful **Grands Boulevards** form arteries of Paris.

OTHER LANDMARKS

1. The steel **Tour Eiffel** was built by Alexandre Gustave Eiffel for the Paris Exposition of 1889. About 1,000 feet high, it is now used for radio and television broadcasts.

2. The **Sorbonne,** the oldest division of the University of Paris, was founded about 1253 by Robert de Sorbon, chaplain of Louis IX.

3. The **Opéra** is noted for its sculptured façade, grand marble staircase, and sumptuous foyer.

4. The modern **Palais de Chaillot** is the meeting place of the United Nations in Paris, and the home of several museums and a theatre.

5. The central market **(les Halles),** which is now located near the Orly airport, receives daily the produce from the surrounding countryside that feeds all of Paris.

In addition to being the largest river port of France, Paris is the hub of the French railroad and highway systems. It is serviced by two airports: the modern transatlantic airport of **Orly,** and the smaller **Le Bourget.** The municipal transportation system consists of the subway **(le Métro)** and buses.

Two celebrated palaces are in the vicinity of Paris: **Versailles,** the tremendous and historic palace built for Louis XIV; and **Fontainebleau,** the favorite retreat of Napoleon.

EXERCISES

A. Read carefully the paragraph below; then answer the questions that follow:

There we stood in what some consider the most beautiful square in the world. It certainly looked like the largest! We could not help noticing the Egyptian obelisk flanked by sparkling fountains. Gazing in one direction, we could see a magnificent arch at the end of a wide tree-lined avenue. In the opposite direction, there was a park that looked as though it might have belonged to a king. When we reached the end of the park, we arrived in front of an imposing structure, an immense palace, now one of the richest art museums in the world.

1. What Parisian square were we in?
2. What is the name of the arch mentioned?
3. Who had it built and why?
4. Who is buried under this arch?
5. On what square is this arch located?
6. What was its former name, and why did the French give the square that name?
7. Which "wide tree-lined avenue" were we looking at?
8. What park did we walk through?
9. What is the name of the art museum at the end of the park?
10. Name two art masterpieces found in this museum.

B. Identify the Parisian landmark being described; choose your answers from the names below:

Halles	Opéra
Sorbonne	Sainte-Chapelle
Hôtel des Invalides	Panthéon
Notre-Dame	Palais de Chaillot
Madeleine	Tour Eiffel

1. It contains the red marble tomb of Napoleon and a military museum.
2. A fashionable church in the style of a Greek temple.
3. The burial place for illustrious Frenchmen.
4. The central market of Paris where produce arrives daily.
5. It is noted for its sculptured façade and grand marble staircase.
6. The oldest division of the University of Paris.
7. This steel structure was built for the Paris Exposition of 1889.
8. The majestic Gothic cathedral on the Ile de la Cité.
9. Meeting place of the United Nations in Paris.
10. Built by Saint Louis, it is the jewel of Gothic architecture.

C. Complétez en français:

1. _____ divise la ville de Paris en deux parties.
2. Une rue célèbre de Paris est la Rue de _____.
3. Paris a une population de _____ d'habitants.
4. Montmartre est un quartier de la _____ Droite.
5. On a guillotiné beaucoup de Français sur la Place de _____.
6. Il y a plusieurs musées dans le palais moderne de _____.
7. Le deuxième aéroport de Paris est Le _____.
8. Le palais préféré de Napoléon, pas loin de Paris, s'appelle _____.
9. L'église blanche, située dans le quartier de _____ et qui a la forme d'une mosquée, est le _____.
10. Sur la Rive Gauche, on trouve le vieux quartier des étudiants, le Quartier _____.

D. Écrivez la lettre de la seconde colonne devant le nom convenable de la première colonne:

1. Orly	a. le plus grand parc de Paris
2. Geneviève	b. ancien nom de Paris
3. Versailles	c. aéroport international
4. Lutèce	d. transport public de Paris
5. Luxembourg	e. patronne (patron saint) de Paris
6. Pont Neuf	f. palais de Louix XIV
7. Panthéon	g. beau "Jardin"
8. Bois de Boulogne	h. berceau (cradle) de Paris
9. Métro	i. "Westminster Abbey de France"
10. Ile de la Cité	j. le plus ancien des ponts de Paris

3. OTHER CITIES

The six principal cities in order of size are Paris, Marseille, Lyon, Toulouse, Nice, and Bordeaux.

PORTS

1. **Marseille,** on the Mediterranean near the mouth of the Rhône River, is the second city of France and the largest seaport. It is the port for extensive trade with Africa and the Orient.

2. **Le Havre,** at the mouth of the Seine, is the largest seaport on the English Channel. It is here that most transatlantic liners dock.

3. Other ports on the Channel are **Cherbourg, Boulogne, Calais,** and **Dunkerque.**

4. **Bordeaux,** on the Atlantic at the mouth of the Garonne, is the great wine port of France.

5. **Nantes,** at the mouth of the Loire, is a shipbuilding center.

INDUSTRIAL CITIES

1. **Lyon,** at the junction of the Rhône and Saône Rivers, is the center of the silk industry.

2. **Lille,** in northeastern France, is known for the manufacture of textiles and machinery.

3. **Strasbourg,** on the Rhine in Alsace, across from Germany, is an industrial city and an important river port. It is famous for its cathedral with the astronomical clock.

4. **Metz,** in Lorraine, is the center of the coal and metal industries.

5. **Rouen,** in Normandy on the Seine, is an industrial city and river port. Here Jeanne d'Arc was burned at the stake.

6. **Grenoble,** in the southeast, is the center of the glove industry.

7. **Toulouse,** on the Garonne River where it connects with the Canal du Midi, is a manufacturing city and important market for the region.

8. **Reims,** the center of the champagne industry, is the site of the beautiful Gothic cathedral where the kings of France were crowned.

Other towns renowned for their Gothic cathedrals are **Chartres** and **Amiens.**

RESORTS

1. **Nice,** the largest city on the French Riviera, and the neighboring town of **Cannes** are fashionable resorts, especially in winter and spring.

2. **Deauville** is a popular beach resort on the English Channel.

3. **Chamonix,** located at the foot of Mont Blanc in the Alps, is a celebrated winter resort and ski center.

4. **Vichy,** a health and pleasure resort in the Massif Central, is the best known of French spas. Its mineral water is shipped all over the world. For a time during World War II, Vichy was the seat of the French government.

5. **Biarritz** is a noted beach resort on the Atlantic near Spain.

OTHER INTERESTING CITIES

1. **Carcassonne,** in the south, is the best preserved medieval walled town in Europe, with its double ramparts and numerous towers.

2. **Mont-Saint-Michel,** off the coast where Normandy and Brittany meet, is a medieval fortress and abbey built on a rocky island in the Channel.

3. **Lourdes,** in the Pyrenees, is the most famous shrine in France and a world-renowned Catholic pilgrimage center.

4. **Avignon,** on the Rhône in Provence, is known for its *Palace of the Popes,* where the Popes lived in the fourteenth century. The bridge of Avignon is celebrated in song.

5. **Nîmes** and **Arles,** in Provence, contain some of the best preserved Roman monuments in France. The famous Roman aqueduct, the **Pont du Gard,** is near Nîmes.

EXERCISES

A. Write the name of the French city described:

1. best preserved medieval walled town in Europe
2. transatlantic port at the mouth of the Seine
3. largest city on the Riviera
4. center of glove industry
5. site of Gothic cathedral where kings of France were crowned
6. ski center in Alps at foot of Mont Blanc
7. largest Mediterranean port
8. noted beach resort on the Atlantic near Spain
9. town noted for its Palace of the Popes
10. great wine port on the Atlantic
11. seat of French government during World War II
12. industrial city at the junction of the Rhône and Saône
13. fortified abbey on island in the English Channel
14. most famous pilgrimage center in France
15. important river port in Alsace, across from Germany

B. Écrivez la lettre de la ville devant la description convenable:

1. ville où Jeanne d'Arc est morte	*a.* Strasbourg
2. grand port à l'embouchure (mouth) de la Garonne	*b.* Cannes
3. ville connue pour ses monuments romains	*c.* Marseille
4. station (resort) d'été et d'hiver sur la Riviera	*d.* Nîmes
5. centre de constructions navales	*e.* Reims
6. station thermale (spa) célèbre	*f.* Bordeaux
7. aqueduc romain	*g.* Vichy
8. deuxième ville de France	*h.* Rouen
9. centre de l'industrie du champagne	*i.* Nantes
10. ville industrielle sur le Rhin	*j.* Pont du Gard

C. Choisissez la réponse correcte entre parenthèses:

1. Chartres et Reims sont deux villes connues pour leur (palais, cathédrale) gothique.

2. Le plus grand port français sur la Manche est (Cherbourg, Le Havre).

3. Lourdes est un grand centre religieux dans les (Alpes, Pyrénées).

4. (Metz, Strasbourg), en Lorraine, est le centre des industries du charbon et de la métallurgie.

5. (Deauville, Nantes) est une plage populaire sur la Manche.

6. Marseille se trouve près de l'embouchure (du Rhône, de la Loire).

7. On boit les (vins, eaux minérales) de Vichy dans le monde entier.

8. La ville provençale d'Arles est célèbre par ses monuments (romains, grecs).

9. La ville de (Boulogne, Lyon) est le centre de l'industrie de la soie.

10. Toulouse est une ville industrielle et commerciale sur la (Seine, Garonne).

11. A (Lille, Dunkerque), au nord-est de la France, on fabrique des textiles et des machines.

12. Cherbourg et Calais sont des ports situés sur (la Manche, l'Atlantique).

13. Dans une célèbre chanson française, on danse sur le pont (de Lyon, d'Avignon).

14. Rouen, en Normandie, est une ville industrielle sur la (Loire, Seine).

15. Dans (la cathédrale, le château) gothique de Strasbourg, on peut voir la célèbre horloge astronomique.

4. PROVINCES

Up to the time of the French Revolution of 1789, France was divided into 32 provinces, each with its own customs and cultural traditions. Although these picturesque regions no longer exist as political divisions, having been replaced by the departments, they are still referred to constantly. Each province had a regional costume, still worn today on festive occasions. The distinctive headdress, the **coiffe,** and the wooden shoes, the **sabots,** are still seen in parts of France.

Some of the celebrated provinces are:

1. **La Bretagne** (Brittany), the peninsula jutting out into the Atlantic in northwestern France, is known for its sturdy stock of peasants, fishermen, and sailors. Numerous fishing villages dot the rugged coastline of Brittany. In addition to French, a Celtic dialect is still spoken. The Bretons hold picturesque religious festivals, known as "pardons."

2. **La Normandie** (Normandy), in northwestern France, bordering on the Channel, is a region of fertile farms and rich pastureland. The Seine flows through Normandy. Along the coast there are several busy ports and fashionable beaches. In 1066, William the Conqueror set out from here to invade England. During the Second World War, the Allies landed on the beaches of Normandy to launch their invasion of the Continent.

3. **L'Ile-de-France,** with Paris as its capital, was the administrative heart of France, since it was there that the kings lived and held their court

4. **L'Alsace** and **la Lorraine,** two provinces in northeastern France, were for many years bitterly contested by both France and Germany. Alsace is chiefly an agricultural area, while Lorraine, an industrial region, is valuable especially for its iron-ore deposits.

5. **La Provence,** in southeastern France, borders on the Mediterranean. Here are found the best preserved Roman monuments in France. Provençal is still spoken by many of the inhabitants. The stretch of coast running east of Marseille to the Italian frontier—the **Riviera** or **Côte d'Azur**—is one of the most famous resort areas of Europe.

6. **La Touraine,** in the valley of the Loire River, is often called the "Garden of France" because it produces large quantities of fruits and vegetables. Several of the famous "châteaux de la Loire" are located here: **Blois, Chambord, Chenonceaux.**

7. **La Bourgogne** (Burgundy) and **la Champagne** are two important graperaising sections of France. Their wines are world famous.

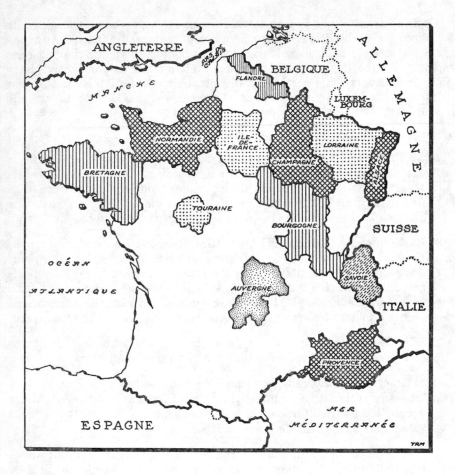

EXERCISES

A. Write the name of the province or provinces described:

1. Two provinces bitterly contested for years by France and Germany.
2. Bordering on the Channel, it is a region of fertile farms and rich pasture-land.
3. It is known for its sturdy peasants, fishermen, and sailors.
4. The province of the châteaux country.
5. It contains the best preserved Roman monuments in France.

B. Écrivez la lettre de la seconde colonne devant l'explication convenable de la première colonne:

1.	région des mines de fer (iron)	*a.*	Paris
2.	fête religieuse	*b.*	sabot
3.	"jardin de la France"	*c.*	Riviera
4.	célèbre vin blanc	*d.*	Bretagne
5.	soulier de bois	*e.*	Bourgogne
6.	château de la Loire	*f.*	Lorraine
7.	péninsule au nord-ouest de la France	*g.*	pardon
8.	province connue pour ses vins	*h.*	champagne
9.	capitale de l'Ile-de-France	*i.*	Touraine
10.	région de stations d'été et d'hiver	*j.*	Chenonceaux

C. Complétez en français:

1. Le fleuve qui traverse la Normandie est _ _ _ _ _ _.

2. On porte la coiffe sur la _ _ _ _ _ _.

3. En Provence beaucoup d'habitants parlent encore le dialecte qui s'appelle le _ _ _ _ _ _.

4. Pendant la deuxième grande guerre, les forces alliées ont commencé leur invasion du continent dans la province de _ _ _ _ _ _.

5. La Révolution française est un événement important de la fin du _ _ _ _ _ siècle (century).

6. Avant la Révolution, la France était divisée en 32 _ _ _ _ _ _.

7. La Côte d'Azur est un autre nom de la _ _ _ _ _ _.

8. Beaucoup de touristes visitent les _ _ _ _ _ de Blois et de Chambord.

9. La Touraine est dans la vallée de la _ _ _ _ _ _.

10. Les eaux de la _ _ _ _ _ baignent la côte méridionale (southern) de la Provence.

11. On parle encore aujourd'hui un dialecte celtique en _ _ _ _ _ _.

12. En 1066, Guillaume le Conquérant a traversé _ _ _ _ _ pour faire la conquête de l'Angleterre.

13. Guillaume est venu de la province de _ _ _ _ _ _.

14. La célèbre Côte d'Azur se trouve entre la ville de _ _ _ _ _ et la frontière italienne.

15. _ _ _ _ _ était la province des rois de France et, par conséquent, le centre administratif du pays.

5. AGRICULTURE AND INDUSTRY

1. France has always been predominantly an agricultural country. Today agriculture and industry contribute a fairly equal share to the French economy. Small farms, where every foot is intensively cultivated, discourage the use of modern agricultural machinery. The fertile soil contributes toward making France almost self-sufficient agriculturally. The richest regions are the plains and river basins.

2. Wheat **(le blé),** the source of bread—the basic food of the Frenchman—is the chief agricultural product. An abundance of fruits and vegetables of quality and variety is cultivated. Dense forests supply fine lumber, particularly for the furniture industry.

3. The grapes of the French vineyards are used principally in the production of celebrated French wines, such as Burgundy **(le bourgogne),** Champagne **(le champagne),** and Bordeaux **(le bordeaux). Cognac, a** famous grape brandy, is distilled from wine. Mineral water from the spas and cider from Normandy are other popular beverages produced in France.

4. The fertile soil of the French Riviera supplies the enormous quantities of flowers for the perfume center of Grasse, near Nice. Much of the final processing of perfumes is done in Paris, the home of the cosmetics industry.

5. In addition to agriculture, there is considerable cattle raising. France is noted for the excellence of its animal breeds: cows, sheep, goats, horses. Normandy, in particular, is a rich dairying region. The French are skilled in the making of cheeses, the best known of which are **le brie, le camembert, le gruyère,** and **le roquefort.**

6. The French diet is enriched by products of the sea. Along the coast, and especially in Brittany, fishing is an important industry. Plants for canning the fish are localized in the ports.

7. French industry is varied, ranging from the production of heavy machinery to the making of delicate precision instruments, from the huge modern factory to the small craft shop. In general, the French are craftsmen who take pride in their work, prefer quality to quantity, and combine originality with artistic skill.

FOREST AREAS

TRM

8. The industrial wealth of France is maintained by a variety of industries in addition to those mentioned above.

a. Heavy industry includes the manufacture of iron and steel products, such as machinery, locomotives, and armaments. The busiest industrial area is in northeastern France, near the rich iron mines of Lorraine and the coal deposits in the neighborhood of Lille. The automobile industry is concentrated in the area around Paris. The expanding aircraft industry has become one of the leaders in plane design.

Owing to the insufficiency of its coal supply, France has exploited hydroelectric energy to the fullest by building gigantic dams in the mountains and harnessing swift-flowing rivers. The dam of **Donzère-Mondragon** on the Rhône is one of the principal sources of electric power.

b. The textile and cloth-making industries are located mainly in the northeast around Lille: cotton, woolen, and linen goods. The finest silks are produced in and around Lyon. Valenciennes and Alençon are famous for their laces. The famous Gobelins and Aubusson tapestries are still being created by skilled artists.

c. A flourishing chemical industry includes the processing of bauxite (for the making of aluminum) and potash, both found in France.

d. Shipbuilding is carried on in the region of Saint-Nazaire and Nantes on the Atlantic and in the Channel ports of Cherbourg and Boulogne. The French have built world-renowned transatlantic liners.

e. Fashions **(haute couture)** are created in Paris, where the designing of feminine styles has become an art.

f. Porcelain and chinaware are manufactured in Sèvres, near Paris, and in Limoges, in central France.

g. Luxury articles include gloves, leather goods, costume jewelry, perfumes, and cosmetics.

h. There are numerous other French products, such as furniture, clocks and watches, precision instruments, silverware, and glassware.

EXERCISES

A. If a statement is true, write TRUE. If it is false, replace the incorrect word with the term that makes the statement correct:

EXAMPLES: Marseille is on the Mediterranean.   TRUE
Lyon is the capital of France.   Paris

1. France is practically self-sufficient in her supply of food.
2. The French forests supply fine lumber.

3. Champagne is an excellent cider.
4. The French generally prefer quality to quantity.
5. The supply of French coal is insufficient for the needs of France.
6. In general, the farms in France are large.
7. France has its own supply of potash and aluminum.
8. Brie and Gruyère are delicious fish.
9. The French soil is intensively cultivated.
10. Milk forms the basis of the French diet.
11. The quality of animal breeds in France is generally low.
12. France has always been predominantly an industrial country.
13. The French are known for their elegant luxury articles.
14. There is little variety in the range of French industry.
15. Waterpower is one of the principal sources of energy in France.
16. Large quantities of flowers for the perfume industry are grown on the Riviera.
17. French craftsmen combine originality with artistic skill.
18. The plains and river basins are useless for farming.
19. France grows many kinds of fine fruits and vegetables.
20. There is a flourishing chemical industry in France.
21. The French have built famous transatlantic liners.
22. "Haute couture" refers to the cosmetics industry.
23. There is considerable cattle raising in France.
24. The French have facilities for canning the fish they catch.
25. It is difficult to utilize modern agricultural equipment in France.

B. Complete the statement:

1. The chief crop of France is _____.
2. Grasse is the center for making _____.
3. French grapes are used mainly for producing _____.
4. The automobile industry is concentrated in the city of _____.
5. Roquefort is a famous French _____.
6. The city of _____, on the Garonne, is known as a wine center.
7. Aubusson _____ are still being created by skilled artists.
8. _____ water, from the spas, is a popular beverage at mealtime.
9. The textile industry is located in the northeast, in the region of the city of _____.
10. Valenciennes is known for its delicate _____.
11. Much French cider comes from the province of _____.
12. To take advantage of its waterpower, France has built gigantic _____.
13. Saint-Nazaire, Nantes, Cherbourg, and Boulogne are centers for the _____ industry.

14. Beautiful chinaware is made in the town of _____, in central France.

15. Fishing is an important industry along the _____, especially in the province of _____.

C. Écrivez la lettre de la seconde colonne devant l'explication convenable de la première colonne:

1. tapisseries	*a.* Normandie
2. vin	*b.* Donzère-Mondragon
3. haute couture	*c.* cognac
4. produits laitiers (dairy)	*d.* Paris
5. porcelaine	*e.* camembert
6. eau-de-vie (brandy)	*f.* Alençon
7. industrie lourde (heavy)	*g.* Gobelins
8. fromage	*h.* bourgogne
9. dentelle (lace)	*i.* Sèvres
10. barrage (dam) sur le Rhône	*j.* nord-est de la France

Perfume

The essence for perfume is distilled from the flowers grown in abundance on the French Riviera. The nearby town of Grasse is the center of the perfume industry.

6. THE FIFTH FRENCH REPUBLIC

1. The Fifth Republic **(la Cinquième République)** began to function in 1959. General Charles de Gaulle was elected the first President. The constitution provides for democracy by guaranteeing public liberties and the right of all citizens who have reached the age of 21 to vote by secret ballot.

2. The President of the Republic **(le Président de la République)** represents the highest authority of the nation. He is elected for seven years by direct popular vote. He is the supreme arbiter of the country, insuring the stability of its institutions and decreeing its laws. He appoints the Premier and the Cabinet ministers proposed by the Premier. The President may turn directly to the people by dissolving the Parliament, thus bringing about new elections, or by calling for a direct popular vote on specific issues, a referendum. He is Commander-in-Chief of the armed forces. In time of emergency, he may assume exceptional powers. His official residence is the **Palais de l'Élysée,** in Paris.

3. The Premier **(le Premier Ministre)** is appointed by the President. The Premier and his Cabinet **(le Conseil des Ministres)** formulate national policies and carry out the laws. They are responsible to the National Assembly and can be overthrown by the absolute majority of that body. The Cabinet ministers, who are not permitted to be members of Parliament, are free from political pressures. The difficulty involved in overthrowing a Premier and his Cabinet insures governmental stability.

4. Parliament **(le Parlement),** the legislative body, consists of two houses: (*a*) The National Assembly **(l'Assemblée Nationale),** elected by direct popular vote, is the larger and more influential of the two. (*b*) The Senate **(le Sénat),** elected indirectly by certain elected local officials, represents the departments as well as French citizens residing abroad.

    Parliament passes the laws, votes the budget, and ratifies treaties. It acts as a check on the actions of the Premier and his Cabinet and can force them to resign. War cannot be declared without the consent of Parliament.

5. The constitution guarantees the independence of the judicial power—the courts.

6. Six former overseas territories, together with France, constitute the French Community **(la Communauté).** The Community includes the French Republic (France, and the Overseas Departments and Territories) and six African republics: the Central African Republic, Chad, the Republic of the Congo (capital: Brazzaville), Gabon, Malagasy, and Senegal. The

Community is headed by the President of the French Republic, and has an Executive Council, a Senate, and a Court of Arbitration. Since the Community is founded on the principle that a people has the right to choose its own form of government, the members may withdraw from the Community if they wish.

7. For administrative purposes, France proper, including Corsica, is divided into 90 **départements.** The department, subdivided into **arrondissements,** is headed by an appointed **préfet.**

8. The national emblem is the tricolor flag of blue, white, and red in vertical stripes. The motto **(la devise)** of the Republic is *Liberté, Égalité, Fraternité*—the slogan of the French Revolution. *La Marseillaise,* written in 1792 by Rouget de Lisle, is the national anthem **(l'hymne national).**

9. The national holiday is **le Quatorze Juillet,** the anniversary of the storming of **la Bastille** by the people of Paris in 1789. The Bastille was the royal prison that symbolized tyranny. The day is celebrated in Paris by parades, services at the Tomb of the Unknown Soldier, free performances at many of the theatres, and dancing in the streets. Similar celebrations take place all over France.

EXERCISES

A. Choisissez la réponse correcte entre parenthèses:

1. Il y a aujourd'hui en France la (Quatrième, Cinquième) République depuis la révolution de 1789.
2. L'Assemblée Nationale est élu (elected) (directement, indirectement).
3. Le (Président, Premier Ministre) représente l'autorité suprême de la nation.
4. L'Assemblée Nationale a (plus, moins) d'influence que le Sénat.
5. Le (Président, Premier Ministre) est responsable devant l'Assemblée Nationale.
6. (La Fayette, Rouget de Lisle) a écrit *la Marseillaise* en 1792.
7. Le Président peut prononcer la dissolution du (Parlement, Conseil des Ministres).
8. Les préfets sont (élus par le peuple, nommés par le Gouvernement).
9. La date de la fête nationale française est le (4, 14) (juillet, juin).
10. (Le Parlement, La Communauté) autorise la déclaration de guerre.
11. Le Sénat est élu (directement, indirectement).
12. Le chef de la Communauté est (le Président de la République, le Premier Ministre).

B. Complétez en français:

1. Le Président de la République est élu pour _ _ _ _ _ ans au suffrage direct.
2. Charles _ _ _ _ _ a été élu premier Président de la Cinquième République.
3. Le Président de la République maintenant est M. _ _ _ _ _ _.
4. Le Premier Ministre est nommé par _ _ _ _ _ _.
5. Le Premier Ministre de la France aujourd'hui est M. _ _ _ _ _ _.
6. Dans le Parlement, il y a l'Assemblée Nationale et le _ _ _ _ _ _.
7. La France est divisée en 90 _ _ _ _ _.
8. Le chef du département est le _ _ _ _ _ _.
9. Chaque département est divisé en _ _ _ _ _ _.
10. Le _ _ _ _ _ est le chef des armées françaises.
11. La devise de la République est "_ _ _ _ _, Égalité, _ _ _ _ _ _."
12. Le drapeau tricolore est _ _ _ _ _, blanc, et _ _ _ _ _ _.
13. "Le Quatorze Juillet" marque l'anniversaire de la prise de la _ _ _ _ _ par le peuple de _ _ _ _ _ en _ _ _ _ _ _.
14. Le Palais de _ _ _ _ _ à Paris est la résidence officielle du Président de la République.
15. Pendant la fête nationale française, on danse dans les _ _ _ _ _ _.

Le Panthéon

The Panthéon is often called the "Westminster Abbey of France," since it is used as the burial place for distinguished Frenchmen. Voltaire, Rousseau, Hugo, and Zola are among the great men buried there.

7. THE FRENCH LANGUAGE; INFLUENCE ON ENGLISH

1. French is a Romance language, derived principally from the popular spoken Latin of the Romans. Over 2,000 years ago, the Romans under Julius Caesar invaded the country, then known as Gaul, and the Gauls adopted the language of the conquerors. Other languages, too, such as Celtic and German, have made some contributions to French.

2. Numerous dialects developed in the various regions of France. The one spoken in Ile-de-France, where the kings held court, became the official language of France.

3. Outside of France, French is spoken chiefly in Belgium, Switzerland, eastern Canada, and the member states of the French Community.

4. Other Romance languages are Italian, Spanish, Portuguese, and Rumanian.

5. French has exerted a strong influence on the English language, mainly through the invasion of England in 1066 by William, Duke of Normandy, known as William the Conqueror. After the conquest, French became the official language of the royal court, the educated classes, and the law courts. Thus, a vast number of French words became part of the English language. Continuous communication between England and France has strengthened the bond between the two languages.

6. Cognates are words in different languages but derived from the same original source. Some examples of cognates in French and English are:

French	English	French	English
appeler	appeal	femme	feminine
blanc	blank	maison	mansion
chien	canine	mouton	mutton
doigt	digit	pauvre	pauper
enfant	infant	petit	petty
état	state	pied	pedal
faim	famine	sœur	sorority

7. English has borrowed and incorporated into the language a number of French words and expressions, some examples of which are listed below. In English, the accents may be omitted.

à la carte, term used in dining when foods are ordered individually from the menu

blasé, bored with pleasure

bon voyage, have a good trip

boulevard, broad avenue or thoroughfare

bourgeoisie, the middle class of society
camouflage, disguise, particularly in warfare, to deceive the enemy
chaise longue, long chair or sofa with a back support at one end
coup d'état, sudden illegal overthrow of a government by force
cuisine, style and preparation of cooking
débris, rubbish, especially resulting from destruction
début, entrance into society or a career; first appearance on the stage
demi-tasse, small cup of black coffee
élite, group treated or considered as socially superior
en route, on the way
esprit de corps, devotion to a group
faux pas, social blunder, bad mistake
fiancé(e), man or woman engaged to be married
gourmet, person who understands and appreciates fine food
hors-d'œuvre, appetizer served at the beginning of a meal
Mardi gras, Shrove Tuesday, day of carnival and festivity
matinée, daytime entertainment, especially in the afternoon
naïve, simple and frank in manner
née, term applied to the maiden name of a married woman
nom de plume, pen name assumed by an author
nonchalant, indifferent, lacking in enthusiasm or interest
objet d'art, article of artistic worth
rendez-vous, appointment, meeting-place
rouge, cosmetics for giving red color to the skin
R.S.V.P. (répondez, s'il vous plaît), please answer
sabotage, malicious destruction of property
tête-à-tête, private conversation between two persons

EXERCISES

A. Match each item in column *A* with the corresponding item in column *B*:

COLUMN A	COLUMN B
1. William the Conqueror	*a.* appointment
2. hors-d'œuvre	*b.* Roman general
3. Spanish	*c.* French-speaking area
4. R.S.V.P.	*d.* former name of France
5. rendez-vous	*e.* indifferent
6. Julius Caesar	*f.* Duke of Normandy
7. nonchalant	*g.* Romance language
8. Gaul	*h.* social blunder
9. eastern Canada	*i.* please answer
10. faux pas	*j.* appetizer

B. Give an English cognate for each French word:

1. faim	5. mouton	9. enfant
2. pauvre	6. sœur	10. petit
3. doigt	7. appeler	11. chien
4. blanc	8. maison	12. femme

C. Complete the following statements:

1. French is called a Romance language because it is derived chiefly from _____, the language of the _____.
2. Two other languages which have contributed vocabulary to French are Celtic and _____.
3. The dialect of the province of _____ became the official language of France.
4. Two European countries besides France in which French is spoken are _____ and _____.
5. A large number of French words came into the English language after the Norman invasion of England under the leadership of _____.
6. In addition to French and Spanish, _____ and _____ are Romance languages.
7. Words in different languages derived from the same original source are called _____.
8. The English word *pedal* comes from the same root as the French word _____.
9. The French word *état* comes from the same root as the English word _____.
10. Another name for the middle class of society is the _____.

D. Substitute an appropriate French term for the expression in parentheses:

1. The author had chosen an original (*pen name*).
2. Mrs. Johnson, (*whose maiden name had been*) Phillips, was putting (*red powder*) on her face.
3. The (*style of cooking*) in this restaurant is suitable for a (*person who understands fine food*).
4. During the war, military equipment was (*disguised*) to prevent (*malicious destruction*) by enemy agents.
5. The leaders of industry were among the social (*select group*).
6. We have (*daytime*) tickets for the (*first appearance*) of the French star.
7. Don't forget to buy an (*article of artistic value*) on your trip to Paris. (*Have a good journey!*)
8. I do not want a regular dinner. I'll order (*by individual dish from the menu*) and finish with a (*small cup of black coffee*).

9. She is such a (*frank and simple*) girl; yet her (*betrothed*) always looks so (*bored with pleasure*).
10. After the fire, the (*rubble*) was removed.
11. The celebration of (*Shrove Tuesday*) in New Orleans is a tourist attraction.
12. There is a wonderful (*group spirit*) in this class.
13. (*On the way*), the two friends stopped at a café to have a (*private conversation*).
14. After walking along the (*broad avenue*), she went home to relax in her (*lounging chair*).
15. Napoleon became First Consul after his celebrated (*sudden overthrow of the government*).

Napoléon Bonaparte

A military genius who tried to conquer all of Europe, Napoléon took the title of Emperor of the French in 1804. His overambition led to his defeat in 1815 at Waterloo. He had given France an orderly centralized government, a sound civil code, and a solid financial structure.

8. DAILY LIVING

1. RELIGION. The large majority of Frenchmen belong to the Roman Catholic faith.

2. EDUCATION. Education is compulsory from the ages of six to sixteen. All education, both public and private, is controlled by the national government. Public education, which is free, includes elementary and secondary schools as well as a number of universities and institutions of higher learning. The numerous pr vate schools are generally run by religious groups. In French education, there is stress on serious application to studies. Thursday is a free day, but there are classes on Saturday.

   The secondary schools consist of the **lycée,** run by the national government, and the **collège,** run by the local government. These schools give a seven-year course that is equivalent to the work covered in the American high school and the first two years of college.

3. SPORTS. There is opportunity for all sports in France. Very popular are bicycling, European football, swimming, skin diving, tennis, golf, skiing, mountain climbing, horse racing, and motor racing. The **Tour de France,** the annual bicycle competition, creates a great deal of enthusiasm throughout the nation.

4. CAFÉS. The **café** plays an important role in French social life. It provides the people with a meeting place for both serious discussion and light conversation. It also offers Frenchmen the opportunity to read the daily newspaper, write letters, and play cards. Most cafés have an outdoor terrace on the sidewalk, in addition to indoor tables.

5. FOOD. To the Frenchman, cooking is a fine art, and French cuisine has achieved an international reputation. French chefs are known particularly for their sauces, stews, and pastries. Each region of France has its own delicious specialties. Some typically French foods are:

   croissant (also, **brioche**), a kind of light roll or pastry served as part of a French breakfast
   hors-d'œuvre, appetizers served at the beginning of the meal
   soupe à l'oignon, onion soup
   bouillabaisse, a soup or stew made with a variety of fish; specialty of Marseille
   escargots, snails
   pâté de foie gras, goose liver paste
   pot-au-feu, a kind of stew, consisting of boiled beef and vegetables
   crêpes Suzette, thin pancakes with a liqueur sauce; served as dessert

6. UNITS OF WEIGHT AND MEASURE. The *metric system*, based on the number 10, originated in France and has been adopted by most countries of Europe and South America, and by men of science of all nations.

a. The meter **(le mètre),** the unit of length, is slightly longer than the yard.

> 1 meter = 100 centimeters = 39.37 inches
> 1 kilometer = 1000 meters = ⅝ mile (approximately)

b. The gram **(le gramme)** is the unit of weight.

> 1000 grams = 1 kilogram = 2.2 lbs. (approximately)

c. The liter **(le litre),** the liquid measure, is a little more than the quart.

d. Temperature is measured on the *centigrade* scale: 0 to 100 degrees.

7. MONEY. The monetary unit of France is the **franc,** worth about 21 cents. There are 100 **centimes** in a franc.

8. CONCIERGE. The **concierge** is the man or woman who acts as doorkeeper and custodian in an apartment house. From his lodging near the main entrance, he can see who enters and leaves the house. He unlocks the door at night for tenants who come home late.

EXERCISES

A. Match each item in column *A* with the corresponding item in column *B:*

COLUMN A	COLUMN B
1. escargots	*a.* fish soup
2. soupe à l'oignon	*b.* boiled beef stew
3. crêpes Suzette	*c.* unit of weight
4. croissant	*d.* snails
5. gramme	*e.* appetizers
6. bouillabaisse	*f.* pancakes with liqueur sauce
7. pot-au-feu	*g.* breakfast roll
8. litre	*h.* goose liver paste
9. hors-d'œuvre	*i.* liquid measure
10. pâté de foie gras	*j.* onion soup

B. Choisissez la réponse correcte entre parenthèses:

1. L'éducation française est sous la direction du gouvernement (municipal, national).

2. Il y a (peu, un grand nombre) d'écoles privées en France.

3. La plupart (most) des Français sont (catholiques, protestants).

4. Dans les écoles françaises, il n'y a pas de classes le (mercredi, jeudi) et le dimanche.
5. Le système métrique est d'origine (française, romaine).
6. Le "yard" est un peu plus court que le (mètre, litre).
7. Un des sports préférés des Français est le (baseball, football).
8. 1 kilomètre = (⅜, ⅝) "mile."
9. D'ordinaire les Français mangent des brioches au (dîner, petit déjeuner).
10. La bouillabaisse est une spécialité de (Marseille, Paris).

C. Complétez en français:

1. L'instruction en France est obligatoire pour les enfants de _____ à _____ ans.
2. Les écoles secondaires sont le _____ et le collège.
3. Il y a cent centimes dans un _____.
4. Le _____ de France, une course de bicyclettes, est un événement sportif qui crée beaucoup d'enthousiasme.
5. On emploie en France le thermomètre _____, qui a cent divisions.
6. La personne qui garde la porte d'une maison et qui l'ouvre pour les gens qui rentrent tard s'appelle le (la) _____.
7. Il y a plus de liquide dans un _____ que dans un "quart" américain.
8. Beaucoup de _____ ont une terrasse en plein air sur le trottoir.
9. Le franc a une valeur approximative de _____ "cents" américains.
10. Il y a _____ centimètres dans un mètre et _____ mètres dans un kilomètre.

9. HISTORICAL FIGURES

1. **Vercingétorix** was the courageous chieftain and brilliant general who succeeded in uniting all the Gauls against Julius Caesar in the last decisive battle of the Gallic War (52 B.C.). After his defeat, he was taken to Rome in Caesar's triumphal procession, imprisoned, and finally executed. Vercingétorix is considered the first national hero of France.

2. **Sainte Geneviève** is the patron saint of Paris. During the fifth century A.D., when the Huns were invading the land, the shepherd girl Geneviève gave courage to the people of Paris. The Huns never attacked the city.

3. **Charlemagne,** or Charles the Great, was one of the most powerful figures in European history. Originally king of the Franks, he was crowned in 800 A.D. first emperor of the vast Holy Roman Empire, consisting of most of western Europe. A lover of learning, he encouraged education by founding numerous schools. As a statesman, he administered his empire with a high degree of wisdom and justice for all his people.

4. **Saint Louis** (13th century), or Louis IX, was considered a brave and just king, interested in the welfare of all, and a friend of the poor. Very pious, he took an active part in the Crusades. He did much to strengthen the royal power.

5. **Jeanne d'Arc,** known as the "Maid of Orléans," is the national heroine of France. She was born of peasant stock in 1412, in Domremy, Lorraine, during the time of the Hundred Years' War. Convinced that she had received from God the task of liberating France, she succeeded in re-uniting the scattered French forces against the invading English. After winning the battle of Orléans, she crowned the king in the cathedral of Reims. Later she fell into the hands of the English, was accused of being a witch, and in 1431 was burned at the stake in Rouen.

6. **Henri IV,** the first of the Bourbon line, was the best loved and most democratic king of France. He is often called "le bon roi Henri Quatre" because he had the welfare of his people at heart. Born Protestant, he turned Catholic to end the religious wars and bring peace to France. In 1598, he issued the Edict of Nantes, granting freedom of worship to the Protestant minority. He was a skillful statesman who established an efficient and stable government, fostered commerce, improved manufactures, reduced taxes, and brought prosperity to France.

7. **Cardinal Richelieu,** the talented and energetic Prime Minister of Louis XIII, increased the power and prestige of France. He made the king supreme by crushing the feudal nobles. During his ministry, France became a leading world power. An excellent administrator and military

strategist, he was also a patron of the arts and literature. It was he who founded the French Academy in 1635.

8. **Louis XIV,** the "Sun King," ruled as an absolute monarch who could say, "L'Etat, c'est moi." His long reign of 72 years was marked by the brilliance of his court and the patronage of arts and sciences. His lavish palace at Versailles became the political, social, and cultural center of France. Through his encouragement, art and literature reached splendid heights. But his egotism, ambition, and aggressiveness drove him to spend money and men's lives freely. He waged numerous wars disastrous for France. In 1685, he revoked the Edict of Nantes, thus destroying the religious freedom granted by Henri IV.

9. **Louis XVI** was well-meaning but weak, and unequal to the responsibilities of a king. The country was financially bankrupt. The queen, Marie Antoinette, was unpopular with the people. On July 14, 1789, mobs of Parisians stormed the dreaded prison of the Bastille. This marked the beginning of the French Revolution, in which the king and queen were executed along with thousands of nobles.

10. **Marquis de La Fayette,** a French nobleman, helped the American colonists in their struggle for independence. He became a member of Washington's staff and a personal friend of the general.

11. **Napoléon Bonaparte,** who had become prominent during the early years of the Revolution, made himself First Consul by a coup d'état, and in 1804 had himself crowned Emperor. An ambitious military genius and diplomat, he succeeded in conquering most of western Europe but was defeated by a coalition of his enemies at Waterloo in 1815. He died in exile on the island of St. Helena. His tomb is in the Hôtel des Invalides.

Although he sapped France of men through his many wars, he brought law and order to France and contributed numerous domestic reforms: he systematized the laws with the Code Napoléon—a civil code which has become the foundation of much modern legislation; established a central system of education; improved finances and founded the Bank of France; set up a program of public works; encouraged arts and sciences; created the Legion of Honor.

EXERCISES

A. Rewrite the following in their correct chronological order, placing the earliest figure first:

Napoléon Bonaparte	Saint Louis	Charlemagne
Vercingétorix	Sainte Geneviève	Henri IV
Richelieu	Louis XIV	
Marie Antoinette	Jeanne d'Arc	

B. Select the item in parentheses that completes the statement correctly:

1. The very pious French king, (Saint Louis, Charlemagne), took an active part in the Crusades.
2. Henri IV issued the Edict of (Reims, Nantes) in 1598, granting freedom of worship to the (Catholic, Protestant) minority.
3. Charlemagne means Charles the (Bold, Great). He encouraged education by founding numerous (schools, universities).
4. Richelieu made the (Church, king) supreme by crushing the feudal nobles.
5. (Jeanne d'Arc, Vercingétorix) succeeded in uniting all the Gauls in the last decisive battle of the Gallic War.
6. Napoléon Bonaparte was defeated in the battle of (Waterloo, Orléans) in 1815. He died in exile on the island of (Elba, St. Helena).
7. During the brilliant reign of (Charlemagne, Louis XIV), which lasted seventy-two years, art and literature flourished. His motto was, "L'État, c'est (moi, grand)."
8. Jeanne d'Arc was born during the (Hundred Years', Thirty Years') War.
9. After winning the battle of (Domremy, Orléans), Jeanne crowned the king in the cathedral of (Paris, Reims).
10. Jeanne fell into the hands of the (English, Romans) and was burned at the stake in the city of (Rouen, Paris).

C. Écrivez la lettre de la seconde colonne devant l'explication convenable de la première colonne:

1. le bon roi
2. cardinal et premier ministre
3. premier héros national de la France
4. Pucelle (Maid) d'Orléans
5. roi guillotiné pendant la Révolution française
6. patronne (patron saint) de Paris
7. empereur enterré (buried) dans les Invalides
8. roi des Francs et monarque d'un vaste empire
9. Saint Louis
10. Roi-Soleil

a. Louis IX
b. Napoléon Bonaparte
c. Louis XIV
d. Geneviève
e. Henri IV
f. Charlemagne
g. Vercingétorix
h. Richelieu
i. Louis XVI
j. Jeanne d'Arc

D. Identifiez chaque personnage:

1. Après un coup d'état, il est devenu Premier Consul; il a créé la Légion d'Honneur.
2. On l'a couronné empereur d'Occident en 800.

3. Il a révoqué l'Édit de Nantes; il a fait bâtir un palais splendide à Versailles.
4. Née à Domremy en Lorraine d'une famille paysanne, c'est l'héroïne nationale de la France.
5. Ami des arts et des lettres, il a fondé l'Académie française en 1635.
6. Le premier des Bourbons; né protestant, il est devenu catholique pour restaurer la paix en France.
7. Cette bergère (shepherdess) a donné du courage aux Parisiens pendant l'invasion des Huns.
8. Chef courageux et général brillant des Gaulois; Jules César l'a fait exécuter.
9. C'était la femme de Louis XVI.
10. Ce marquis français est devenu un ami personnel du général Washington.

Tomb of Napoléon

Napoléon's tomb lies under the dome of the Invalides. He died in 1821 on the island of St. Helena. In his will, he had written: "It is my desire that my ashes rest on the banks of the Seine, in the midst of the people I so dearly loved."

10. ART AND LITERATURE

PAINTERS

1. **Jean-Baptiste Corot.** Known especially for his landscapes.

2. **Jean-François Millet.** Painter of peasant life and farm scenes: *l'Angélus* (The Angelus); *les Glaneuses* (The Gleaners).

3. **Paul Cézanne.** Impressionist painter, famous for still lifes and landscapes. Often called the father of modern French painting.

4. **Henri Matisse.** Considered the greatest contemporary French painter.

5. Other modern painters of note: **Manet, Renoir, Monet, Degas, Gauguin.**

SCULPTORS

1. **Frédéric-Auguste Bartholdi.** Sculptor of the *Statue of Liberty*.

2. **Auguste Rodin.** Greatest of modern sculptors. Used the human figure to give the impressions of emotion and power: *le Penseur* (The Thinker).

LITERARY FIGURES

1. **François Rabelais.** Author of amusing satires on the evils of society.

2. **Pierre Corneille** and **Jean Racine.** Wrote tragedies; masterpieces of French drama.

3. **Molière.** Outstanding playwright of comedies; the "Shakespeare of France."

4. **Jean de La Fontaine.** Famous writer of fables.

5. **Voltaire** and **Jean-Jacques Rousseau.** Liberal thinkers, philosophers, and writers who had a profound influence on 18th-century political thought. Stressed reform and the rights of the individual. Prepared the way for the French Revolution.

6. **Victor Hugo.** Greatest Romantic poet; also dramatist and novelist: *Les Misérables.*

7. **Guy de Maupassant.** The master of the short story.

8. **Alexandre Dumas, père.** Author of popular historical novels: *Les Trois Mousquetaires; Le Comte de Monte-Cristo.*

9. **Honoré de Balzac.** Novelist who depicted the life and problems of 19th-century French society.

10. **Émile Zola.** Realistic novelist who observed and dissected the lives of ordinary French people.

EXERCISES

A. Complete the following statements:

1. Victor _____ wrote *Les Misérables*.
2. The great modern sculptor, Auguste _____, used the human figure to give the impressions of emotion and power.
3. Honoré de _____ was a novelist who depicted the life and problems of 19th-century French society.
4. The painter Jean-Baptiste Corot is known especially for his _____.
5. François _____ is the author of amusing satires on the evils of society
6. *The Angelus* and *The Gleaners* are paintings by Jean-François _____.
7. Two French dramatists known for their masterpieces of tragedy are _____ and _____.
8. *Le Comte de Monte-Cristo* is a novel by Alexandre _____, père.
9. Paul _____, the impressionist, painted numerous still lifes and landscapes.
10. Hugo wrote poetry, dramas, and _____.
11. Matisse is usually considered the greatest contemporary French _____.
12. Through the spread of their democratic ideas, the liberal thinkers, especially Voltaire and Rousseau, prepared the way for the French _____.

B. Identifiez chaque nom en écrivant *peintre, sculpteur,* ou *écrivain* (writer):

1. Corneille	6. Dumas	11. Maupassant	16. Degas
2. Corot	7. Rabelais	12. Manet	17. Balzac
3. Gauguin	8. Millet	13. Racine	18. Cézanne
4. Zola	9. Monet	14. Bartholdi	19. Molière
5. Renoir	10. Voltaire	15. Hugo	20. Rodin

C. Identifiez chaque Français célèbre:

1. l'auteur illustre de comédies; le "Shakespeare de France"
2. le peintre de la vie des paysans et de scènes de la ferme
3. le plus grand écrivain français de contes (short stories)
4. l'auteur du roman historique *Les Trois Mousquetaires*
5. l'auteur célèbre de fables
6. le père de l'art moderne
7. le plus grand poète de l'école romantique
8. le sculpteur de la grande statue qui se trouve à l'entrée du port de New-York
9–10. deux philosophes du 18e siècle qui ont attaqué l'injustice sociale et ont défendu les droits de l'individu

11. EXPLORATION, SCIENCE, AND MUSIC

EXPLORERS

1. **Jacques Cartier.** Discovered and explored the St. Lawrence River in 1535.

2. **Samuel de Champlain.** Sailed up the St. Lawrence River; in 1608, founded the city of Quebec, the first permanent settlement in Canada; explored the region around Lake Champlain.

3. **Père Jacques Marquette** and **Louis Joliet.** Sailed down the Mississippi River as far as the mouth of the Arkansas River (1673).

4. **Robert Cavelier de La Salle.** Explored the Mississippi River to the Gulf of Mexico (1682); named the land Louisiana in honor of Louis XIV; founded the city of Saint Louis.

 Many geographical names in America are of French origin: Bayonne, Champlain, Detroit, Joliet, Louisiana, New Orleans, New Rochelle, St. Louis, Terre Haute, Vermont.

SCIENTISTS

1. **Blaise Pascal.** Mathematician, physicist, philosopher, and writer. Invented the hydraulic press; made the first adding machine

2. **Antoine-Laurent Lavoisier.** One of the creators of modern chemistry.

3. **André Ampère.** Made significant contributions in the field of electricity.

4. **Claude Bernard.** Founder of modern physiology.

5. **Louis Pasteur.** One of the greatest benefactors of mankind: he formulated the germ theory; found a cure for rabies and anthrax; discovered the process of pasteurization. The Pasteur Institute in Paris continues to carry on scientific work in the field of biological chemistry.

6. **Pierre** and **Marie Curie.** Discovered radium, thus effecting great changes in the fields of chemistry and physics.

7. **Jacques Daguerre.** Pioneer in the field of photography.

8. **Louis Braille.** Invented a system of reading and writing for the blind.

COMPOSERS

1. Composers of operas:

Charles Gounod: *Faust*   **Jules Massenet:** *Manon*
Georges Bizet: *Carmen*   **Camille Saint-Saëns:** *Samson et Dalila*

2. **Claude Debussy.** Modern composer of highly original music: *Après-midi d'un Faune; Clair de Lune.*

3. **Maurice Ravel.** A foremost figure in modern music: *Boléro; Mother Goose Suite.*

EXERCISES

A. Identifiez chaque nom en écrivant *explorateur, savant* (scientist), ou *compositeur:*

1. Lavoisier	7. Pascal	13. Massenet
2. Saint-Saëns	8. Bizet	14. Marquette
3. Daguerre	9. Marie Curie	15. Pasteur
4. Cartier	10. Braille	16. Joliet
5. Bernard	11. La Salle	17. Pierre Curie
6. Debussy	12. Ravel	18. Ampère

B. Identifiez les Français célèbres:

1. Il a formulé la théorie des microbes.
2. Il a fondé la ville de Québec.
3. Il a composé l'opéra *Carmen*.
4. Il a inventé la presse hydraulique.
5. Il a découvert le Saint-Laurent en 1535.
6. Ils ont découvert le radium.
7. Il a composé *Clair de Lune* et *l'Après-midi d'un Faune*.
8. Il a nommé la vallée du Mississippi "Louisiane" en l'honneur de Louis XIV.
9. Il a inventé un système de lecture et d'écriture pour les aveugles (blind).
10. Il a fondé la physiologie moderne.

C. Complete the following statements:

1. Daguerre was a pioneer in the field of _____.
2. The city of _____ was the first permanent settlement in Canada.
3. Louis _____ found a cure for rabies and anthrax.
4. Gounod's most famous opera is _____.
5. Marquette and Joliet explored the _____ River.
6. Claude _____ is a modern composer of highly original music.

7. *Samson et Dalila* is a (an) ˍˍˍˍˍ by Saint-Saëns.
8. Antoine-Laurent ˍˍˍˍˍ was one of the founders of present-day chemistry.
9. A well-known work by Maurice Ravel is ˍˍˍˍˍˍ. ·
10. Robert Cavelier de ˍˍˍˍˍ sailed down the Mississippi River to its mouth.

D. If the statement is true, write *T*; if false, write *F*:

1. Claude Bernard discovered the process of pasteurization.
2. Ampère made important contributions in the field of electricity.
3. *Manon* is an opera by Jules Massenet.
4. La Salle founded the city of Saint Louis.
5. Blaise Pascal was a mathematician and physicist.
6. Louis Pasteur was one of the greatest benefactors of mankind.
7. Maurice Ravel holds a prominent place in modern art.
8. The discovery of radium brought about great changes in chemistry and physics.
9. Pascal made the first adding machine.
10. The Pasteur Institute carries on research in biological chemistry.

Father Marquette and Joliet

The French missionary, Father Marquette, and Joliet, a fur trader, discovered the source of the Mississippi River in 1673.

12. MASTERY EXERCISES

A. Find the word or phrase that does *not* belong with the rest of the group:

1. montagnes: Alpes, Rhin, Jura, Vosges
2. vins: Champagne, Bordeaux, Bourgogne, Vichy
3. compositeurs: Gounod, Massenet, Bartholdi, Bizet
4. fleuves: Nantes, Loire, Garonne, Rhône
5. Louvre: Winged Victory, Vénus de Milo, Mona Lisa, Métro
6. ports: Le Havre, Bordeaux, Chartres, Marseille
7. écrivains: Molière, Rodin, Zola, Corneille
8. églises: Sainte-Chapelle, Louvre, Notre-Dame, Madeleine
9. fromages: Camembert, Brie, Roquefort, Limoges
10. monarques: Henri IV, Debussy, Saint Louis, Charlemagne
11. ports de la Manche: Lourdes, Boulogne, Cherbourg, Calais
12. cuisine: escargots, pardon, pot-au-feu, crêpes Suzette
13. peintres: Millet, Degas, Ravel, Matisse
14. stations d'été: Metz, Deauville, Biarritz, Nice
15. mesures: mètre, gramme, litre, sabot
16. cathédrales: Reims, Arles, Amiens, Chartres
17. provinces: Bretagne, Alsace, Touraine, Nîmes
18. savants: Lavoisier, Joliet, Pasteur, Ampère
19. auteurs: Dumas, Rabelais, Monet, Hugo
20. explorateurs: Rousseau, Cartier, La Salle, Champlain
21. villes: Lyon, Grenoble, Toulouse, Saône
22. artistes: Corot, Marquette, Gauguin, Cézanne
23. provinces: Normandie, Ile-de-France, Ile de la Cité, Bourgogne
24. hommes de science: Curie, Saint-Saëns, Bernard, Daguerre
25. écrivains: Maupassant, Balzac, La Fayette, La Fontaine

B. Write *T* for each statement that is true, and *F* for each statement that is false:

1. The Massif Central is a plateau in south-central France.
2. Paris received its name from the Parisii, the tribe that founded the city.
3. Belgium borders on France.
4. France is a country of contrasts and variety.
5. The political divisions of modern France are the provinces.
6. Vercingétorix was a brilliant Roman general.
7. Paris is the largest river port of France.
8. The Vosges Mountains are in Alsace, near Germany.
9. France possesses an elaborate system of canals.
10. The Sainte-Chapelle is famed for its beautiful stained-glass windows.
11. Normandy is in southern France.

12. Paris is the political and economic capital of France, as well as the center of French culture and intellectual life.
13. Every region of France has its own food specialties.
14. The café plays an important role in French social life.
15. An English cognate of "sœur" is sewer.
16. Henri IV was a skillful statesman who brought prosperity to France.
17. The metric system has been adopted by most countries of Europe and South America.
18. Numerous fishing villages dot the rugged coast of Brittany.
19. The Loire is the most navigable river of France.
20. Saint Louis did much to strengthen the royal power.
21. Jeanne d'Arc is the patron saint of Paris.
22. The Jura Mountains form the principal frontier between France and Germany.
23. Vichy is a pleasure and health resort.
24. Charlemagne was a lover of learning.
25. La Salle passed through the territory of Louisiana.
26. The Code Napoléon has become the foundation of much modern legislation.
27. Marquette and Joliet explored the St. Lawrence River.
28. Pascal formulated the germ theory.
29. Louis XIV waged numerous wars which were disastrous for France.
30. Cézanne is often called the father of modern French painting.
31. Napoléon Bonaparte founded the Bank of France.
32. Pascal was a famous explorer.
33. Louis XVI was well-meaning but unequal to the responsibilities of a king.
34. Millet painted scenes of peasant life.
35. A brioche is meant to be sung.
36. The words Detroit and Vermont are of French origin.
37. Debussy's fame lies in the field of music.
38. Nice is the largest city on the French Riviera.
39. The chief agricultural product of France is wheat.
40. French is derived principally from Latin.
41. The national holiday of France is July 4th.
42. Claude Bernard is the founder of modern physiology.
43. The second largest city of France is Bordeaux.
44. Lavoisier was one of the creators of modern chemistry.
45. France produces a great deal of hydroelectric energy.
46. The center of the French fashion industry is Lyon.
47. The best preserved Roman monuments in France are found in Provence.
48. Cognac is made from wheat.
49. Versailles and Fontainebleau are known for their magnificent palaces.
50. The "Tour de France" refers to the annual bicycle race.

C. Choisissez la réponse correcte entre parenthèses:

1. Le Rhône prend sa source (en Suisse, en Espagne, dans le Massif Central).
2. Quand on parle de la Ville Lumière, on parle de (New-York, Paris, Nice).
3. (Guillaume le Conquérant, Charlemagne, Jeanne d'Arc) a fait l'invasion de l'Angleterre en 1066.
4. La France a la forme d'une hexagone, et (trois, deux, quatre) de ses six faces sont des frontières maritimes.
5. Le fleuve célèbre par ses châteaux est (la Seine, le Rhône, la Loire).
6. Le grand port sur la Gironde est (Bordeaux, Marseille, Le Havre).
7. Un mètre est l'équivalent de (2.2 lbs., 39.37 inches, 100 centimes).
8. Un produit important de Sèvres et de Limoges est (la dentelle, le parfum, la porcelaine).
9. Le plus long des fleuves français est (le Rhône, la Loire, la Seine).
10. Le roi de France pendant la Révolution français était Louis (XVI, XV, XIV).
11. Les (Alpes, Vosges, Pyrénées) séparent la France de l'Italie.
12. Le meilleur exemple d'une ville fortifiée du Moyen Age est (Chamonix, Amiens, Carcassonne).
13. Le radium est la découverte (des Curie, de Daguerre, de Bernard).
14. Le tombeau du Soldat Inconnu se trouve (dans le Panthéon, sous l'Arc de Triomphe, dans l'Hôtel des Invalides).
15. (Grenoble, Arles, Strasbourg) est le centre principal de la fabrication des gants.
16. La plus belle place de Paris est la Place (Charles de Gaulle, de la République, de la Concorde).
17. (Napoléon, La Fayette, Richelieu) a aidé les colonies américaines dans la guerre d'Indépendance.
18. Le plus grand sculpteur moderne de la France était (Cézanne, Rousseau, Rodin).
19. (Champlain, Cartier, Joliet) a fondé la ville de Québec.
20. Orly est le nom d'un (aéroport, couturier, marché) parisien.
21. Un grand philosophe qui a eu une influence profonde sur les idées politiques du 18e siècle était (Voltaire, Molière, Balzac).
22. La ville de (Deauville, Biarritz, Lourdes) est un centre religieux dans les Pyrénées.
23. (Saint Louis, Henri IV, Charlemagne) était roi des Francs.
24. Un port connu pour le commerce des vins est (Le Havre, Bordeaux, Marseille).
25. (La Salle, Cartier, Rabelais) a exploré le Mississippi.
26. La Seine se jette dans (la Manche, la Méditerranée, l'Atlantique).
27. Le grand écrivain français de contes est (La Fontaine, Guy de Maupassant, Jean Racine).
28. Bizet a composé l'opéra (*Faust, Carmen, Manon*).

29. La province qu'on appelle "le jardin de la France" est (la Normandie, la Bourgogne, la Touraine).
30. Le Premier Ministre de la France est nommé par (le Président, l'Assemblée Nationale, la Communauté).

Mont-Saint-Michel

One of the marvels of France, Mont-Saint-Michel lies on a rocky island at the borderline between Normandy and Brittany. The fortified Benedictine abbey dominates the town. The tides of Mont-Saint-Michel are the fastest and most treacherous in Europe.

Part VI—*Auditory Comprehension*

A. COMPLETION OF ORAL SENTENCES

Directions to the Pupil: The teacher will read aloud a sentence, in French, and will repeat it. After the *second* reading of the sentence, write the letter of the answer that best completes the sentence.

B. SUITABLE RESPONSES TO QUESTIONS OR STATEMENTS

Directions to the Pupil: The teacher will read aloud a question or statement, in French, and will repeat it. After the *second* reading of the question or statement, *write* the letter of the alternative which is the most suitable response to the oral question or statement.

1. *a.* A la classe de français.
   b. Je prends un taxi.
   c. Très bien, merci.
   d. A neuf heures du matin.

2. *a.* Elle a deux gâteaux.
   b. Elle a onze ans.
   c. Elle a de l'argent.
   d. Elle a raison.

3. *a.* Il est trois heures.
   b. Il pleut.
   c. C'est aujourd'hui lundi.
   d. C'est le printemps.

4. *a.* Elle prépare le repas.
   b. Elle fait un voyage.
   c. Elle joue du piano.
   d. Elle fait des emplettes.

5. *a.* Je suis triste.
   b. Il fait beau aujourd'hui.
   c. Il n'y a pas de quoi.
   d. Je n'ai pas soif.

6. *a.* Je prends le déjeuner.
   b. C'est mon dessert favori.
   c. Il y a des serviettes.
   d. Nous lisons le journal.

7. *a.* Nous allons courir.
   b. Nous ne dansons pas bien.
   c. Nous sommes en retard.
   d. Notre père est avocat.

8. *a.* J'attends l'autobus.
   b. Nous entendons la cloche.
   c. J'entends la dame qui chante.
   d. Nous attendons nos amis.

9. *a.* Le toit.
   b. L'espagnol.
   c. La boutique.
   d. La gorge.

10. *a.* Au milieu du parc.
   b. En chemin de fer.
   c. Dans le fleuve.
   d. Au bas de la lettre.

11. *a.* Bon, je vais monter.
   b. Je préfère une blouse.
   c. Il regarde le mur.
   d. Merci, j'ai un parapluie.

12. *a.* Oui, j'aime bien les sports.
   b. Oui, je vais être boucher.
   c. Oui, la lecture me plaît.
   d. Non, je réussis toujours.

13. *a.* Voulez-vous me donner la pendule?
    b. Y a-t-il du sucre?
    c. Merci, je ne prends pas de sel.
    d. Passez-moi du papier, s'il vous plaît.

14. *a.* Certainement, il va patiner.   *c.* Non, il n'a pas d'argent.
    b. Oui, il est très fatigué.   *d.* Oui, il fait du soleil.

15. *a.* C'est une élève paresseuse.   *c.* Elle préfère jouer aux cartes.
    b. Elle a mal à la tête tous les jours.   *d.* Je sais qu'elle est très diligente.

16. *a.* Non, elle n'est pas très intéressante.
    b. Vous m'écoutez?
    c. Quelle bonne idée!
    d. Elle est plus intelligente que vous.

17. *a.* Oui, on le voit toujours au café.   *c.* Oui, je vais rester à la maison.
    b. Oui, son père le gronde souvent.   *d.* Oui, il n'étudie pas.

18. *a.* Oui, j'en ai besoin.   *c.* Non, je ne veux pas les emprunter.
    b. Certainement, les voici.   *d.* Non, j'ai trop d'argent.

19. *a.* Que voulez-vous dire?   *c.* Il n'y a pas de devoirs.
    b. Pourquoi étudiez-vous?   *d.* Vous avez toujours raison.

20. *a.* Nous sommes debout.   *c.* Je me porte bien, merci.
    b. La fenêtre est fermée.   *d.* Je n'ai pas de clef.

21. *a.* Vous êtes très jeune.   *c.* Savez-vous nager?
    b. Prenez l'ascenseur.   *d.* Voilà la rue.

22. *a.* Ouvrez la fenêtre.   *c.* Cet arbre est vert.
    b. Nous avons besoin de gants.   *d.* J'ai mal aux dents.

23. *a.* Encore une fois.   *c.* Hier soir.
    b. S'il vous plaît.   *d.* Tout de suite.

24. *a.* Il est gros.   *c.* Il écrit ses devoirs.
    b. C'est mon meilleur ami.   *d.* Ils traversent le pont.

25. *a.* Parce que c'est une femme active.   *c.* Parce qu'on ne la lave pas.
    b. Parce qu'elle a la voix basse.   *d.* Parce qu'elle est méchante.

26. *a.* Oui, le tapis est joli.   *c.* Non, je suis trop vieux.
    b. Oui, j'ai bien faim.   *d.* Non, je porte des chaussettes.

27. *a.* Sous la neige.   *c.* Après les classes.
    b. C'est ma tante.   *d.* Près du piano.

28. *a.* Oui, nous avons besoin de viande.
    b. Oui, le pain frais est délicieux.
    c. Oui, j'ai mal à la bouche.
    d. Oui, nous mangeons beaucoup de gâteau.

29. *a.* Non, je les aime bien.   *c.* Non, j'ai dix francs.
    b. Oui, voici du vin.   *d.* Non, je porte des bas.

30. *a.* Regardez dans ce lit.   *c.* Allez dans la forêt.
    b. Cherchez donc un appartement.   *d.* Traversez la mer en bateau.

31. *a.* Est-il perdu?   *c.* Je vais le chercher.
    b. Qu'il est beau!   *d.* Nous ne prêtons rien.

32. *a.* Au haut de la page.   *c.* De l'autre côté du boulevard.
    b. Chez mon voisin.   *d.* Vers la porte.

33. *a.* Nous faisons beaucoup de fautes.
    b. Je préfère rester debout.
    c. Nous demeurons au premier étage.
    d. Je suis enrhumé aujourd'hui.

34. *a.* C'est Frédéric.   *c.* Il parle de la police.
    b. Il est dans l'armoire.   *d.* Il n'est pas à nous.

35. *a.* Vous avez besoin de lumière.   *c.* Prenez ce verre d'eau fraîche.
    b. Restez au lit.   *d.* Voici mon manteau.

36. *a.* Nous étudions ensemble tous les jours.
    b. Tout le monde le désire.
    c. C'est le dimanche.
    d. Elle a regardé le fleuve.

37. *a.* C'est une pierre.   *c.* Elle s'est lavée.
    b. J'ai froid.   *d.* C'est aujourd'hui le cinq.

38. *a.* Non, elle est revenue.   *c.* Les voilà.
    b. Oh, est-il vide?   *d.* Elle ne demeure pas près d'ici.

39. *a.* Il a une bonne mémoire.   *c.* Il n'aime pas le fer.
    b. Il n'est pas très riche.   *d.* Il est parti.

40. *a.* A la main.   *c.* De bonne heure.
    b. Au contraire.   *d.* A voix basse.

41. *a.* L'addition, s'il vous plaît.   *c.* Bon appétit!
    b. Une table pour trois.   *d.* Vous nagez bien.

42. *a.* Je l'ai prêté à Françoise.   *c.* Je ne vais pas descendre.
    b. Le thé est chaud.   *d.* On dit qu'il va pleuvoir.

43. *a.* Oui, je vais souvent au cinéma.
    b. Non, je n'aime pas les romans.
    c. C'est une bibliothèque magnifique.
    d. Non, il n'y a pas de plume.

44. *a.* Ils sont à gauche.
    b. La cloche a déjà sonné.
    c. C'est mon anniversaire.
    d. La montre ne marche pas.

45. *a.* Bientôt.
    b. Dans ce marché.
    c. Il y a longtemps.
    d. La semaine prochaine.

46. *a.* Je ne l'ai pas encore vu.
    b. Nous allons l'envoyer.
    c. Je vais l'accompagner.
    d. On va le punir.

47. *a.* Non, il est chez le dentiste.
    b. Oui, il est à la gare.
    c. Oui, il est dans le magasin.
    d. Non, il n'est pas encore à la maison.

48. *a.* Non, mais je vais les acheter bientôt.
    b. Au contraire, je vois bien.
    c. Non, il est en retard.
    d. Non, j'ai perdu mon cahier.

49. *a.* Nous avons bien dormi.
    b. Le potage est froid.
    c. Nous allons travailler demain matin.
    d. Nous avons fait un long voyage.

50. *a.* Voilà une bonne réponse.
    b. Vous n'avez pas assez de livres.
    c. Cela ne fait rien; j'ai un crayon.
    d. Je vous donne ma bicyclette.

Part VII—*Passages for Reading Comprehension*

GROUP I

Read each passage. Then choose in each exercise the answer based on the passage:

1. Deux de mes amis, Jules et Denise, sont dans ma classe de mathématiques. Nous jouons dans le parc chaque après-midi. Le soir, nous étudions. Aujourd'hui nous sommes très contents parce que les devoirs sont courts.

Pourquoi ces trois amis sont-ils heureux ce jour?

a. Ils aiment leur classe de mathématiques.
b. Le parc est très joli.
c. Ils n'ont pas d'exercices à écrire.
d. Ils ont peu de travail à faire pour demain.

2. Une dame très âgée vient trouver un médecin. Elle va à pied à son bureau.

—Docteur, dit-elle, je suis en parfaite santé. Mais je désire vivre jusqu'à l'âge de cent ans. Qu'est-ce que vous me recommandez?

—D'attendre, madame.

(1) Cette femme cherche le médecin parce qu'elle

a. ne va pas bien.   *c.* marche avec difficulté.
b. veut sa suggestion.   *d* célèbre son centième anniversaire.

(2) Qu'est-ce que la femme peut faire, selon (*according to*) le médecin?

a. chercher un autre médecin   *c.* être patiente
b. rester dans son bureau   *d.* revenir plus tard

3. Un homme qui n'aime pas travailler entre dans une boulangerie.

—Voulez-vous donner un éclair au chocolat à un pauvre homme?

—Comment, s'exclame la patronne, un gâteau! Mais tous les jours vous me demandez du pain.

—Oui, mais aujourd'hui c'est mon anniversaire.

(1) Cet homme est

a. gros.   *b.* paresseux.   *c.* malade.   *d.* fatigué.

(2) Il ne demande pas la même chose que les autres jours

a. parce que c'est une occasion spéciale.
b. parce qu'il va travailler.
c. parce qu'il n'a pas faim aujourd'hui.
d. parce qu'il est dans un magasin différent.

4. Jacques, un garçon de cinq ans, ne va pas encore à l'école. A midi, il va à la salle à manger où il trouve son déjeuner sur la table. Après le repas, il quitte la table. Puis il prend un crayon et fait une image. Jacques montre l'image à sa mère et lui dit: "Regardez le joli château." Sa mère répond: "Où est le château?"

La mère de Jacques pense que son fils

a. ne mange pas de bon appétit.
b. peut aller maintenant à l'école.
c. n'est pas très intelligent.
d. n'est pas un grand artiste.

5. Suzette Lapierre entre dans un magasin où elle achète un sac de bonbons pour un franc. Elle mange un bonbon, puis deux bonbons. A la fin, elle mange tous les bonbons. Quand elle arrive à la maison, sa mère lui donne de la viande et des légumes. Mais Suzette ne peut pas les manger, et Mme Lapierre la gronde.

Pourquoi la mère de cette fille est-elle irritée?

a. Suzette n'a pas faim.
b. La jeune fille n'aime pas les repas de sa mère.
c. Suzette n'a plus d'argent.
d. Suzette ne donne pas de bonbons à sa mère.

6. Henri et sa mère, qui demeurent dans une grande ville, ont souvent faim et froid parce qu'ils ont peu d'argent. Le garçon joue rarement avec ses amis; il veut aider sa mère. Un jour, quand la pauvre femme tombe malade, Henri va tout de suite chercher le médecin. Le docteur dit que la femme est très malade mais qu'il peut la guérir.

Il est évident dans cette histoire que

a. Henri et sa mère sont très heureux.
b. la mère n'a pas besoin de l'aide de son fils.
c. le fils aime sa mère.
d. Henri n'a pas d'amis

7. Monsieur Cassel, assis à table, appelle le garçon:
—Voyons, garçon, il y a un insecte qui nage dans mon potage!
—Pardon, monsieur, c'est faux. Vous voyez bien qu'il est mort.

Où ces personnes sont-elles?

a. au restaurant
b. dans une salle de classe
c. à la maison
d. au bord de la mer

8. Une dame charmante va trouver l'illustre compositeur Ravel. Elle lui demande un billet pour le grand concert qu'il va donner à la Salle Pleyel.

—J'ai seulement une place à ma disposition, madame, répond le pianiste. Je vous la donne si vous la voulez.

—Mais certainement, mon cher maître, et cette place, où est-elle?

—Au piano, madame.

Quand Ravel offre cette place à la femme, il sait

a. qu'elle ne peut pas l'accepter.
b. qu'elle n'aime pas la musique.
c. qu'elle désire prendre des leçons.
d. qu'elle joue bien des instruments musicaux.

9. Après un grand dîner, Mme Maréchal conduit ses invités au salon. Son mari, qui aime à faire plaisir à ses amis, passe les cigares. L'invité d'honneur refuse, et M. Maréchal est très surpris.

—Vous ne fumez donc pas?

—Si, mais seulement après un bon dîner.

Pourquoi cet invité refuse-t-il l'offre du maître de la maison?

a. Il n'aime pas la chose qu'on lui offre.   *c.* On ne fume pas dans le salon.
b. Il pense aux autres invités.   *d.* Il n'a pas bien mangé.

10. C'est le soir, et la famille a déjà dîné. Maintenant le père, assis près de la lampe, lit son journal. La mère est assise au piano et accompagne sa sœur. La tante joue bien du violon. Quelle belle musique! Les enfants, debout devant le piano, chantent.

Où sont ces personnes?

a. dans la salle à manger   *c.* au théâtre
b. dans le salon   *d.* dans une salle de concert

11. C'est l'été, et il fait chaud. Beaucoup de personnes sont assises dans le parc pour écouter un concert. Tout à coup, un petit garçon de six ans s'approche du chef d'orchestre et lui demande:

—Voulez-vous jouer *La Marseillaise*, monsieur?

Le musicien, très surpris, lui dit:

Pourquoi désires-tu entendre l'hymne national?

—Si ces gens-là se lèvent, je peux retrouver ma balle qui est sous une des chaises.

Le garçon parle au musicien parce qu'il

a. aime les concerts.   *c.* a perdu quelque chose.
b. est patriote.   *d.* veut chanter.

12. Une toute jeune fille entre dans une librairie.
—Je cherche un livre.
—Oui, quel livre?
—Eh bien, j'ai oublié le titre, et je ne sais plus le nom de l'auteur, mais vous allez le trouver tout de suite. C'est l'histoire d'un garçon qui aime une jeune fille.

Il est évident que le livre que la jeune fille cherche

a. ne peut pas exister.
b. coûte beaucoup d'argent.

c. va être difficile à trouver.
d. est un livre très différent.

13. Claude ne s'est pas encore levé ce matin. Il est dans son lit, et il a l'air malheureux et souffrant.
—Tu as mal, mon chéri, lui demande sa mère avec sollicitude, où as-tu mal?
—A l'école.

Pourquoi ce garçon est-il si triste?

a. Il ne peut pas voir ses camarades.
b. Il n'aime pas aller en classe.
c. Il est très malade.
d. Sa mère préfère qu'il reste avec elle.

14. Un jour, Jean est assis avec son père et son grand-père. Le petit regarde attentivement la tête de chaque homme.
—Papa, pourquoi as-tu tant de cheveux blancs avec les cheveux noirs?
Le père lui répond:
—Chaque fois que tu es méchant, un de mes cheveux noirs devient blanc.
Le petit regarde avec surprise les cheveux blancs de son grand-père et dit:
—Alors, papa, toi aussi, tu as été très méchant.

Pourquoi Jean pense-t-il que son père a été méchant?

a. Son père a des cheveux blancs et noirs.
b. Son grand-père lui raconte souvent des histoires.
c. Jean n'aime pas son père.
d. Son grand-père a beaucoup de cheveux blancs.

15. Un diplomate de Chine représente son pays aux États-Unis. C'est un homme très intelligent qui prend beaucoup de plaisir à parler américain comme un Américain. Un jour, une dame lui envoie une lettre pour l'inviter à un dîner chez elle. Sa lettre est très bien écrite.
Plusieurs jours après, la dame reçoit comme réponse un télégramme. Imaginez sa surprise! Le diplomate a répondu: "O.K."

Pourquoi la dame est-elle surprise?

a. La réponse du diplomate n'est pas très élégante.
b. Elle ne comprend pas la réponse.
c. Le diplomate n'a pas beaucoup d'argent.
d. Le diplomate a accepté son invitation.

16. Beaucoup de personnes sont présentes à une soirée. Un monsieur parle à son voisin et lui donne son opinion de la voix d'une dame qui chante.
—Mon Dieu! dit-il, quelle voix terrible! Connaissez-vous cette dame?
—Oui, monsieur, est la réponse. C'est ma femme.
—Oh, dit le premier, rougissant de confusion, je vous demande pardon. Ce n'est pas sa voix que je trouve si désagréable. C'est la musique qui est terrible. Qui a composé cette chanson horrible?
—Moi, répond le voisin, toujours avec calme.

A la soirée, ce monsieur trouve

a. qu'il connaît tous les autres invités.
b. qu'il s'amuse bien.
c. qu'il y a présents plusieurs artistes de talent.
d. qu'il n'est pas toujours bon de dire son opinion.

17. —Gérard, dit le professeur, je ne suis pas satisfait de votre composition sur "Une promenade à la campagne." Vous avez écrit, mot pour mot, la même composition que votre frère.
—Mais, monsieur, répond Gérard, nous avons fait exactement la même promenade.

Quelle raison ce garçon donne-t-il au professeur?

a. que les deux frères ont marché ensemble
b. qu'il va souvent à la campagne
c. qu'il fait la même chose tous les jours
d. qu'il a besoin d'exercice

18. Un soir, Bernard Shaw, le célèbre auteur dramatique, arrive dans un hôtel pour y passer la nuit. Avant d'écrire son nom sur le registre des voyageurs, il regarde le nom du dernier arrivant. Cet homme a écrit "Smith et son valet." Sans hésiter, l'écrivain prend la plume et écrit: "Bernard Shaw et sa valise."

Cette anecdote prouve que Shaw

a. aime rire.
b. ne dit pas toujours la vérité.
c. a sommeil.
d. ne veut pas avoir ses bagages dans sa chambre.

19. Le professeur gronde le malheureux Pierrot devant la classe:

—Regardez cette main! dit le maître. Pas une seule main aussi sale dans toute la classe, j'en suis sûr.

A ce moment-là, le visage de Pierrot change d'expression.

—Si, monsieur, cette main-là! Et il montre son autre main.

La réponse de Pierrot prouve que le garçon

a. admire son professeur.

b. n'est pas très propre.

c. désire réciter en classe.

d. n'aime pas les autres élèves.

20. —Je ne te comprends pas, dit M. Machin à sa femme. Tu restes plus d'une heure à parler avec Mme Duval devant la porte. Pourquoi ne lui proposes-tu pas d'entrer?

—Je le lui ai bien proposé, répond Mme Machin, mais elle dit toujours qu'elle a trop de choses à faire.

Pourquoi Mme Duval préfère-t-elle rester devant la porte?

a. Elle dit qu'elle n'a pas le temps d'entrer.

b. Elle aime le beau temps.

c. Elle a peur de M. Machin.

d. Elle n'aime pas entrer chez ses voisines.

21. Madame demande à son mari de l'accompagner dans un grand magasin.

—Je reviens dans un instant, dit-elle. Je vais acheter de la soie pour me faire une robe.

Puis elle part.

A son retour, elle demande:

—Eh bien, qu'est-ce que tu as fait pendant mon absence?

—Pas beaucoup, répond le mari. D'abord, j'ai acheté des cravates et des chemises. Puis je suis allé au cinéma. Mais toi, as-tu trouvé ta soie?

—Pas encore, mais je vais revenir demain. On va fermer maintenant.

(1) Cette dame quitte son mari et revient

a. après quelques minutes.

b. demain.

c. tout de suite.

d. après longtemps.

(2) Dans le magasin,

a. elle achète ce qu'elle veut.

b. elle ne trouve pas la chose qu'elle désire.

c. elle cherche un cadeau pour son mari.

d. elle ne peut pas ouvrir la porte.

22. Beaucoup de personnes sont présentes au dîner chez les Blanchard en l'honneur d'un grand violoniste. Pendant la soirée, la maîtresse de maison demande à l'artiste de jouer du violon.

—Mais vos voisins, chère madame . . . .

—Ce n'est pas important, je vous assure. Ils ont un bébé qui pleure tout le temps. Ils n'ont donc rien à dire si on fait un peu de bruit ce soir.

(1) L'artiste hésite à jouer

    a. parce qu'il n'aime pas les autres invités.
    b. parce qu'il pense aux personnes qui demeurent près des Blanchard.
    c. parce que la maîtresse de maison n'est pas aimable.
    d. parce qu'il ne joue pas très bien.

(2) Comment Mme Blanchard rassure-t-elle le musicien?

    a. Elle parle de ses mérites.
    b. Elle dit qu'elle ne permet pas de bruit.
    c. Elle pleure comme une enfant.
    d. Elle explique la situation chez les voisins.

23. Un médecin finit son thé. Il va dormir un peu dans son fauteuil quand il entend frapper à sa porte. Il l'ouvre.

—Que me voulez-vous? demande-t-il, irrité, au visiteur.

—J'ai été attaqué par un chien, docteur.

—Mais vous ne savez donc pas que mes heures de consultation sont de midi à trois heures?

—Si, répond l'homme, qui souffre visiblement, mais le chien, lui, ne le sait pas!

(1) Le médecin a

    a. chaud.   *c.* peur.
    b. sommeil.   *d.* raison.

(2) La cause de la visite du monsieur c'est

    a. une voiture.   *c.* une maladie contagieuse.
    b. un bandit.   *d.* un animal.

24. Une vieille dame entre chez un vendeur d'oiseaux.

—Je voudrais acheter un perroquet.

—Certainement, madame. En voici un qui parle trois langues: anglais, français, et allemand.

—Ça m'est bien égal. Je ne veux pas un perroquet qui parle bien mais un perroquet qui m'écoute.

Il est probable que

a. cet oiseau a étudié à une bonne école.
b. le vendeur ne veut pas vendre le perroquet.
c. cette dame parle beaucoup.
d. l'oiseau n'est pas jeune.

25. Une femme entre dans un magasin.

—Je désire acheter une poupée (*doll*).

La vendeuse la quitte et revient après une minute.

—Voici une belle poupée, madame. Quand on la met au lit, elle ferme les yeux comme un vrai bébé.

La cliente commence à rire.

—On voit bien, mademoiselle, dit-elle, que vous n'avez pas d'enfants.

La cliente pense que

a. les petits enfants n'aiment pas fermer les yeux pour dormir.
b. la vendeuse connaît bien les bébés.
c. la poupée est trop grande.
d. la vendeuse ne veut pas lui dire la vérité.

GROUP II

1. Read the following passage; then answer each question in a complete *English* sentence:

Marguerite est la fille la plus paresseuse de la classe de français. Elle ne fait pas ses devoirs et elle n'étudie pas ses leçons. Mais elle fait attention parce qu'elle pense qu'elle peut apprendre beaucoup en écoutant son professeur. Le professeur demande aux élèves d'écrire une composition sur la paresse (*laziness*). Marguerite donne au professeur, comme composition sur la paresse, une feuille blanche!

a. What kind of pupil is Margaret?

b. What two things does she not do?

c. Why does she pay attention?

d. What does the teacher ask the pupils to write about?

e. What does Margaret do?

2. Read the following passage; then answer each question in a complete *English* sentence:

Une dame fait trois visites. Quand elle rentre chez elle, elle trouve qu'elle n'a pas son parapluie.
Elle retourne chez sa sœur et lui demande:
—N'ai-je pas laissé mon parapluie ici?
—Non, ma sœur, je ne l'ai pas vu.
Alors elle va retrouver sa tante. La même question et la même réponse.
Puis elle va chez son amie.
—Est-ce que j'ai laissé mon parapluie dans le salon?
—Oui, le voici.
—Ah, merci bien. Ma sœur et ma tante m'ont dit qu'il n'était pas là, mais vous, vous êtes honnête.

a. Combien de visites est-ce que la dame fait?

b. Que remarque-t-elle quand elle retourne à la maison?

c. Qu'est-ce qu'elle demande à sa sœur?

d. Quelle réponse fait la tante?

e. Que dit la dame à son amie quand elle retrouve son parapluie?

3. Read the following passage; then answer each question in a complete *English* sentence:

Un homme rencontre une vieille paysanne sur une route.
—Dites-moi, suis-je bien sur le chemin de Bordeaux?
—Je ne sais pas, monsieur.
—Mais, à combien de kilomètres suis-je de Bordeaux?
—Je ne sais pas, monsieur.
—Alors, dans quelle direction est Bordeaux?
—Je ne sais pas, monsieur.
Le voyageur est un peu fâché (*angry*). Il dit à la paysanne:
—Vous êtes un peu stupide, ma bonne femme.
—Oh, sans doute; mais moi, je ne suis pas perdue.

a. Whom does the man meet on the road?

b. What does he ask her?

c. What does she answer each time?

d. How does he feel about her answers?

e. What is her final retort?

4. Read the following passage; then answer each question in a complete *English* sentence:

Jean est un domestique qui n'est pas très intelligent. Un soir son maître lui dit de le réveiller (*wake*) à minuit, parce qu'il va partir pour Paris à une heure.
—Très bien, monsieur, lui répond Jean. Vous pouvez compter sur moi.
Puis il s'assied, prend un journal, et lit longtemps. Tout à coup il voit qu'il est dix heures. Il va à la chambre de son maître et frappe à sa porte.
—Eh bien, dit le maître, est-il déjà minuit?
—Non, monsieur, répond Jean, il est dix heures, et je veux vous dire que vous avez encore deux heures à dormir.

a. Qui est Jean?

b. Qu'est-ce que son maître lui dit un soir?

c. Que fait Jean à dix heures?

d. Que demande son maître?

e. Que répond Jean?

5. Read the following passage; then answer each question in a complete *English* sentence:

Dans une ville du sud de la France, fréquentée en hiver par de nombreux (*numerous*) étrangers, on voit l'inscription suivante sur la porte d'un hôtel: "Ici on parle anglais, allemand, russe, italien, espagnol."

Un Anglais entre et demande l'interprète. "Nous n'avons pas d'interprète," lui dit le garçon. "Mais alors, qui parle les langues mentionnées sur la porte?" "Les voyageurs, monsieur," répond le garçon.

a Where does the anecdote take place?

b Where is the inscription?

c. What does the inscription say?

d. For whom does the Englishman ask?

e. Who speaks the languages mentioned in the story?

6. Read the following passage; then answer the exercises below:

Charles est un garçon de treize ans. Il est très paresseux, et il ne fait jamais ses devoirs. Il est content parce que les grandes vacances d'été vont bientôt arriver, et il va aller aux montagnes. Mais sa petite sœur, Louise, qui a quatre ans, n'est pas contente. Un jour, maman la voit qui pleure. Maman demande à sa petite fille pourquoi elle pleure.

Louise répond: —Je pleure parce que Charles a toujours des vacances, mais moi, je n'ai jamais de vacances.

Each of the following statements is based on the story above. Write *T* if the statement is true and *F* if it is false:

a. Charles fait toujours ses leçons.

b. Il est très triste.

c. Il va passer ses vacances au bord de la mer.

d. Louise est triste.

e. Elle va à l'école comme son frère.

Complete the following statements in *English:*

f. Charles is _ _ _ _ _ years older than Louise.

g. He is waiting for the _ _ _ _ _ vacation.

h. Charles is a very _ _ _ _ _ boy.

i. Mother asks Louise why _ _ _ _ _ _.

j. Louise says she never _ _ _ _ _ _.

7. Read the following passage; then answer the exercise below:

Jeanne est une petite fille de sept ans. Elle va à l'école près de la maison mais elle n'aime pas y aller. Son oncle lui demande un jour:
—Dis, Jeanne, que fais-tu à l'école? Sais-tu lire un peu?
—O, non.
—Sais-tu écrire?
—O, non.
—Alors, dit l'oncle, que fais-tu à l'école?
—Moi, j'attends la sortie des classes à trois heures.

Select the phrase which best expresses the meaning of the passage:

a. Joan is (six, seven, eight, nine) years old.

b. Her home is (near the school, on the main highway, far from school, on a hill).

c. Joan (likes school very much, studies hard in school, does not enjoy school, goes to school with her friends).

d. Her uncle asks her whether she (can read and write, plays a little, takes her books, likes her teacher).

e. Joan (knows how to read, knows how to write, does not know how to write, does not hear her uncle).

f. She waits for (everybody to help her with her work, her friends to call, Monday to come, dismissal time).

g. Classes are over at (3:00, 1:00, 2:30, 3:10) o'clock.

8. Read the following passage carefully; then answer the exercise below:

Une semaine avant son anniversaire de naissance, le petit Pierre est assis à table dans la salle à manger. Il a un crayon à la bouche et pense sérieusement. Quand il voit sa mère, il lui dit:
—Dis, maman, ne veux-tu pas écrire pour moi une lettre à mon grand-père?
—Pourquoi ne veux-tu pas l'écrire, Pierre?
—Si je fais encore des fautes, il va m'envoyer, comme l'année dernière, une grammaire.

Complete the following statements in *English:*

a. The story takes place a week before _ _ _ _ _.

b. Peter is sitting in the _ _ _ _ _.

c. He asks his mother if she will _ _ _ _ _.

d. The mother asks him _ _ _ _ _.

e. Peter's reason is that, if he makes mistakes again, _ _ _ _ _.

Part VIII—*Verb Summary Chart*

Regular Verbs

Infinitive	*Present*	*Passé Composé*	*Imperfect*	*Future*
chanter	je chante	j'ai chanté	je chantais	je chanterai
	tu chantes	tu as chanté	tu chantais	tu chanteras
	il chante	il a chanté	il chantait	il chantera
	nous chantons	nous avons chanté	nous chantions	nous chanterons
	vous chantez	vous avez chanté	vous chantiez	vous chanterez
	ils chantent	ils ont chanté	ils chantaient	ils chanteront
choisir	je choisis	j'ai choisi	je choisissais	je choisirai
	tu choisis	tu as choisi	tu choisissais	tu choisiras
	il choisit	il a choisi	il choisissait	il choisira
	nous choisissons	nous avons choisi	nous choisissions	nous choisirons
	vous choisissez	vous avez choisi	vous choisissiez	vous choisirez
	ils choisissent	ils ont choisi	ils choisissaient	ils choisiront
vendre	je vends	j'ai vendu	je vendais	je vendrai
	tu vends	tu as vendu	tu vendais	tu vendras
	il vend	il a vendu	il vendait	il vendra
	nous vendons	nous avons vendu	nous vendions	nous vendrons
	vous vendez	vous avez vendu	vous vendiez	vous vendrez
	ils vendent	ils ont vendu	ils vendaient	ils vendront

Irregular Verbs

Infinitive	*Present*	*Passé Composé*	*Imperfect*	*Future*
aller	je vais	je suis allé(e)	j'allais	j'irai
	tu vas	tu es allé(e)		
	il va	il est allé		
	nous allons	elle est allée		
	vous allez	nous sommes allé(e)s		
	ils vont	vous êtes allé(e)(s)		
		ils sont allés		
		elles sont allées		
apprendre	(*See* prendre)			
avoir	j'ai	j'ai eu	j'avais	j'aurai
	tu as			
	il a			
	nous avons			
	vous avez			
	ils ont			
comprendre	(*See* prendre)			
couvrir	(*See* ouvrir)			

Infinitive	Present	Passé Composé	Imperfect	Future
dire	je dis tu dis il dit nous disons vous dites ils disent	j'ai dit	je disais	je dirai
écrire	j'écris tu écris il écrit nous écrivons vous écrivez ils écrivent	j'ai écrit	j'écrivais	j'écrirai
être	je suis tu es il est nous sommes vous êtes ils sont	j'ai été	j'étais	je serai
faire	je fais tu fais il fait nous faisons vous faites ils font	j'ai fait	je faisais	je ferai
lire	je lis tu lis il lit nous lisons vous lisez ils lisent	j'ai lu	je lisais	je lirai
mettre	je mets tu mets il met nous mettons vous mettez ils mettent	j'ai mis	je mettais	je mettrai
ouvrir	j'ouvre tu ouvres il ouvre nous ouvrons vous ouvrez ils ouvrent	j'ai ouvert	j'ouvrais	j'ouvrirai
partir	je pars tu pars il part nous partons vous partez ils partent	je suis parti(e)	je partais	je partirai

Infinitive	*Present*	*Passé Composé*	*Imperfect*	*Future*
pouvoir	je peux (puis) tu peux il peut nous pouvons vous pouvez ils peuvent	j'ai pu	je pouvais	je pourrai
prendre	je prends tu prends il prend nous prenons vous prenez ils prennent	j'ai pris	je prenais	je prendrai
recevoir	je reçois tu reçois il reçoit nous recevons vous recevez ils reçoivent	j'ai reçu	je recevais	je recevrai
savoir	je sais tu sais il sait nous savons vous savez ils savent	j'ai su	je savais	je saurai
sortir	je sors tu sors il sort nous sortons vous sortez ils sortent	je suis sorti(e)	je sortais	je sortirai
venir	je viens tu viens il vient nous venons vous venez ils viennent	je suis venu(e)	je venais	je viendrai
voir	je vois tu vois il voit nous voyons vous voyez ils voient	j'ai vu	je voyais	je verrai
vouloir	je veux tu veux il veut nous voulons vous voulez ils veulent	j'ai voulu	je voulais	je voudrai

Part IX—*French-English Vocabulary*

à, to; at, in
abord: d'abord, at first, first
accepter, to accept
acheter, to buy
addition (*f.*), check
adieu, goodbye, farewell
admirer, to admire
adresse (*f.*), address
âge (*m.*), age
agent (*m.*) **de police,** policeman
aider, to help
aimable, kind
aimer, to like, to love
Allemagne (*f.*), Germany
allemand, German
aller, to go
alors, then
américain, American
ami (*m.*), **amie** (*f.*), friend
amour (*m.*), love
amuser: s'amuser, to enjoy oneself, have a good time
an (*m.*), year
André, Andrew
âne (*m.*), donkey
anglais, English
Angleterre (*f.*), England
année (*f.*), year
anniversaire (*m.*) **de naissance,** birthday
Antoine, Anthony
août (*m.*), August
appartement (*m.*), apartment
appeler, to call; **s'appeler,** to be called
appétit (*m.*), appetite
apporter, to bring
apprendre, to learn
après, after
après-midi (*m.*), afternoon
arbre (*m.*), tree
argent (*m.*), money, silver
armoire (*f.*), closet
arrêter, to stop
arriver, to arrive
ascenseur (*m.*), elevator
assez, enough
assiette (*f.*), plate

assis, seated
attendre, to wait (for)
aujourd'hui, today
au revoir, goodbye
aussi, also, too; as
autant (de), as much, as many
autobus (*m.*), bus
automne (*m.*), autumn
autre, other
avant, before
avec, with
avion (*m.*), airplane
avocat (*m.*), lawyer
avoir, to have
avril (*m.*), April

bagages (*m. pl.*), baggage
balle (*f.*), ball
banc (*m.*), bench
bas, basse, low
bas (*m.*), stocking
bateau (*m.*), boat
bâtiment (*m.*), building
bâtir, to build
beau, bel, belle, beautiful, fine, handsome
beaucoup (de), much, many
bébé (*m.*), baby
beurre (*m.*), butter
bibliothèque (*f.*), library
bicyclette (*f.*), bicycle
bien, well
bientôt, soon
bière (*f.*), beer
bijou (*m.*), jewel
billet (*m.*), ticket
blanc, blanche, white
bleu, blue
bœuf (*m.*), ox, beef
boire, to drink
bois (*m.*), wood
boîte (*f.*), box
bon, bonne, good
bonjour, good day, good morning
bon marché, cheap
bonne (*f.*), maid
bord (*m.*) **de la mer,** seashore
bouche (*f.*), mouth

boucher (*m.*), butcher
boucherie (*f.*), butcher store
boulanger (*m.*), baker
boulangerie (*f.*), bakery
bouteille (*f.*), bottle
boutique (*f.*), shop
bras (*m.*), arm
bruit (*m.*), noise
brun, brown
bureau (*m.*), desk
bureau (*m.*) **de poste,** post office

cadeau (*m.*), gift
café (*m.*), coffee, café
cahier (*m.*), notebook
camarade (*m.*), comrade
campagne (*f.*), country
canif (*m.*), penknife
car, for, because
carte (*f.*), map, card, menu
casser, to break
cathédrale (*f.*), cathedral
ce, cet, cette, this, that; **ces,** these, those
cela, that
célèbre, famous
cent, hundred
centième, hundredth
cerise (*f.*), cherry
chaise (*f.*), chair
chambre (*f.*), room
champ (*m.*), field
chanson (*f.*), song
chanter, to sing
chapeau (*m.*), hat
chaque, each
charbon (*m.*), coal
charmant, charming
chat (*m.*), cat
château (*m.*), castle
chaud, warm, hot
chaussette (*f.*), sock
chemin (*m.*), road
chemin (*m.*) **de fer,** railroad
cheminée (*f.*), chimney, fireplace, mantelpiece
chemise (*f.*), shirt
cher, chère, dear, expensive
chercher, to look for

1

cheval (*m.*), horse
cheveux (*m. pl.*), hair
chez, at (to, in) the home of
chien (*m.*), dog
choisir, to choose
chose (*f.*), thing
ciel (*m.*), sky, heaven
cinéma (*m.*), movies
cinquante, fifty
cinquième, fifth
citron (*m.*), lemon
classe (*f.*), class
clef (*f.*), key
client (*m.*), cliente (*f.*), customer
cloche (*f.*), bell
cochon (*m.*), pig
cœur (*m.*), heart
coiffeur (*m.*), barber
coin (*m.*), corner
combien (de), how much, how many
comme, like, as
commencement (*m.*), beginning
commencer, to begin
comment, how
commun, common
complet (*m.*), suit
comprendre, to understand
compter, to count
concierge (*m.* and *f.*), superintendent
connaître, to know
conte (*m.*), short story
content, glad, pleased
contraire: au contraire, on the contrary
corbeille (*f.*), basket
corps (*m.*), body
corriger, to correct
cou (*m.*), neck
coucher: se coucher, to go to bed
couleur (*f.*), color
couper, to cut
courir, to run
court, short
cousin (*m.*), cousine (*f.*), cousin
couteau (*m.*), knife

coûter, to cost
couvrir, to cover
craie (*f.*), chalk
cravate (*f.*), tie
crayon (*m.*), pencil
crème (*f.*), cream
crier, to shout
croire, to believe
cuiller (*f.*), spoon
cuisine (*f.*), kitchen
cuisinier (*m.*), cook

dame (*f.*), lady
dans, in
danser, to dance
de, of, from
debout, standing
défendre, to defend
déjà, already
déjeuner (*m.*), lunch
délicieux, délicieuse, delicious
demain, tomorrow
demander, to ask, to ask for
demeurer, to live
demi, half
dent (*f.*), tooth
dernier, dernière, last
derrière, behind
descendre, to go down, to come down
désirer, to wish, to want
désobéir, to disobey
deuxième, second
devant, in front of
devenir, to become
devoirs (*m. pl.*), homework
dictée (*f.*), dictation
difficile, difficult
diligent, industrious
dimanche (*m.*), Sunday
dîner (*m.*), dinner
dire, to say, to tell
dixième, tenth
docteur (*m.*), doctor
doigt (*m.*), finger
donner, to give
dos (*m.*), back
doux, douce, sweet, mild
douze, twelve

drapeau (*m.*), flag
droit, right

eau (*f.*), water
école (*f.*), school
écouter, to listen (to)
écrire, to write
Édouard, Edward
effacer, to erase
église (*f.*), church
élève (*m.* and *f.*), pupil
emprunter, to borrow
en, in; of it, of them, some, any
encore, still, yet, again
encre (*f.*), ink
encrier (*m.*), inkwell
enfant (*m.* and *f.*), child
enfin, finally
enlever, to remove
ennemi (*m.*), enemy
enrhumé: être enrhumé, to have a cold
ensemble, together
ensuite, next, afterwards
entendre, to hear
entrer (dans), to go in, to come in, to enter
envoyer, to send
épicerie (*f.*), grocery store
épicier (*m.*), grocer
escalier (*m.*), staircase
Espagne (*f.*), Spain
espagnol, Spanish
essayer, to try
est (*m.*), east
étage (*m.*), story, floor
États-Unis (*m. pl.*), United States
été (*m.*), summer
Étienne, Stephen
étoile (*f.*), star
étranger, étrangère, foreign
être, to be
étudier, to study
européen, européenne, European
eux, them
examen (*m.*), examination
exercice (*m.*), exercise
expliquer, to explain

facile, easy
faible, weak
faim: avoir faim, to be hungry
faire, to do, to make
famille (f.), family
fatigué, tired
faute (f.), mistake
fauteuil (m.), armchair
faux, fausse, false
favori, favorite, favorite
femme (f.), woman, wife
fenêtre (f.), window
fer (m.), iron
ferme (f.), farm
fermer, to close
fermier (m.), farmer
fête (f.), holiday, celebration
feu (m.), fire
feuille (f.), leaf, sheet of paper
février (m.), February
fier, fière, proud
fièvre (f.), fever
figure (f.), face
fille (f.), daughter
fils (m.), son
fin (f.), end
finir, to finish
fleur (f.), flower
fleuve (m.), river
fois (f.), time
forêt (f.), forest
fort, strong
fourchette (f.), fork
frais, fraîche, fresh, cool
français, French
François, Francis, Frank
Françoise, Frances
fréquemment, frequently
frère (m.), brother
froid, cold
fromage (m.), cheese
fumer, to smoke

gagner, to win, to earn
gai, gay
gant (m.), glove
garçon (m.), boy, waiter
gare (f.), railroad station

gâteau (m.), cake
gauche, left
gentil, gentille, nice, kind
Georges, George
glace (f.), ice, ice cream, mirror
gorge (f.), throat
grammaire (f.), grammar
grand, large, big, tall
grand-mère (f.), grandmother
grand-père (m.), grandfather
gris, gray
gronder, to scold
gros, grosse, big, fat
guérir, to cure
guerre (f.), war

habiller: s'habiller, to get dressed
habit (m.), suit, coat; (pl.), clothes
habitant (m.), inhabitant
habiter, to live in
haut, high
Hélène, Helen
Henri, Henry
herbe (f.), grass
heure (f.), hour; à l'heure, on time; de bonne heure, early
heureux, heureuse, happy
hier, yesterday
histoire (f.), story, history
hiver (m.), winter
homme (m.), man
honneur (m.), honor
hôpital (m.), hospital
horloge (f.), clock
hors-d'œuvre (m.), appetizer(s)
hôtel (m.) de ville, city hall
huitième, eighth

ici, here
il, he, it
il y a, there is, there are; ago
île (f.), island
image (f.), picture

immédiatement, immediately
immeuble (m.), apartment house
infirmière (f.), nurse
intéressant, interesting
inutile, useless
invité (m.), guest

Jacques, James, Jack
jamais: ne . . . jamais, never
jambe (f.), leg
janvier (m.), January
jardin (m.), garden
jaune, yellow
Jean, John
Jeanne, Jean, Joan, Jane
jeu (m.), game
jeudi (m.), Thursday
jeune, young
jeune fille (f.), girl
joli, pretty
jouer, to play
jour (m.), day
jour (m.) de congé, day off
journal (m.), newspaper
juillet (m.), July
juin (m.), June
jupe (f.), skirt
jus (m.), juice
jusque, up to

là, there
lac (m.), lake
laid, ugly
laine (f.), wool
laisser, to leave
lait (m.), milk
langue (f.), tongue, language
large, wide
laver, to wash
leçon (f.), lesson
lecture (f.), reading
léger, légère, light
légume (m.), vegetable
lentement, slowly
lettre (f.), letter
leur, to them
leur, leurs, their

lever, to raise
lire, to read
lit (*m.*), bed
livre (*m.*), book
loin, far
long, longue, long
longtemps, a long time
lourd, heavy
lui, to him, to her
lumière (*f.*), light
lundi (*m.*), Monday
lune (*f.*), moon
lycée (*m.*), high school

madame (*f.*), madam, Mrs.
mademoiselle (*f.*), Miss
magasin (*m.*), store
magnifique, wonderful
mai (*m.*), May
main (*f.*), hand
maintenant, now
mais, but
maison (*f.*), house
maître (*m.*), teacher
mal, badly
malade, sick
malade (*m.* and *f.*), patient
maladie (*f.*), sickness, illness
malheureux, malheureuse, unhappy
maman (*f.*), mama, mother
manger, to eat
manteau (*m.*), cape, wrap
marchand (*m*), merchant, storekeeper
marché (*m.*), market
marcher, to walk
mardi (*m.*) Tuesday
mari (*m.*), husband
marron (*m.*), chestnut
mars (*m.*), March
matin (*m.*), morning
mauvais, bad
méchant, naughty, wicked
médecin (*m.*), doctor
meilleur, better
mer (*f.*), sea
mercredi (*m.*), Wednesday
mère (*f.*), mother
métal (*m.*), metal
métro (*m.*), subway

mettre, to put, to put on
meubles (*m. pl.*), furniture
midi (*m.*), noon; south
mieux, better
milieu (*m.*), middle
mille, thousand
minuit (*m.*), midnight
moi, me, to me
moins, less, fewer
mois (*m.*), month
mon, ma, mes, my
monde (*m.*), world
monnaie (*f.*), change
monsieur (*m.*), sir, gentleman, Mr.
montagne (*f.*), mountain
monter, to go up, to come up
montre (*f.*), watch
montrer, to show
mort (*f.*), death
mot (*m.*), word
mouchoir (*m.*), handkerchief
mourir, to die
mouton (*m.*), sheep
mur (*m.*), wall
musée (*m.*), museum
musique (*f.*), music

nager, to swim
naître, to be born
nappe (*f.*), tablecloth
né, born
neige (*f.*), snow
nettoyer, to clean
neuf, nine
neuf, neuve, new
neuvième, ninth
neveu (*m.*) nephew
nez (*m.*), nose
Noël (*m.*), Christmas
noir, black
nom (*m.*), name
nommer to name
nord (*m*), north
note (*f.*), mark
notre, nos, our
nous, we, us, to us
nouveau, nouvel, nouvelle, new
nouvelle (*f.*), item of news

nouvelles (*f. pl.*), news
nuit (*f.*), night
numéro (*m.*), number

obéir, to obey
octobre (*m.*), October
œil (*m.*), eye
œuf (*m.*), egg
oiseau (*m.*), bird
on, we, they, you, people, one
oncle (*m.*), uncle
onze, eleven
or (*m.*), gold
ordinaire: d'ordinaire, usually
oreille (*f.*), ear
ôter, to take off, to remove
ou, or
où, where
oublier, to forget
ouest (*m.*), west
ouvrier (*m.*), worker
ouvrier, to open

pain (*m.*), bread
paix (*f.*), peace
palais (*m.*), palace
panier (*m.*), basket
pantalon (*m.*), trousers
papier (*m.*), paper
Pâques, Easter
paquet (*m.*), package
par, by
parapluie (*m.*), umbrella
parc (*m.*), park
parce que, because
pardessus (*m.*), overcoat
paresseux, paresseuse, lazy
parfois, sometimes
parfum (*m.*), perfume
parler, to speak, to talk
partie (*f.*), part
partir, to leave, to go away
partout, everywhere
passer, to pass, to spend (time)
patrie (*f.*), fatherland
pauvre, poor
payer, to pay
pays (*m.*), country

paysan (*m.*), peasant
pêche (*f.*), peach; fishing
peintre (*m.*), painter
pendant, during
pendule (*f.*), clock
penser, to think
perdre, to lose
père (*m.*), father
personne (*f.*), person
petit, little, small
petit déjeuner (*m.*), breakfast
peu, little, few
peur (*f.*), fear
peut-être, perhaps, maybe
photographie (*f.*), photograph
phrase (*f.*), sentence
pièce (*f.*), play, room
pied (*m.*), foot
pierre (*f.*), stone
Pierre, Peter
pire, worse
pis, worse
place (*f.*), seat; public square
plafond (*m.*), ceiling
plage (*f.*), beach
plaisir (*m.*), pleasure
plancher (*m.*), floor
plein, full
pleurer, to cry
pleuvoir, to rain
pluie (*f.*), rain
plume (*f.*), pen
plus, more
plusieurs, several
poche (*f.*), pocket
poire (*f.*), pear
poisson (*m.*), fish
poli, polite
pomme (*f.*), apple
pomme (*f.*) de terre, potato
pont (*m.*), bridge
porte (*f.*), door
porter, to carry, to wear
poser une question, to ask a question
poste (*f.*), post office
potage (*m.*), soup
poulet (*m.*), chicken

poupée (*f.*), doll
pour, for
pourboire (*m.*), tip
pourquoi, why
pouvoir, to be able
précis, sharp (of time)
préférer, to prefer
premier, première, first
prendre, to take
près de, near
presque, almost
prêt, ready
prêter, to lend
prier, to pray
printemps (*m.*), spring
prix (*m.*), price, prize
problème (*m.*), problem
prochain, next
professeur (*m.*), teacher
promenade (*f.*), walk, ride
propre, clean
prune (*f.*), plum
puis, then, afterwards
punir, to punish
pupitre (*m.*), desk

quand, when
quarante, forty
quart (*m.*), quarter
quartier (*m.*), neighborhood, district
quatorze, fourteen
quatrième, fourth
que, that, which, whom, what, than, as
quel, quelle, which? what? what a!
quelque, some, any
quelque chose, something
quelquefois, sometimes
quelqu'un, someone
qui, who, whom, which, that
quinze, fifteen
quitter, to leave

raconter, to relate, to tell
raison: avoir raison, to be right
ramasser, to pick up, to collect

Raoul, Ralph
rapidement, rapidly, quickly
rarement, seldom
récemment, recently
recevoir, to receive
réciter, to recite
regarder, to look (at)
règle (*f.*), rule, ruler
reine (*f.*), queen
remercier, to thank
remplir, to fill
renard (*m.*), fox
rencontrer, to meet
rendre, to give back, to return
rentrer, to go in again, to return home
repas (*m.*), meal
répondre, to answer
réponse (*f.*), answer
république (*f.*), republic
rester, to stay, to remain
retard: en retard, late
retourner, to go back, to return
réussir, to succeed
revenir, to come back, to return
rideau (*m.*), curtain
rien: ne . . . rien, nothing
rire, to laugh
rivière (*f.*), river, stream
robe (*f.*), dress
roi (*m.*), king
roman (*m.*), novel
rompre, to break
rôti (*m.*), roast
rouge, red
route (*f.*), road
royaume (*m.*), kingdom
ruban (*m.*), ribbon
rue (*f.*), street
russe, Russian

sac (*m.*), bag
saison (*f.*), season
sale, dirty
salle (*f.*), room
salle (*f.*) à manger, dining room

salle (*f.*) de bains, bathroom
salle (*f.*) de classe, classroom
salon (*m.*), living room,
parlor
samedi (*m.*), Saturday
sang (*m.*), blood
sans, without
santé (*f.*), health
savoir, to know
sec, sèche, dry
seconde (*f.*), second
seize, sixteen
sel (*m.*), salt
semaine (*f.*), week
septembre (*m.*), September
septième, seventh
serviette (*f.*), napkin
servir, to serve
seulement, only
si, if, so
siècle (*m.*), century
s'il vous plaît, please
six, six
sixième, sixth
sœur (*f.*), sister
soie (*f.*), silk
soif: avoir soif, to be thirsty
soir (*m.*), evening
soixante, sixty
soldat (*m.*), soldier
soleil (*m.*), sun
sommeil: avoir sommeil,
to be sleepy
son, sa, ses, his, her, its
sonner, to ring
sortir, to go out
sou (*m.*), sou
souhaiter, to wish
soulier (*m.*), shoe
sous, under
souvent, often
stylo (*m.*), fountain pen
sucre (*m.*), sugar
sud (*m.*), south
sur, on, upon

sûr, sure, certain
surtout, especially

tableau (*m.*), picture
tableau noir (*m.*), blackboard
tailleur (*m.*), tailor
tant (de), so much, so many
tante (*f.*), aunt
tapis (*m.*), rug
tard, late
tasse (*f.*), cup
temps (*m.*), time, weather
terminer, to finish
terre (*f.*), land, earth
tête (*f.*), head
thé (*m.*), tea
tiroir (*m.*), drawer
toit (*m.*), roof
tomber, to fall
ton, ta, tes, your (*fam.*)
tort: avoir tort, to be wrong
toujours, always
tour (*f.*), tower
tourner, to turn
tout, all, whole, every
tout à coup, suddenly
tout de suite, immediately
tout le monde, everybody
traduire, to translate
tramway (*m.*), streetcar
travail (*m.*), work
travailler, to work
traverser, to cross
treize, thirteen
trente, thirty
très, very
triste, sad
troisième, third
trop (de), too, too much,
too many
trottoir (*m.*), sidewalk
trouver, to find
T.S.F. (*f.*), radio

un, une, a, an, one
utile, useful

vacances (*f. pl.*), vacation
vache (*f.*), cow
vallée (*f.*), valley
veau (*m.*), veal
vendeur, salesman,
vendeuse, saleslady
vendre, to sell
vendredi (*m.*), Friday
venir, to come
vent (*m.*), wind
vérité (*f.*), truth
verre (*m.*), glass
vers, toward
vert, green
vêtement (*m.*), garment;
(*pl.*), clothing
viande (*f.*), meat
vide, empty
vie (*f.*), life
vieux, vieil, vieille, old
ville (*f.*), city
vin (*m.*), wine
vingt, twenty
violon (*m.*), violin
visage (*m.*), face
vite, quickly
vivre, to live
voici, here is, here are
voilà, there is, there are
voir, to see
voisin (*m.*), voisine (*f.*),
neighbor
voiture (*f.*), car, carriage
voix (*f.*), voice
voler, to fly, to steal
voleur (*m.*), thief
votre, vos, your
vouloir, to wish, to want
voyage (*m.*), trip, journey
voyager, to travel
vrai, true

wagon (*m.*), car (of a train)

yeux (*m. pl.*), eyes

Part X—*English-French Vocabulary*

a (an), un, une
able: to be able, pouvoir
active, actif, active
actively, activement
after, après
afternoon, l'après-midi (*m.*)
again, encore, encore une fois
ago, il y a
all, tout, toute, tous, toutes
already, déjà
also, aussi
always, toujours
American, américain
and, et
animal, l'animal (*m.*)
answer, répondre (à)
apple, la pomme
April, avril (*m.*)
armchair, le fauteuil
around, autour de
arrive, arriver
as: as . . . as, aussi . . . que
as much (many), autant (de)
ask, ask for, demander
attentive, attentif, attentive
attentively, attentivement
August, août (*m.*)
aunt, la tante
automobile, l'automobile (*f.*)
autumn, l'automne (*m.*)

bad, mauvais
badly, mal
ball, la balle
be, être
beach, la plage
beautiful, beau, bel, belle
become, devenir
before, avant
begin, commencer
bell, la cloche
belong to, être à
best, le meilleur (*adj.*); le mieux (*adv.*)
better, meilleur (*adj.*); mieux (*adv.*)
bicycle, la bicyclette

big, grand; gros, grosse
bird, l'oiseau (*m.*)
black, noir
blue, bleu
boat, le bateau
book, le livre
born: be born, naître
borrow, emprunter
box, la boîte
boy, le garçon
bread, le pain
break, casser, rompre
bring, apporter
brother, le frère
brown, brun
build, bâtir
but, mais
buy, acheter

cake, le gâteau
carry, porter
certainly, certainement
chair, la chaise
chalk, la craie
Charles, Charles
child, l'enfant (*m.* and *f.*)
choose, choisir
church, l'église (*f.*)
city, la ville
class, la classe
classroom, la salle de classe
clean, propre
clock, l'horloge (*f.*), la pendule
close, fermer
coffee, le café
cold, froid
come, venir
come back, revenir
come down, descendre
come in, entrer
come up, monter
cool, frais, fraîche
cost, coûter
count, compter
country, le pays, la campagne
cousin, le cousin, la cousine
cover, couvrir
cruel, cruel, cruelle
cruelly, cruellement

cry, pleurer
cup, la tasse
cure, guérir
cut, couper

dance, danser
daughter, la fille
dear, cher, chère
December, décembre (*m.*)
defend, défendre
desk, le bureau, le pupitre
die, mourir
difficult, difficile
dirty, sale
do, faire
doctor, le médecin
dog, le chien
door, la porte
downstairs, en bas
downtown, en ville
dress, la robe
drink, boire

early, de bonne heure
easily, facilement
easy, facile
eat, manger
egg, l'œuf (*m.*)
eight, huit
eighteen, dix-huit
eighth, huitième
eighty, quatre-vingts
eleven, onze
empty, vide
English, anglais
enough, assez (de)
enter, entrer (dans)
especially, surtout
evening, le soir
every, tout, toute, tous, toutes
everybody, tout le monde
exercise, l'exercice (*m.*)
explain, expliquer

face, la figure, le visage
fall, tomber
false, faux, fausse
family, la famille
fat, gros, grosse
father, le père

7

favorite, favori, favorite
February, février (*m.*)
few, peu (de)
fewer, moins (de)
fifteen, quinze
fifth, cinquième
fifty, cinquante
fill, remplir
find, trouver
fine, beau, bel, belle
finish, finir
first, premier, première;
   d'abord
fishing, la pêche
five, cinq
flower, la fleur
foot, le pied
foreign, étranger, étrangère
forget, oublier
forty, quarante
fountain pen, le stylo
four, quatre
fourteen, quatorze
fourth, quatrième
franc, le franc
France, la France
French, français
fresh, frais, fraîche
Friday, vendredi (*m.*)
full, plein

garden, le jardin
gay, gai
generally, généralement
gentleman, le monsieur
gently, doucement
George, Georges
German, allemand
gift, le cadeau
girl, la jeune fille
give, donner
give back, rendre
glad, content
glass, le verre
glove, le gant
go, aller
go away, partir
go back, retourner
go down, descendre
go in, entrer (dans)
go out, sortir

go up, monter
good, bon, bonne
goodbye, au revoir
gradually, peu à peu
grass, l'herbe (*f.*)
gray, gris
green, vert

half, demi
hand, la main
handsome, beau, bel, belle
happy, heureux, heureuse
hat, le chapeau
have, avoir
head, la tête
hear, entendre
heart, le cœur
heavy, lourd
help, aider
Henry, Henri
here, ici
high, haut
home, la maison
homework, les devoirs (*m.*)
horse, le cheval
hot, chaud
hotel, l'hôtel (*m.*)
hour, l'heure (*f.*)
house, la maison
how much (many), combien
   (de)
hundred, cent
husband, le mari

immediately, immédiate-
   ment, tout de suite
ink, l'encre (*f.*)
intelligent, intelligent
interesting, intéressant
Italian, italien

Jack, Jacques
January, janvier (*m.*)
John, Jean
July, juillet (*m.*)
June, juin (*m.*)

key, la clef
kind, aimable; gentil, gentille
king, le roi

kitchen, la cuisine
knife, le couteau
know, savoir, connaître
know how, savoir

large, grand
last, dernier, dernière
late, en retard, tard
lazy, paresseux, paresseuse
leaf, la feuille
learn, apprendre
leave, partir, laisser
lend, prêter
less, moins
lesson, la leçon
letter, la lettre
library, la bibliothèque
life, la vie
light, léger, légère
lightly, légèrement
like, aimer
listen (to), écouter
little, petit, peu
live, demeurer
live in, habiter
long, long, longue
(a) long time, longtemps
look at, regarder
look for, chercher
lose, perdre
loud, haut
Louis, Louis
Louise, Louise
low, bas, basse

maid, la bonne
make, faire
man, l'homme (*m.*)
many, beaucoup (de)
map, la carte
March, mars (*m.*)
Mary, Marie
May, mai (*m.*)
maybe, peut-être
meat, la viande
meet, rencontrer
memorize, apprendre par
   cœur
middle, le milieu
midnight, minuit (*m.*)
mild, doux, douce

milk, le lait
million, le million
minute, la minute
Miss, mademoiselle
mistake, la faute
Monday, lundi (*m.*)
money, l'argent (*m.*)
moon, la lune
more, plus
morning, le matin
mother, la mère
movies, le cinéma
Mr., monsieur
Mrs., madame
much, beaucoup (de)

name, le nom
naturally, naturellement
naughty, méchant
need, avoir besoin de
never, ne . . . jamais
new, neuf, neuve; nouveau
   nouvel, nouvelle
newspaper, le journal
next, prochain, ensuite
nice, gentil, gentille
night, la nuit
nine, neuf
nineteen, dix-neuf
ninety, quatre-vingt-dix
ninth, neuvième
noon, midi (*m.*)
nose, le nez
not, ne . . . pas
notebook, le cahier
November, novembre (*m.*)
now, maintenant

obey, obéir (à)
October, octobre (*m.*)
of, de
often, souvent
old, vieux, vieil, vieille
one, un, une
open, ouvrir
other, autre

page, la page
paper, le papier
park, le parc
pass, passer

Paul, Paul
pen, la plume, le stylo
pencil, le crayon
perhaps, peut-être
Peter, Pierre
picture, l'image (*f.*), le
   tableau
plane, l'avion (*m.*)
play, jouer
please, s'il vous plaît
pocket, la poche
polite, poli
politely, poliment
poor, pauvre
possibly, possiblement
prefer, préférer, aimer
   mieux
present, le cadeau
pretty, joli
probably, probablement
proud, fier, fière
punish, punir
pupil, l'élève (*m. and f.*)
put (put on), mettre

quarter, le quart
queen, la reine
question, la question
quickly, vite, rapidement

rapidly, rapidement
really, vraiment
receive, recevoir
red, rouge
relate, raconter
remain, rester
restaurant, le restaurant
return, retourner, revenir,
   rentrer, rendre
return home, rentrer
rich, riche
ride, la promenade
road, le chemin, la route

sad, triste
sadly, tristement
salt, le sel
Saturday, samedi (*m.*)
school, l'école (*f.*)
scold, gronder
second, deuxième, second

see, voir
seldom, rarement
sell, vendre
sentence, la phrase
September, septembre (*m.*)
seven, sept
seventeen, dix-sept
seventh, septième
seventy, soixante-dix
shoe, le soulier
short, court
show, montrer
sick, malade
sing, chanter
sir, monsieur
sister, la sœur
six, six
sixteen, seize
sixth, sixième
sixty, soixante
slowly, lentement
small, petit
so much (many), tant (de)
soldier, le soldat
something, quelque chose
sometimes, quelquefois
son, le fils
song, la chanson
soon, bientôt
south, le sud, le midi
Spanish, espagnol
speak, parler
spend (time), passer
spring, le printemps
station, la gare
stay, rester
still, encore
store, le magasin
story, l'histoire (*f.*)
street, la rue
strong, fort
study, étudier
succeed, réussir
suddenly, tout à coup
sugar, le sucre
suit, l'habit (*m.*)
summer, l'été (*m.*)
Sunday, dimanche (*m.*)
sweet, doux, douce

table, la table

take, prendre
take off, ôter
tall, grand
tea, le thé
teacher, le professeur, le maître
tell, dire
ten, dix
than, que
that, ce, cet, cette
then, puis, alors
there, là, y
there is (are), il y a, voilà
these, ces
thing, la chose
think, penser
third, troisième
thirteen, treize
thirty, trente
this, ce, cet, cette
those, ces
thousand, mille
three, trois
Thursday, jeudi (m.)
tie, la cravate
tired, fatigué
today, aujourd'hui
together, ensemble
tomorrow, demain
tonight, ce soir
too, aussi, trop
too much (many), trop (de)
tooth, la dent

train, le train
travel, voyager
tree, l'arbre (m.)
true, vrai
truly, vraiment
try (try on), essayer
Tuesday, mardi (m.)
twelve, douze
twenty, vingt
two, deux

ugly, laid
umbrella, le parapluie
uncle, l'oncle (m.)
under, sous
understand, comprendre
unfortunate, malheureux, malheureuse
unfortunately, malheureusement
unhappy, malheureux, malheureuse
United States, les États-Unis (m.)
upstairs, en haut
useful, utile

very, très
voice, la voix

wait (wait for), attendre
waiter, le garçon
walk, la promenade

walk, marcher
wall, le mur
want, désirer, vouloir
warm, chaud
wash, laver
water, l'eau (f.)
weak, faible
wear, porter
Wednesday, mercredi (m.)
week, la semaine
well, bien
what? (what a!), quel, quelle
which?, quel, quelle
white, blanc, blanche
who, qui
whole, tout
win, gagner
window, la fenêtre
wine, le vin
winter, l'hiver (m.)
wish, désirer
with, avec
without, sans
woman, la femme
work, travailler
world, le monde
write, écrire

yellow, jaune
yesterday, hier
yet, encore
young, jeune